大夏书系·数学教学培训用书

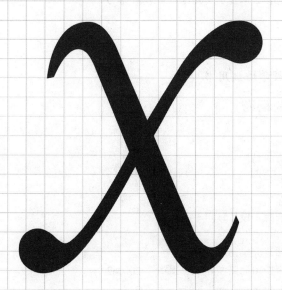

数学教学高手的秘密

林运来 著

华东师范大学出版社

图书在版编目（CIP）数据

数学教学高手的秘密 / 林运来著 . —上海：华东师范大学出版社，2018
ISBN 978-7-5675-7773-2

Ⅰ.①数… Ⅱ.①林… Ⅲ.①中学数学课—教学研究 Ⅳ.①G633.602

中国版本图书馆 CIP 数据核字（2018）第 108138 号

大夏书系·数学教学培训用书

数学教学高手的秘密

著　　者	林运来
策划编辑	朱永通
审读编辑	卢风保
封面设计	奇文云海·设计顾问

出版发行	华东师范大学出版社
社　　址	上海市中山北路 3663 号　邮编　200062
网　　址	www.ecnupress.com.cn
电　　话	021-60821666　行政传真　021-62572105
客服电话	021-62865537
邮购电话	021-62869887　地址　上海市中山北路 3663 号华东师范大学校内先锋路口
网　　店	http://hdsdcbs.tmall.com

印 刷 者	北京密兴印刷有限公司
开　　本	700×1000　16 开
插　　页	1
印　　张	15
字　　数	245 千字
版　　次	2018 年 8 月第一版
印　　次	2023 年 5 月第三次
印　　数	8 101 - 9 100
书　　号	ISBN 978-7-5675-7773-2/G·11151
定　　价	42.00 元

出 版 人　王　焰

（如发现本版图书有印订质量问题，请寄回本社市场部调换或电话021-62865537联系）

自 序

在阅读中求发展

与同行听文科老师的公开课,特别是语文老师的课,大家总会感慨:"文科老师讲课往往饱含感情、荡气回肠、掷地有声,有的更是思接千古、纵横驰骋、挥洒自如。他们的语言既有强大的思想说服力,又有强烈的文化感染力,娓娓道来,让人如沐春风,感到意犹未尽,回味悠长。"相比之下,怎样才能使数学教学稍有诗意呢?

当下,数学学科核心素养是数学教育界探讨的热点,无论是数学核心素养的培养,还是精彩课堂的呈现,都离不开数学教师,尤其是爱阅读、有思想的数学教师。笔者曾在《阅中解"惑",读中导"学"》一文中谈到教师阅读的意义——解惑、促写、刷新。只是,数学教师为什么需要阅读,应该读什么,怎么读,恐怕每个人的看法未必一致。这里我结合自己的阅读经历和数学教师的专业发展,谈谈自己的点滴体会。

一、数学教师为什么需要阅读

张奠宙先生曾说道:"中学数学教育界那些世人公认的名师,哪个不是数学底蕴深厚、科学知识广博的读书人?"教师的学识从何而来?只能从阅读中来，从学习实践中来。教师应是读书人。如果说书籍是知识的载体，那么阅读则堪称人类的成长之道。从人类渴求不断进步的角度来看，几乎没有什么可以和阅读的力量相媲美。阅读，就是丰富开拓，就是能力的增长，就是思维的深入。每一个卓有成就的名师都是一个沉潜在阅读和文化中的读书者、思考者、研究者。阅读有益于吸收知识、锻炼思维、开阔眼界，更能让人保持思想活力、得到智慧启发、滋养浩然之气。简言之，阅读就是为了更好地超越自己。

1. 新手阶段——阅读是超越这个艰难阶段可依赖的良伴

每个教师都会经历新手阶段，这是一个无法回避的事实。初为人师，需要一个适应期，这种身份和角色的转换往往不会一帆风顺，常常伴随一些阵痛。"开学第一堂课，我要不要介绍自己？""备了几天的课，感觉几分钟就能讲完，后面该怎么办？"上好第一堂课就是个大学问，遑论其他。有的教师还担任班主任，学生违反纪律要怎么教育？家长会该怎么组织？班干部队伍如何组建？……这些问题常让新老师焦头烂额，深刻认识到要边学边做。阅读是我们超越这个艰难阶段最可依赖的良伴，有针对性地进行阅读必然能缩短自己的职业适应期。

我们选择怎样的阅读，阅读就用怎样的方式塑造我们。新手阶段，阅读多是为解决自己所面临的棘手问题，常常"临时抱佛脚"，要用什么就读什么，属于应急性阅读，所选书籍多以案例型、经验型为主，功利性较强。而独立思考的能力，跳出思维定势的眼光，想要每天学到新东西的冲劲，则是这一阶段更为珍贵的东西。

2. 胜任阶段——阅读是积淀智慧更好地服务教学的良方

从教五年左右，教师在课堂上站稳了脚跟，有了一定的教学经验，能胜任教学工作，这时读书也就不完全是为了获取知识得以应急，更多的是为了从书中汲取教学智慧，更好地服务教学。教师的教学智慧在于"学以致用"，即运用日积月累的知识、底蕴和底气，轻松自如地解决教学中的困惑和难题，提高教学效率。

每本书都会教给我们一些新东西，或者帮助我们以不同的眼光看待事物。正如著名作家尼尔·盖曼所说："你在对的年纪读到的书，永远都不会离你而去，可能你会忘记那些细节，但它一定盘旋在你心底灵魂深处，鲜少触碰的那个领域，只要你需要它，你召唤它，它就会重新浮现。"

3. 能手阶段——阅读是突破"高原现象"的不二法门

从教十年左右，教师专业成长进入成熟期。有的教师在教学一线长期摸爬滚打，成长为教学能手（骨干教师、高级教师）后，就容易出现"车到站、船靠岸"的职业倦怠现象。在我们身边，常听到有教师说："我这辈子只要评上高级就行了，其他没什么追求。"也有不少聪颖而又勤勉的教师在成为骨干后，尽管仍怀揣梦想并奋力进取，却很难再有实质性进步。专业发展上的超越和突破变得异常艰难，开始跨入了所谓专业发展的"高原期"。

苏霍姆林斯基曾说："读书，读书，再读书——教师的教育素养正是取决于此。"书籍潜藏着无限的可能，是教师创造力的源泉，是教师成长的持久驱动力，优秀教师总是善于学习，阅读是教师突破"高原现象"的不二法门。

二、数学教师读什么

依个人经验来讲，可以从以下三个方面着力。

1. 数学期刊——丰富拓展之源

每一份期刊怎么来的？经众多的学科教研工作者实践、思考、总结、打磨、筛选、修缮、编辑、出版而成！精雕细刻，百炼成钢！中学数学专业期刊品种繁多，所刊载的论文涉及课程教材研究、课堂教学研究、解题研究、中高考研究、数学竞赛研究、初等数学研究等数学教育教学的各个领域。数学专业期刊是数学教师从事教育教学研究的重要帮手，数学教师阅读专业期刊不可或缺。阅读《数学教育学报》《中学数学教学参考》等优秀期刊，有助于获得数学教育最新的信息，丰富专业学识，提高专业能力，提升专业素养，积淀专业魅力。

2. 数学经典著作——学科素养之基

有人提出经典必须具备四个特点：内涵的丰富性、实质的创造性、时空的跨越性、无限的可读性。经典著作就是可以常读常新的书，用当代意大利作家卡尔维诺的话来说，经典著作就是每次重读都像初读那样带来发现的书。

数学教育研究文献也有经典之作，几十年前写成的论文和专著，到现在仍然有人愿意看，因为对研究有启发，对教学有指导。学习经典作品，可提升教师的学科素养。教师要反复读经典。对数学教师而言，"认真读点数学著作，将实践的感性认识上升为理性认识，恐怕不是多余的话"（张奠宙语）。当你读完了一本经典著作的时候，你不仅仅是走进了数学的殿堂，更为重要的是，它会像明灯一样指引并帮助你攀爬知识的山峰。

3. 科学人文书籍——修身养性之道

除以上两类书籍外，数学教师还可以由所教学科拓展开去，有意识地读一些非专业书籍，比如文学、哲学与史学类书籍。龙应台曾说道："文学让你看见水里白杨树的倒影，哲学使你在思想的迷宫里认识星座，从而有了走出迷宫的可能，历史就是让你知道，沙漠玫瑰有它特定的起点，没有一个现象是独立存在的。"每种阅读都可汲取知识，"所有的个人阅读都是有价值的"（吴非语）。有些书看起来与数学没有直接关系，但读一读这些"闲书"，能拓展我们的视野，提升我们的思想格局，提高我们的人文素养，增强我们的人格魅力，提升我们的专业智慧。

三、数学教师怎么读书

读书要有法。很多名人的"读书之法"和"为学之道"，对我们数学教师的读书学习，启发良多，极有助益。

1. 华罗庚"越读越薄"法

著名数学家华罗庚说："学习上切忌好高骛远，急于求成，这使我明白了一条道理，就是：循序渐进，才是最好的办法。"他反复强调读书学习的两个过程：从薄到厚，从厚到薄，就是既能把书读厚，又能把书读薄，读薄就是抓住本质，抓住重点。抓住本质，才能更好地理解和提升数学核心素养。

2. 毛泽东"三先三后"法

"先博而后约"，"先中而后西"，"先普通而后专门"，是毛泽东一生遵循的读书之法。"先博而后约"，就是先博览群书，广泛地去读，在此基础上，再去读比较重要的、比较关键的、比较喜爱的书。"先中而后西"，就是先下功夫读中国的书，在熟悉、了解本国历史、文化知识的基础上，再去读西方国家的书，学习研究西方国家的政治、经济、历史和文化等，为我所用。"先普通而后专门"，就是先读一般的、通俗易懂的、大众喜爱和需要的书，在这个基础上再去读专业的、专门学科的书。

阅读重在积累。数学教师可以根据自己的优势和短板，询问、查找、确定自己的阅读书目。读书时要运用自己的智慧，有自己的独立思考，取其精华，去其糟粕。要一边读一边想，把所读之书与同类书籍、文章联系起来读，用心从细微之处感悟大道至简，洞察皆学问。

四、写在最后

如何促进教师专业发展？答案是丰富多彩的。不过要找到一件有长期受益的事情，并从中获得幸福感——那就是阅读。有了阅读，我们的品味就会提高，我们的眼界就会拓宽，我们的生活就会变得无比丰富。

关于阅读，有三个需要注意的方面。

第一，拒绝抢夺注意力的产品的诱惑。有人戏言"阅读没有那么容易，每个人都有他的手机"。现在的世界是"屏"的，形形色色、熙熙攘攘，大小屏幕代替了书籍文本，键盘语音代替了信札驿马。喧嚣多变的时代，好奇心指向的对象遍布各个领域，身处浮躁的社会，个人很容易被焦虑和功利情绪裹挟，要保持平心静气，是莫大的考验和修炼。阅读代表着一种生活方式，不需要你辛苦存到一千万元，不需要你住进高档小区，只要一盏灯，一本书，一个角落，马上就可以开始做。当然，阅读说不上多"高大上"，但这点小小的爱好，却能使我们沉潜下来，打开另一个世界的入口。在日常生活中，在工作忙碌之余，尽量抽出一定的时间，看有深度的、优秀的书和文章，一张一弛地合理安排，这有助于不断提升自己与世界对话的能力。

第二，培养阅读兴趣。阅读兴趣的发现与养护，关乎整个人生的生活和学习质量，值得每一个人认真思考，也需要我们在每时每刻都给予特别的关注。培养阅读兴趣需要发现的过程，更需要长久的宁静。对每一个教师来说，诗和远方都可归结为阅读——那个沉浸在书的世界中的孤独身影，就是诗；而那些从书中获得的知识，则成了他的远方。

第三，为自己设定有意义的目标。每每获得新知识，每每将新知识纳入自己的思维体系，所带来的快感是无与伦比的。阅读是一个不断吸收新思想、不断形成新观念、不断习得新经验的开放过程，把它安排进日程中，把书籍当作生活必需品，让阅读真正成为一种生活方式，让阅读美丽我们的每一寸时光吧。

阅读是精神层面的追求，所以阅读是件长效性的事，在书籍的世界中，回报不仅无法量化、物化，且需要长久的等待。不需要追求物质收益，也不需要苛求自己成为某领域的专家，它的意义是帮助你对抗平凡、琐碎的日常生活，让你的头脑保持清醒。通过读书，我们是否受到激励、触动与启发，这是对我们为什么要读书，书读得怎么样的最好回答。

目 录

秘密一 高手的专业修炼

修炼一 专业阅读 / 003

阅中解"惑",读中导"学" / 003

我们该读一读数学史 / 010

开启一扇认识数学世界的窗口 / 016

修炼二 专业写作 / 019

在观课中摄取,在评课中凝练 / 019

选题、规范与创新 / 025

修炼三 专业研究 / 032

为师三境 / 032

对数学教师学科素养的几点思考 / 039

注重核心素养,引领数学改革 / 044

活跃在高考中的无理常数 π / 051

中美两道考题带给我们的启示 / 055

自主招生试题对命题的启示 / 060

对六年高考数学福建卷的研究 / 064

秘密二　高手的教学探索

探索一　教学实践 / 075

妙用诗歌对联，打造诗意课堂 / 075

大道至简，宁朴勿华 / 081

浅谈将数学史知识融入数学课堂教学的途径 / 087

"程序框图与算法的基本逻辑结构（一）"教学设计 / 093

在数学知识学习中提升学生的数学核心素养 / 098

失败是人生的宝贵财富 / 103

探索二　教学研究 / 108

从看似"鸡肋"的内容"做足"学生对数学的理解 / 108

数学高考试题对高三复习的启示 / 113

让人开窍的图形 / 121

探索三　教学评价 / 127

让学习成为研究 / 127

巧用评价语，让课堂生成正能量 / 133

促进理性思维，培养良好习惯 / 136

他山之"思"可攻玉 / 143

秘密三　高手的解题智慧

智慧一　解题理论 / 151

怎样解题表 / 152

学会解题的四步骤程式 / 155

怎样学会解数学题 / 157

智慧二　解题案例 / 160

陈题新解 / 160

难题简解 / 168

一题多解 / 175

考题巧解 / 188

趣题妙解 / 202

智慧三　错解辨析 / 207

数学解题不可缺失理性 / 207

评析《数学通讯》问题 243 / 212

这道题真的不宜用参数方程解吗？/ 214

数列学习中的 9 个易错点 / 217

三角函数学习中的 8 个易错点 / 221

主要参考文献 / 227

秘密一

高手的专业修炼

我能有今天，靠的是不去追逐平庸的机会。

——（美）查理·芒格

修炼一　专业阅读

处于今天这样一个喧嚣多变的时代，教师如何坚持对教育理想的执著追求，保持从容坚定的前进步伐？阅读不可或缺。事有所成，常常是学有所成；学有所成，往往是读有所得。读书是一个人，特别是年轻人心智培养、性格塑造、人生观引导的重要途径和方法，是人们获取知识的源泉。

有人说，人的精神高度是由阅读的境界决定的。一个教师的阅读境界有多高，他在教育的道路上就能走多远，每一位名师的成长无不从阅读中汲取知识的营养。对于热爱读书者，书籍如同亲密的精神伴侣。书海里，有远比眼中更生动的风景。读书，意味着熟知世间万物，品悟宇宙之妙。读书，为吮吸生活精华提供了一条捷径。书籍就像一盏神灯，它照亮人们最遥远、最黯淡的生活道路。爱读书、读好书、善读书，就等于把生活中寂寞的辰光换成无比享受的时刻。把阅读作为一种追求、一种爱好、一种健康的生活方式，这样的教师一定拥有开阔的精神版图，个体与世界对话的能力自然越来越强。

学习是一种智慧，一种坚持，一种执著。阅读是最重要的学习，阅读有助于我们不断地超越自己。

阅中解"惑"，读中导"学"

教师是很容易麻木的。受各种因素的影响，不少教师没有真正关注自身专业的发展，嘴上批评学生"屡教不改"，其实自己何尝不是——一本教案用很多年。教书之人不读书，教学总在自我的圈子里往复和循环，大都是"今天的你我重复昨天的故事"，虽然"岁岁年年人不同"，但却"年年岁岁花相似"。

俗话说"打铁还需自身硬"，如果教师没有一身过硬的本领，是很难搞好教学工作的。作为教书育人的教师，在完善自身知识结构方面，理应有更为前瞻的视野、更为敏锐的嗅觉，付出更为坚定的努力。因此，阅读对教师的重要性是不言而喻的。对教育而言，阅读是提升教学水平的最基本途径，没有阅读，就没有教师真正意义上的专业成长。

一、阅读的意义

1. 解惑——不畏浮云遮望眼

在生活中，在教学中，我们会遇到很多问题与困惑，如何解决这些问题与困惑，大多没有现成的答案，我们可以在书籍中寻找到答案，这是阅读最为显性的益处。所谓教学相长就是一个学习、实践、思考、提高的过程。苏联教育家苏霍姆林斯基曾经说过，无限地相信书籍的力量是他教育信仰的真谛。如果没有教师对于阅读的热爱，就很难点燃学生的阅读热情；如果没有教师与学生的共同阅读，就很难形成师生共同的精神家园；如果没有教师的阅读，就没有教师真正意义上的成长与发展。

例1 已知函数 $f(x)=e^x-x-m$ $(m\in \mathbf{R})$。

（Ⅰ）求 $f(x)$ 的最小值；

（Ⅱ）判断 $f(x)$ 的零点个数，说明理由；

（Ⅲ）若 $f(x)$ 有两个零点 x_1、x_2，证明：$x_1+x_2<0$。

解：（Ⅰ）因为 $f'(x)=e^x-1$，所以，当 $x\in(-\infty,0)$，$f'(x)<0$，当 $x\in(0,+\infty)$，$f'(x)>0$。

所以单调递减区间为 $(-\infty,0)$，单调递增区间为 $(0,+\infty)$。

故当 $x=0$ 时，$f(x)$ 取得最小值为 $f(0)=1-m$。

（Ⅱ）由（Ⅰ）知 $f(x)$ 的最小值为 $f(0)=1-m$。

(1) 当 $1-m>0$，即 $m<1$ 时，$f(x)$ 没有零点。

(2) 当 $1-m=0$，即 $m=1$ 时，$f(x)$ 有一个零点。

(3) 当 $1-m<0$，即 $m>1$ 时，

构造函数 $g(x) = e^x - 2x$ $(x \geq 1)$，则 $g'(x) = e^x - 2$。

当 $x \in (1, +\infty)$ 时，$g'(x) > 0$。

所以 $g(x)$ 在 $(1, +\infty)$ 上单调递增。

故 $g(x) \geq g(1) = e - 2 > 0$。

所以 $m > 1$ 时，$g(m) > 0$，即 $e^m - 2m > 0$。

又因为 $f(m) = e^m - 2m$，所以 $f(m) > 0$。

又 $f(-m) = e^{-m} > 0$，所以必存在唯一的 $x_1 \in (-m, 0)$，唯一的 $x_2 \in (0, m)$，使得 x_1、x_2 为 $f(x)$ 的两个零点，故当 $m > 1$ 时，$f(x)$ 有两个零点。

（Ⅲ）若 x_1、x_2 为 $f(x)$ 的两个零点，设 $x_1 < x_2$，则由（Ⅱ）知 $x_1 < 0$，$x_2 > 0$。因为 $f(x_1) - f(-x_2) = f(x_2) - f(-x_2) = (e^{x_2} - x_2 - m) - (e^{-x_2} + x_2 - m) = e^{x_2} - e^{-x_2} - 2x_2$，

令 $h(x) = e^x - e^{-x} - 2x$ $(x \geq 0)$，

则 $h'(x) = e^x + e^{-x} - 2 \geq 2\sqrt{e^x \cdot e^{-x}} - 2 = 0$，

所以 $h(x)$ 在 $[0, +\infty)$ 上单调递增，因此 $h(x) \geq h(0) = 0$。

又 $x_1 < 0 < x_2$，所以 $h(x_2) > 0$，即 $e^{x_2} - e^{-x_2} - 2x_2 > 0$，

故 $f(x_1) > f(-x_2)$。

又 $x_1 < 0$，$-x_2 < 0$，且由（Ⅰ）知 $f(x)$ 在 $(-\infty, 0)$ 单调递减，

所以 $x_1 < -x_2$，即 $x_1 + x_2 < 0$。

此题是2015年福建省质检数学文科卷第22题，试题第（Ⅲ）问引发了我校高三数学老师的热烈讨论，大家议论的焦点是：参考答案为什么想到计算 $f(x_1) - f(-x_2)$？为什么又要把式子 $f(x_1) - f(-x_2)$ 转化为 $f(x_2) - f(-x_2)$？如果老师自己都没有想到，怎么给学生解释？这些问题让老师们纠结不已。后来上网查询得知这类问题属于"函数的极值点偏移问题"，就找来杂志上相关文章阅读学习，大家都觉得受益匪浅，不仅掌握了处理这类问题的一般策略，明晰了这类问题的解题方向，克服了讲解的盲目性，而且在讲评中进一步优化了学生的解题思维，提高了学生的解题效率。课后推荐优秀学生自学这几篇论文，学生还回报老师以惊喜，探究得出此题第（Ⅲ）问的一种"优美"解法：

若 $f(x)$ 有两个零点 x_1、x_2，设 $x_1 < 0 < x_2$，

则 $e^{x_1}-x_1-m=0$，$e^{x_2}-x_2-m=0$，

所以 $e^{x_1}-e^{x_2}=x_1-x_2$，即 $\dfrac{e^{x_1}-e^{x_2}}{x_1-x_2}=1$，所以 $e^{\frac{x_1+x_2}{2}}\cdot\dfrac{e^{\frac{x_1-x_2}{2}}-e^{\frac{x_2-x_1}{2}}}{x_1-x_2}=1$。

令 $t=\dfrac{x_1-x_2}{2}<0$，则 $\dfrac{e^{\frac{x_1-x_2}{2}}-e^{\frac{x_2-x_1}{2}}}{x_1-x_2}=\dfrac{e^t-e^{-t}}{2t}$。

设 $g(t)=e^t-e^{-t}-2t$（$t<0$），则 $g'(t)=e^t+e^{-t}-2\geqslant 0$，

所以 $g(t)$ 在 $(-\infty,0)$ 上为增函数。

所以 $g(t)=e^t-e^{-t}-2t<g(0)=0$，即 $e^t-e^{-t}<2t$（$t<0$），

所以 $\dfrac{e^t-e^{-t}}{2t}>1$，$\dfrac{e^{\frac{x_1-x_2}{2}}-e^{\frac{x_2-x_1}{2}}}{x_1-x_2}>1$。又因为 $e^{\frac{x_1+x_2}{2}}\cdot\dfrac{e^{\frac{x_1-x_2}{2}}-e^{\frac{x_2-x_1}{2}}}{x_1-x_2}=1$，

所以 $0<e^{\frac{x_1+x_2}{2}}<1$，即 $x_1+x_2<0$。

中国古代就有"学然后知不足，教然后知困""教学相长"的理念，教师可以通过对教学实践的反思改进教学、发展自我，不断提高教学水平，具有持续成长的可能性。"师者，所以传道受业解惑也。"教师的职责之一就是"解惑"，解学生之惑。但在教学中，在解题中，教师也会不断碰到、产生新的"困惑"，教师如何"解己之惑"呢？可以说，教师专业发展由课内走向课外，专业阅读不失为一条最现实、最有效的途径。专业阅读，在积累知识、获取信息、抚慰心灵、积累力量的同时，是帮助教师找到改变自己教育生态的全新切入点。

2. 促写——好风送我上青云

"教而不研则浅，研而不著则空。"教师只有通过"述"才能使自己得到的知识转化为教师群体的公共知识，使自己更加明道，使同行能够闻道。优秀教师充分认识到表述自己教学思想的重要性，不辞辛苦地提高自己的表述能力。如李吉林老师在自己的教学职业生涯中撰写了大量的著作和论文，这些著作和论文很多得了奖。但是，李吉林老师谈到她写作不是为了获奖，而是觉得通过写可以把零乱的思想、浅表的认识变得更加有条理、清晰和深刻。她认为撰写文章的过程是积累和总结经验的过程，也是一个特殊的"业务进修"过程。

"读能促写"。这里的"促"有两层含义，一是"促使"，二是"促进"。只要是认真、细心地阅读，总有一些教学实践和教学理论会"驱动"我们思

考，就会产生强烈的写作欲望，把这些心得体会记下来，针对其中的成败得失，写下自己的思考和感悟。以读促写，以写促思，不仅能提高表达自己教学思想、教学见解的能力，使自己悟到的教学道理通过言说得以彰显，更会照亮自己和他人的专业发展路程。

例2 妙用诗歌对联，打造诗意课堂。

我在教学中经常结合教学内容写一些数学诗歌、对联，以促进学生学习数学，尝试打造诗意化的数学课堂。在教学之余也会把一些流行歌曲改编成数学版的，以激励学生学习数学。在读到文献《诗意课堂引领学生审美》[文卫星：《中学数学教学参考》（上旬），2014年第10期]时，我备受启发。特别是栏目主持人张奠宙先生的点评语——"在数学课堂上，用诗歌表达自己的感情，会不会成为一种时尚？我们期待着"，更让我鼓起勇气，把教学中有意识地引进诗歌、对联、流行歌曲的一些做法撰写成论文《妙用诗歌对联，打造诗意课堂》，成稿后又得到编辑老师的悉心指导，经过不断修改和打磨，最终得以刊发。

工作至今，我发表了100余篇论文，这主要得益于自己平时的专业阅读。阅读始终会给我们带来惊喜，永远是创作灵感的来源。阅读数学期刊时，读者很容易与作者产生共鸣。因为数学期刊中既有先进的教育理论介绍，又有教学实践经验的展示，如果教师经常认真地阅读，就能汲取丰富的营养。通过阅读《中学数学教学参考》等优秀期刊，不仅能够得到多位编辑的专业扶助，而且能分享全国数以万计优秀同行的教育智慧和教学思考，不断提升教师的自我更新能力和持续发展能力。

3. 刷新——茅檐长扫净无苔

现代社会的竞争，说到底是人与人之间的综合素养的竞争。一个人的综合素养如何，决定了他能站得多高，走得多远。而通过阅读，巧借外力发展自己，又是一个人综合素养的重要体现。阅读，是对精神世界的刷新，在一次次的刷新中，勤于阅读的人将逐渐成为心灵层次丰富、心智成熟饱满的现代人。

孙云晓老师说过，对于一个孩子来说，养成阅读的习惯等于在他的心里装了一台成长的发动机。养成阅读习惯的人一辈子不寂寞，养不成阅读习惯的人一辈子不知所措。"问渠那得清如许？为有源头活水来"，教师要使自己的职业和人生达到真实而臻于完善的境界，就必须终身学习、不断反思、不断研究、不断创新，走可持续发展之路。

例3 空集是任何集合的子集。

"集合间的基本关系"是在学习了"集合的含义与表示"之后，从相互联系的角度进一步研究集合，主要包括子集、真子集、相等集合等概念。教材内容呈现的顺序是"子集—集合相等—真子集"。教学至今，我始终认为这部分内容比较简单，没什么好讲的，就按照教材内容呈现的顺序进行讲解，对于"空集是任何集合的子集"这一规定，也就硬"塞给"学生，全然不顾学生可能有这样的观点："∅不是集合 A 的子集"（理由是：既然空集中不含任何元素，那么根本谈不上"∅中的任何元素都属于集合 A"，不符合子集的定义）。若有学生问为什么规定"空集是任何集合的子集"，我可能会说"就你问题多"，打击学生的积极性；也可能把皮球踢给学生——"你们说呢？"，让学生乱说一气，耽误时间；还可能会说"你真会动脑子，我们下课后再研究好不好？你去查一下资料，我也去查一下资料"，拖住学生；甚至会说"这是约定俗成的，知道吗？约定俗成是不讲为什么的，就像你叫的名字一样"，震住学生。

直到读到陆学政老师的文章《"集合间的基本关系"观课思考与教学设计》[《中学数学教学参考》（上旬），2015 年第 5 期]，我受到极大的震撼，深感自己处理这节内容时教学方法过于简单，且不符合学生的认知特点。特别是陆老师引导学生认识"空集是任何集合的子集"这一规定的教学方法，令人眼前一亮，让我认识到教了很多年、自认为很简单的教学内容，还有待进一步完善和挖掘。

关于教师工作的新定位：作为研究者的教师，应当将教学研究渗透于自己的全部工作，这应成为教师实现自身专业成长的主要途径（郑毓信语）。苏霍姆林斯基说得好："如果你想让教师的劳动能够给教师带来乐趣，使天天上课不至于变成一种单调乏味的义务，那你就应当引导每一位教师走到从事研究这条幸福的道路上来。"我们不能因为教材内容简单而无所作为，而应琢磨如何在教材"不可说"的地方找到说法，把数学的学术形态转化为原生形态，建构为教育形态，最终打造为活动形态（裴光亚语）。课堂一分钟，课外十年功。教师只有博览群书，争做"杂家"，通过学习他人成功的教学经验，取长补短，在教学中才能逐渐告别"震"字诀、"拖"字诀、"吓"字诀，开发课程资源才会做到游刃有余、得心应手，教学才能做到高屋建瓴、深入浅出。

4. 享受——为有源头活水来

习近平主席 2014 年同北京师范大学师生代表座谈时指出,扎实的知识功底、过硬的教学能力、勤勉的教学态度、科学的教学方法是老师的基本素质,其中知识是根本基础。学生往往可以原谅老师严厉刻板,但不能原谅教师学识浅薄。"水之积也不厚,则其负大舟也无力",知识储备不够、视野不够,教学中必然捉襟见肘,更谈不上游刃有余。

著名数学教育家钟善基先生曾经说过这样一句话:"数学教育,随着社会发展的需要,通过数学教育工作者不断的实验与研究,演变至本世纪(20世纪)70 年代,已开始形成独立的科学,成为涉及哲学(主要是认识论)、历史(主要是数学史和数学教育史)、心理(主要是教育心理)、教育(主要是教学论)、逻辑和数学等几门科学的一门边缘科学了。这一发展,当然是历史发展的必然。"为了搞好数学教育,提高教学质量,我们必须静下心来,找到自己的学习之路,踏踏实实地走下去。虽然自己起步有点晚,但还不算太晚。

教书人生,长路漫漫,从新手到熟手,从骨干到名师,一位教师的专业成长之路,就是一条完善知识结构之路。学科教学的生命力就在于教师不断提高自己,走可持续发展之路,使自己的教学有生气,使学生深受其益。作为教师,我们要坚持学习,通过读书时时更新自己。阅读,是教师专业成长的助推器!每个人都可以通过阅读遇见未知的自己,通过阅读遇见更美的自己!

二、结束语

对于如何促进教师专业发展,比较一致的看法是,从外部主导的教师专业发展转向教师专业自主发展,提高教师的专业自觉,改善教师的教学行为等。教师专业成长的根本是自主成长,而非外出学习、学校培训、继续教育等外在方式。对教师而言,阅读是一项几乎没有门槛的活动,人人都可领略文字之美;阅读又是一项由浅入深的精神历练,需要持之以恒才能登堂入室、窥其堂奥。专业阅读,能使我们站在大师的肩膀上前行;通过阅读驱动写作,能使自己的能力不断提升。读写互动,相辅相成,就能振起教师专业发展的双翼。

　　这个世界需要书籍的火种来点亮,"阅读"本身就是一种"活在当下"的姿态,是对抗麻木的最佳武器。一个角落、一本书、一束光,就能筑起一个完整而缤纷的世界。教师是"教书之人",学生是"读书之人",师生之间最大的交集是"书",如果教师和学生都能把目光聚焦在书上,用阅读代替说教,用思考代替争吵,用文化浸润灵魂,让校园弥漫书香,也许,很多矛盾就能够自然化解,很多难题就能够找到答案。

我们该读一读数学史

　　数学史是一座宝藏,不论时代如何变迁,从事数学研究和数学教育的人们总是可以并且也有必要从中汲取丰富的教学素材和有益的思想养料,为教学注入鲜活的生命力。但是,数学史历来是"高评价,低应用"。当前的数学教学,多数教师还只是把数学史作为一种"附加"的内容,将其作为一种提高学生兴趣的"佐料",没有从数学历史发展的角度设计自己的教学,无法充分挖掘数学史的教育价值和文化价值。导致这一现象的一个重要原因就是教师的数学史素养不足、数学史素材极为匮乏。有的教师连基本的数学史知识都没有,更遑论在课堂上主动、自觉、恰当地融入数学史知识,激发学生学习的动力,增强学生学习数学的兴趣,启迪学生的数学思维了。

　　数学令那么多人着迷,原因在哪里?教学中如何选择符合学生接受水平的数学史知识?如何通过数学史实介绍数学的思想方法?"科学给人知识,历史给人智慧",数学教育不可能完全割裂历史,数学史和数学教学结合已是国际数学改革的一种趋势。教师多读一读数学史书籍,研究好、利用好有关的数学史知识,有助于找寻到上述问题的答案,在对数学史的深入思考中理解数学、提升专业素养、把握当下、走向未来。我谈谈阅读《数学史上的里程碑》(H·伊夫斯著,欧阳绛等译,北京科学技术出版社 1990 年出版)的体会与启示,期望起到抛砖引玉的作用。

一、数学史知识对教师的意义

1. 数学史知识有助于提高教师理解数学的水平

"理解数学、理解学生、理解教学"是教师专业发展的基石,是数学教学质量的根本保证,其中"理解数学"是首要的,是实现数学育人的基础。教材是学生获取知识的主渠道。随着学习的深入,知识积累的增多,学生的基本数学思想和数学方法在知识形成的过程中不断发展,数学能力在知识、方法和技能的学习过程中不断提高。教材的导言、小结和阅读材料中有很多有益的启示,教师要"专业地读懂教材",在教学中发挥这些素材的作用。

例1》 一元二次方程的教学。

人教版教材在一元二次方程的引入及求解上,都是以与面积有关的实际问题为背景材料的。北师大版教材则是在学习配方法解一元二次方程这节内容后,通过设置"读一读"栏目——"一元二次方程的几何解法",介绍了我国三国时期的数学家赵爽和公元 9 世纪阿拉伯数学家花拉子米利用几何方法求解一元二次方程的例子。如何理解教材的编写意图,把握这一主题的实质?

事实上,在数学发展的早期,几何先于代数发展起来,人们习惯从几何的角度思考代数问题。古希腊的毕达哥拉斯学派曾经用几何方法解一元二次方程。在古希腊,几何学发展得快而代数学发展得慢。当时,一元二次方程被分为四种不同的类型:$x^2-px+q^2=0$,$x^2+px+q^2=0$,$x^2-px-q^2=0$,$x^2+px-q^2=0$。公元 9 世纪,花拉子米用几何方法解一元二次方程,并给出了一元二次方程的两种几何解释。其要点是把未知数的平方视为正方形的面积,未知数与常数的积视为两个矩形的面积之和,然后以这三个图形为基础,补形成正方形,从而得到原方程的解。这样的解法很容易弄懂,但是为什么要用这样复杂的方法(几何作图法)去处理这么简单的问题(一元二次方程),却颇为令人费解。事实上,补形成正方形是从几何角度说的,从代数的角度而言,配方的目的就是为了达到补形的效果。知道了这一历史发展和背景知识之后,有助于我们理解教材的选材和立意,并从中获得很多有益的启迪,不会因几何之法落后而把其精神实质给抛弃了。

我所在地区使用的是北师大版教材,教学配方法之后,为使学生能"历史地"看问题,我布置了下面的思考题。

（Ⅰ）设 r 和 s 表示下列方程的两个根：$x^2-px+q^2=0$，其中 p 和 q 是正整数。试证明：$r+s=p$，$rs=q^2$，且当 $q \leqslant \dfrac{p}{2}$ 时，r 和 s 都是正数。

（Ⅱ）为了用几何方法使（Ⅰ）中的二次方程得到实根，我们必须由给定的线段 p 和 q 求出线段 r 和 s。也就是说，我们必须作一个长方形，使它的面积等于一个给定的正方形的面积，而它的底与高之和等于一个给定的线段的长。试根据下图，设计一个适当的作图方案，并且在几何上证明：为了能得到两个实根，必须有 $q \leqslant \dfrac{p}{2}$。

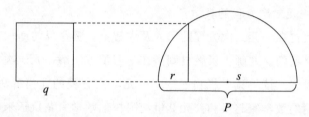

（Ⅲ）给定一个单位线段，试用几何法解二次方程 $x^2-7x+12=0$。

补充这个问题，基于以下原因：一是让学生增添新的视角看一元二次方程的求解，而且在学习勾股定理、平方差公式、完全平方公式等内容时，学生已经具备通过构造图形解决问题的数学经验；二是让学生体会并走一走古代数学家走过的路，进一步从形象化的角度理解配方法，在几何法与代数法的比较中认识到用代数方法研究几何问题是必然的历史选择；三是可以进一步引导学生发现韦达定理。

这样的教学不拘泥于数学知识的历史顺序，而是通过抽象思维与形象思维的结合，使学生在形与数的结合上深刻认识数学的本质，进一步感受到代数方法的优越性。数学历史文化与数学思维的双重熏陶，有利于学生数学素养的提高，同时必然促进学生数学能力的发展。

2. 数学史知识有助于提高教师教学的创新能力

弄清数学历史的演变，回眸数学发展中的重要事件和人物，有助于认识数学观念上的关键转折点，也就是人们常说的"里程碑"，这为我们有层次地在不同学段有选择地安排不同内容提供了重要的参考。

例2》 勾股定理的教学。

勾股定理可谓初等几何中最精彩、最著名和最有用的定理之一，它从边的角度进一步刻画了直角三角形的特征。学习勾股定理及其逆定理是进一步认识和理解直角三角形的需要，也是后续有关几何度量运算和代数学习的必要基础。勾股定理有各种推广，自然的引申就是一般三角形的余弦定理和平面解析几何中的两点间距离公式。教学中，我把余弦定理的证明留给学生作为练习。

证明：在一个三角形中，与钝角（锐角）相对的边上的正方形，等于其他两边上的正方形之和，加上（减去）这两边中任何一边与另一边在它上面的投影之积的二倍。

我首先引导学生结合勾股定理的形式，从证明的结论看，应通过构造直角三角形进行证明。问题解答后，我进一步指出，如果采用有向线段，如下图所示，则有

$$AB^2 = BC^2 + CA^2 - 2BC \cdot DC.$$

因为 $DC = CA \cdot \cos\angle BCA$，所以 $AB^2 = BC^2 + CA^2 - 2BC \cdot CA \cdot \cos\angle BCA$，其实质就是余弦定理。

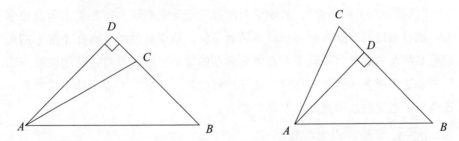

教学中进行这样的"创新"设计，能让学生体会到数学知识和数学公式的内在美和形式美，有助于沟通初高中知识的联系，使学生认识到勾股定理具有学科的基础性和广泛的应用，余弦定理不过是勾股定理的一个很好的推广。

例3》 有理数乘方的教学。

教学有理数的乘方后，我引导学生对所学知识进行总结，同时指出，加法与乘法表面上是极不相同的运算，但在结构上却有相似之处。比如从1出发，不断加1，得到序列：

$$1, 2, 3, 4, 5, \cdots$$

从 2 出发，不断乘 2，得到序列：

$$2, 2^2, 2^3, 2^4, 2^5, \cdots$$

两个序列在运算关系上也相似，前一序列中有 $1+3=4$，后一序列有 $2\times 2^3=2^4$，即 $2\times 8=16$。认识到这一点，我们就可以不必直接计算 $2\times 8=16$，而去计算 $1+3$，得到 4，然后就知道 $2^4=16$ 就是 2×8 的答案了。

同一结构可以在不同事物中出现，但有的事物容易把握，有的事物很难把握，我们可以通过容易把握的事物，来认识难于把握的事物。在历史上，数学的一大历史成就就是利用这一思想，为了简化计算而发明了对数，一下子把天文学家从大量计算的沉重劳动中解放了出来。

这样的教学，有助于学生理顺数学各部分知识的内在联系，开阔学生的视野，让学生体会到数学思想的重要意义。知识是一种改变历史的力量，但归根结底，知识的力量来自人的思想。正如日本数学教育家米山国藏所言："无论对于科学的工作者、技术人员，还是数学教育工作者，最重要的是数学精神、数学思想和方法，而数学知识是第二位的。"

3. 数学史知识有助于提高教师的解题研究能力

"问题是数学的心脏"。数学学习的过程与数学解题紧密相关，但是很多人可能是通过题海战术而训练成解题能手的。数学能力的提高在于解题的质量而非解题的数量，因此要重在研究解题的思维方法和策略，解题时要不断思考，这道题为什么要这样解？这样的解法是不是触及了数学的本质？背后还蕴藏了怎样的数学观点、数学思想方法？

例4 证明 $\sqrt{2}$ 是无理数。

《数学史上的里程碑》一书给出了如下的几何证法：

证明：即证明正方形的边和对角线是不可公度的。假设情况相反，那么就存在一个线段 AP（如图所示），使得正方形 $ABCD$ 的对角线 AC 和边 AB 都是 AP 的整数倍，也就是说，AC 和 AB 关于 AP 是可公度的。在 AC 上，截取 $CB_1=AB$，作 CA 的垂线 B_1C_1。不难证明 $C_1B=C_1B_1=AB_1$。于是 $AC_1=AB-AB_1$ 和 AB_1 关于 AP 是可公度的。但是，AC_1 和 AB_1 是尺寸比原

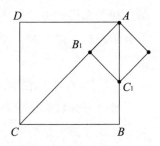

来的正方形的一半还要小的一个正方形的对角线和边。由此可知，重复上述过程足够多次，最后我们就能得到一个正方形，它的对角线 AC_n 和边 AB_1 关于 AP 是可公度的，并且 $AC_n < AP$。这是矛盾的，原问题得证。

上述证明方法即归谬法。如果把几何语言转化为代数语言来表示，就会发现这与费马的无限递降法有异曲同工之妙，费马曾利用无限递降法作出许多重要的发现，他的一生为我们留下了许多重要的定理与猜想，为数学与自然科学的发展作出了重要的贡献。

德国哲学家叔本华说过："记录在纸上的思想就好像沙上行走者的足迹，我们也许能看到他所走过的路径，但如果要知道他在路上究竟看到了什么，则必须用我们的眼睛。"在《数学史上的里程碑》一书中，作者"不局限于历史，着眼于思考与创新"，在每一讲的最后，都精心设计了相关的习题，读者阅读和思考的过程，就是在领会数学家如何创造数学的基础上自己再创造数学的过程，有助于我们更好地回归知识的源头，获得对思想过程的重要认识，看到数学家在发明发现中的经典方法，体会问题是数学发展的关键，促进解题能力有效地提高。

二、结束语

数学应该是一个充满乐趣并令人感到兴奋的学科，教科书作为一种需要理解和解释的正式文本，需要教师抓住蕴藏在教材中的核心概念和思想方法，将数学知识的学术形态转化为利于学生理解的教育形态，培养学生的学科核心素养。数学教师教学水平的高低，首先体现在对教学内容的把握上。高水平的教师，在教教材显性知识的同时，能挖掘出其背后的隐性知识，教到一些别人教不出来的内容，这些不易教到的隐性知识，就是数学的本质。

数学历史文化中蕴含着丰富的课程资源，利用数学史知识可以激发学生的学习兴趣，培养学生的数学精神，启发学生的人格成长，预见学生的认知发展，指导并丰富教师的课堂教学，促进学生对数学的理解和对数学价值的认识，构筑数学与人文之间的桥梁。作为数学教师，掌握一定的数学史知识，有助于深入体会和理解数学内容所反映的思想、精神，进一步打开视野，在教学中抓住数学的核心概念和思想方法，在传授知识的同时，揭示数学知识所蕴含的科学方法和理性思维过程，使课堂闪烁着思维的火花，促进学生学科素养的形成和提高。

开启一扇认识数学世界的窗口
——《什么是数学：对思想和方法的基本研究》荐读

第一次见到这本书时，我不禁一愣，心想，自己从小学到大学都在学数学，工作后教了十几年的数学，究竟什么是数学呢？作者要告诉我们什么？……带着疑问和好奇，我打开了这本书，便深深地被它吸引了。

这是一本既为初学者也为专家，既为学生也为教师，既为哲学家也为工程师，既为课堂教学也为参考阅览而写的书。它初版于1941年，人们可能认为它已经过时了——它的术语已经陈旧，它的观点也与现代的形势不符了。但事实上，它是一本极为完美的著作，它所强调的解决问题的方法至今有效，它所选取的材料如此之好以至于没有一个单词或符号必须在新版中删除。

作者之一科朗是当代对数学研究与数学教育都具有深远影响的数学家。他最伟大的贡献就是通过他的著作和个人交往使许多青年数学家得到宝贵的启示和巨大的鼓舞。这就是思想的力量。"如果说思想是一个光源，那么文字就是光线，是它们将作者的思想外扩，并超越时间和空间的局限，永久地辐射下去。在作者每一个文字背后，其实都有其思想的影子若隐若现。"今天，当我们阅读《什么是数学》等著作时，就会发现在这些文字背后，影影绰绰站着的，其实正是作者的教育思想，是他们的文字和文字背后的数学思想将他们的身影深深地刻在我们的心里。

《什么是数学》是一本著名的数学科普读物，它收集了许多闪光的数学珍品。我们不妨从作者对"均值不等式"的不同视角出发，管窥此书"对整个数学领域中的基本概念及方法的透彻清晰的阐述"（爱因斯坦语）。

视角1：正数 x 和 y 的算术平均就是指 $m=\dfrac{x+y}{2}$，

我们再引进一个量 $d=\dfrac{x-y}{2}$，

则 $x=m+d$，$y=m-d$，

因此 $xy=(m+d)(m-d)=m^2-d^2=\dfrac{(x+y)^2}{4}-d^2$。

因为除 $d=0$ 外，d^2 大于零，我们立即得到不等式

$$\sqrt{xy}\leqslant\dfrac{x+y}{2}\quad\cdots\cdots\cdots\text{①}$$

其中的等号仅当 $d=0$，$x=y=m$ 时成立。

视角 2：不等式①也可以由 $(\sqrt{x}-\sqrt{y})^2=x+y-2\sqrt{xy}$ 必须是非负的这一事实直接得到，并且仅当 $x=y$ 时是零。

视角 3：在一个平面内我们考察固定直线 $x+y=2m$ 和曲线族 $xy=c$，其中 c 对于这些曲线的每一条，即双曲线，都是常数，但要随曲线不同而变，从图中明显地看出，和给定直线有公共点且使 c 为最大值的曲线，是和直线在 $x=y=m$ 相切的那条双曲线，对于这条双曲线，有 $c=m^2$，所以 $xy\leqslant\left(\dfrac{x+y}{2}\right)^2$。

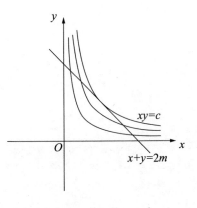

视角 1 可以看作利用"平均值代换法"证明均值不等式，视角 2 可以看作利用比较法证明均值不等式，视角 3 则独具慧眼，利用几何法导出均值不等式，通过数与形的结合，赋予不等式 $xy\leqslant\left(\dfrac{x+y}{2}\right)^2$（$x>0$，$y>0$）几何直观。上图可以看作均值不等式的双曲线模型，它与课本中的半圆模型有着异曲同工之妙，体现了均值不等式的抽象之美。作者紧接着指出："应该注意的是，对于任意一个不等式 $f(x，y)\leqslant g(x，y)$，能够从两方面看，因此它既给出了一个极大，也同样地给出了一个极小。"这就深刻地揭示出数学思维的最高境界就是辩证思维，进一步体现了数学知识的和谐与统一之美。正如作者所说："正是这些互相对立的力量的相互作用以及它们综合起来的努力才构成了数学科学的生命、用途和它的崇高价值。"

数学教学有时会演变成空洞的解题训练，这种训练虽然可以提高形式推导的能力，但却不能导致真正的理解与深入的独立思考。于是，作者在书中

尝试并努力做到从最基本的事实出发，不必拐弯抹角而直达一个可以综览近代数学的实质和动力的有利位置，其深邃的数学思想在今天仍然给我们以很好的启迪。

相信当你读完这本书的时候，你不仅仅是走进了数学的殿堂，更为重要的是，它会像明灯一样指引并帮助你攀爬知识的山峰。

修炼二　专业写作

阅读是积累，写作是升华。没有什么比"创作"更加体现读书的珍贵。进一步讲，阅读绝不是纸上的空谈，知行合一永远是读书人最优秀的品格。有的教师认为写作是作家的事，是编辑的事，与自己无关，教师的任务只是教好学生。这样的想法是错误的。作为一线教师，撰写一篇好的数学论文，不仅有助于提炼宝贵的教学经验和体会，也在一定程度上反映出教师的学术水平，所以写论文的重要性对教师来说不言而喻。但要写好一篇数学论文，确实非常不容易，特别是对于教学任务非常繁重而较少写作的老师来说，往往感觉无从下手。

经验是教师专业发展的重要资源，反思是教师成长的必由之路。教学反思的方式有撰写教学论文、记录教育案例和开发校本课程等，而撰写教学论文是快速促进教师专业成长的重要因素之一。因此，教师不仅要努力提高学科教学能力，也要发展教学论文的写作水平。想要写好数学论文，常常练笔是必不可少的。在教学中，有了新的想法和思考，解题时有了新的感悟等，都要随时记下来，当素材慢慢积累到一定程度的时候，就可以试着撰写论文了。

只要坚持不懈，就会功到自然成。

在观课中撷取，在评课中凝练
——由一次教师技能大赛引发的思考

福建省第三届教师教学技能大赛于 2015 年 11 月举行，漳州市高中组数学科参赛教师的选拔活动于 2015 年 9 月 25 日举行,来自全市的 20 名教师参加了这次比赛。比赛内容包含片段教学、观课评课、学科技能三个项目。我作为评委全程观摩了这次活动,感受了比赛的紧张和热烈,认为这样的活动很有意义,它对教师的专业成长有很大的促进作用。比赛中观课评课项目时间紧、要求高,如何才能有效地做好观课活动,撰写出一篇精彩的评课稿呢?下面提出我的一些看法,和大家探讨,以期抛砖引玉。

一、观课评课比赛

1. 比赛方式

参赛选手观看所提供的课堂教学录像(1 节课,40 或 45 分钟),根据课程标准的理念及教学规律特点进行评课,以书面评价的方式进行评课,字数不少于 500 字。比赛时间:60 分钟(含观看录像及书面评价)。

2. 评分标准

比赛采用百分制,观课评课项目占 30 分,评分标准见下表。

项目	评价要点	等级分值			
		A	B	C	D
观课评课	1. 根据课程标准的理念、要求,对课题理解正确	6	4	3	2
	2. 对授课教师的综合素养能作出较全面的评价	8	4	4	2
	3. 科学评析、条理清楚、符合实际	8	6	4	2
	4. 简要提出教学的意见与看法,不少于 500 字	8	6	4	2
	小 计	30	20	15	8

二、怎样做好观课活动

教师对于听课并不陌生。听课是学校开展教学研究的一个主要形式,也是教师借鉴学习的一个主要途径。教师之间相互听课是一种常见的教研活动形式,也是教师专业成长不可或缺的一种教学研究形式,它具有实用、方便学习交流、好组织等特点。学会听课,学会思考,提高听课的质量,对切实提高自身的教学水平大有益处。

观课就相当于教师平常的听课,但它与听课又有所不同。观课主要是观看一堂课的教学录像，与听课相比而言，教师不能"身临其境"，观察的范围有限，观察的角度又受限于录像课的拍摄角度、后期剪辑加工等因素。

评课要做到言之有物、言之有理、言之有据、言之有新。而观课是为评课服务的，有效评课是建立在有效观课的基础之上。因此，观课时要"眼观六路、耳听八方"，充分发挥眼、耳、手、脑的作用，及时做好记录，"摄取"评课的第一手材料，这既是评课的素材和依据，也是教师教学资源积累的重要内容。

1. 眼睛——观察

课堂观察的聚焦点是教师的教学行为和学生的学习行为。因此，课堂整体的教学氛围、学生小组讨论情况、师生的神态表情、师生的板演、师生实际操作活动、教师提问和学生的反馈信息、教师的身体语言（如眼神、微笑、手势、步伐）等，都应纳入观课者的观察视野之中。具体而言分为三类：师生数学活动观察、师生数学板演观察和师生数学交流观察。

2. 耳朵——倾听

教学过程是师生相互倾听与应答的过程，是师生相互交往、相互交流的过程。因此，观课活动中，教师要做一个反应敏捷的倾听者，重点倾听教师的提问和学生的回答、学生的讨论、教师对学生的评价等内容。

3. 手——记录

主要包括课题名称、执教者信息、教学流程等内容。重点是教学流程，一般包括复习旧知、导入新课、板书课题、讲授新知、巩固练习、归纳小结、布置作业等环节。主要的师生活动、教学手段、多媒体的运用等都要记清楚。观课时，可以在草稿纸上分两栏记录，一栏是教学中的优点（亮点），一栏是教学中的缺点（不足）。要做到随看、随听、随记；否则，事过境迁，重要的东西可能就溜走了，成了过眼云烟。

4. 大脑——思考

随着教学的不断推进，要运用先进的教育教学理念去观察和把握授课教师的教学思路是否清晰，教学方法是否得当；课题引入是否有悬念，能否激发学生的求知欲；重点是否突出，难点是否有效突破；教学中有没有提出有思维含量的好问题，训练是否有效，知识构建是否合理，组织的活动是否有好的效果；教学目标的达成度是否高。可以在课堂教学实施过程中进行即时性评价，特别是针对教师对学生思维结果的深层挖掘，对困境的深层分析等方面。

三、撰写评课稿要注意的几个方面

1. 评课的目的

评课主要是听课者（观课者）对本节课教学的优缺点的初步分析与评估，以及提出相应的建议和意见，即对这堂课的教学评价。教学评价是数学教学的重要环节，教学评价应该贯穿数学教学全过程。

听评课活动是学校教研的最基本、最主要的形式，与教师的职业息息相关，它可以启迪教师的心智，引发教师对自身专业发展的思索。对影响教学效果的因素的评价有时仅靠自我反思难以达到一定深度，而同行教师在旁观视角下的建议，特别是学科教学专家的高屋建瓴的指导，是提高教学理解的有效助手。通过观课评课，参与的教师必定会有更深入的思考，去伪存真、去粗存精，将教学中最核心的部分沉淀下来，从而改进和完善教学设计，提高教师的业务能力和教学水平。

2. 评课的要素

教学评价一般分为"评教"与"评学"两大块，从教育的根本目标看，应该"以学评教"。就数学学科的课堂教学评价而言，首要的评价标准是课堂目标的达成度。一般来说，评课的要素包括教学目标、教学效果、教学内容、教学策略、教学过程、教师行为、学生行为、教学特色、教学环境等方面，其中重点是前六项，其他各项可以分散到前面六项进行渗透。其着眼点在于教师教的效果和学生学的效果。一堂好课往往包含以下几个维度：

良好的学习气氛（基础）；

充实的教学内容（满足学生的求知欲）；

良好的师生互动（有利于进行教学活动）；

实现预期目标（最基本指标）；

合理利用多媒体辅助教学；

对学生合理评价（激励、唤醒、鼓舞）。

3. 怎样撰写评课稿

评课稿相当于一篇"命题作文"，撰写时既要立意正确、内容充实、中心明确、重点突出、结构完整、书写整洁，更要具备深刻（透过现象深入本质，观点具有启发性）、丰富（材料丰富，论据充实）、有文采（用词贴切，句式灵活，有表现力)、有创新（见解新颖，材料新鲜，构思新巧，表达独特，不人云亦云）等独特之处，才能吸引和打动评委。

元代文人乔梦符谈到写"乐府"的章法时提出"凤头""猪肚""豹尾"之喻：开头，像凤头那样美丽、精彩；主体，像猪肚子那样有充实、丰富的内容；结尾，像豹尾一样有力。这一标准同样适用于评课稿。做好观课记录，才能写出好的评课稿。撰写时应精心写好评课稿的几个重要部分。

（1）标题。

古人云：题好一半文。评课稿的文题宜用高度概括、含义确切的词句概括和凝练全篇的内容，达到微中见著、引人入胜之目的。文题宜"真""小""新""深""美"，忌"虚""大""陈""浅""丑"。比如以下这些标题就值得借鉴：

精彩预设显智慧，活学活用才是真——关于"函数与导数的综合问题"的点评与教学建议(冯爱银)。

问题驱动探究，互动彰显魅力——"正弦定理"听课有感（林婷）。

自然　自主　自由——观摩"三角函数的周期性"的体会与思考（李善良）。

明确教学内容，彰显教学特色——评陈神男老师的"课例：柯西不等式的应用"（罗增儒，王焱坤）。

本色中闪烁着课堂的光辉——评陈静兴老师"函数的周期性"教学（王强芳，程乐根）。

善用古诗词、流行语，也能为标题添风采。

（2）导入语。

一篇文章须有精彩的开头，否则别人没有继续看下去的耐心，那即使后面写得再好也是徒然。评课稿的导入语根据需要可作多样设计：或平实坦直，或异峰突起，或曲径通幽，或柳暗花明等等。它虽然没有固定的模式，但它是评课稿的"凤头"，一开始就应显出灵气，打动读者，吸引读者。这就要求开头必须切题、新颖、简洁有力。例如：

不必说执教者温馨而铿锵的话语，规整而有力的板书，期待而优美的动作，娇艳而多变的画面，直观而科学的演示，单是执教者对课程标准的理解，对教材的处理，对教学过程的安排，无不体现执教者对新课改中教学方式变革的真实想法,有许多精彩的、可资借鉴的地方。以下,我谈几点感悟。

(3)正文。

猪的肚子饱满而圆实,有了精彩的开头,自然不能在文章的主体上华而不实。正文是评课稿的主体部分,评课稿的中心内容必须在这一部分得到充分体现。更重要的是,评课稿主体部分要论据充分,论证严谨,逻辑周密,经得起任何形式的推敲和反驳。另外,评课稿可以考虑分成几个层次,逐层剖析论证。

可资借鉴的例文有:

《问题驱动探究,互动彰显魅力——"正弦定理"听课有感》[林婷:《福建教育》(中学版),2015年第1—2期,第95—97页]。

《自然 自由 自主——观摩"三角函数的周期性"的体会与思考》[李善良:《中学数学教学参考》(上旬),2015年第8期,第15—16页]。

《为构建逻辑连贯的学习过程而设计——课例"平面向量基本定理"评析》[祝敏芝:《中学数学教学参考》(上旬),2015年第5期,第36—37页]。

《评课者的情怀(续)》[裴光亚:《中学数学教学参考》(上旬),2012年第8期,第2—5页]。

(4)结束语。

结束语是对全文的核心内容总结和归纳,是画龙点睛,但不是正文观点的简单重复,而是更深层次的扩展与总结创新。

例文:

呼唤所有学生共享数学思考的乐趣!教得有效,学得愉快(实在),考得满意——这是教育的光荣与梦想,愿与各位同仁及我们的学生一起圆梦!

怎样撰写出一篇精彩的评课稿?关键是要对教学多一份思考,即"要带着教学问题进课堂,带着教学思考出课堂",在各种观点的碰撞中寻找写作的蛛丝马迹。正如裴光亚老师所述:评课需要理论修养、教学经验、批判精神、表达艺术。因为没有理论,就没有标准;没有经验,就无法体会执教者的心路;没有批判精神,就不可能把作为客体的课和作为主体的执教者引向深刻;没有表达的艺术,就不能让人理解以至心悦诚服。

选题、规范与创新

我从教以来,在《中学数学教学参考》等杂志发表100多篇教育教学论文,从中体会到,对教学中的成功做法与思考及时整理、总结并撰写成教研论文,是教师专业成长的有效途径之一。高质量的教研论文需要教师认真准备,在教学研究中沉淀和突破,在写作中有效表达。那么,怎样撰写教研论文才能获得发表交流的平台,让更多的人阅读和受益?答案只有一个——提升自己教研论文的质量。而"选题、规范与创新"则是决定教研论文的品位与价值的三个基本要素。下面结合自己撰写教研论文的经历与感受,对数学教研论文的选题与写作作一点讨论。管窥之囿,敬请教正。

一、教研论文的选题——基于实际,立足实践

一个好的点子可以使一件难办的事情迎刃而解,相应地,能不能从教学实践中找到恰当的选题,是撰写研究论文的关键。一线教师的创作灵感主要来自教学实践,教师在教学中要善于留意教学的细节及存在的问题,积累自己的教学经验,然后经过精心整理,便可成为很好的写作素材。

1. 从教育教学改革的热点中选题

结合所教学科实际,从教育教学改革热点中选题,往往能使所选课题具有时代性、新颖性和针对性。新一轮的课程改革标志着数学教育正经历从"双基"到"三维目标"直至今日"核心素养"的转型和跨越,这就给广大教师提出了一系列研究课题,例如:基于核心素养培养的有效教学研究;基于核心素养考查的试题命制与测试研究;核心素养视角下的教师专业化发展研究;核心素养视角下的考试新题型研究;核心素养立意的考试命题研究;数学六大核心素养的相关性研究;等等。

钟启泉先生指出,新的学力概念——"核心素养"意味着课堂的根本转型,从"知识传递"到"知识建构"的转型。我们需要思考的是:核心素养

视角下的教师要具备什么样的学科素养？带着这个问题，笔者认真学习了相关文章，结合一次教师招考的命题经历，撰写了《对数学教师学科素养的几点思考》一文，发表在《数学通讯》2016年第2期。再如，2016年多省市高考回归全国卷，已适应自主命题省份的师生如何应对这一变化？近几年的全国卷有哪些改革亮点？带着对这两个问题的思考，笔者撰写了《注重核心素养，引领数学改革——2013—2016年高考数学全国卷试题综述》，发表在《中学数学教学参考》（上旬）2016年第10期。

2. 从阅读相关书籍、论文中选题

作为一名教师，自觉地开展专业阅读，经常阅读专业杂志和教育教学书籍，不仅能快速提高自己教育理论、教学方法等方面的能力，还能从中得到启发而产生论文的选题。笔者2015年淘到《骨干教师成长的秘诀》一书，没想到竟让我爱不释手，连夜细读。这本书最令人感动的是两组关键词：实践与思考、阅读与反思。这告诉我们，骨干始于普通，行动创造辉煌。教师专业成长的重要性不言而喻，但对教师专业成长的研究大多停留在理论层面，于是笔者深入思考教师专业发展的主要路径，得出阅读是教师专业成长的最基本途径，并撰写了几篇以阅读为主题的论文，其中：《阅读助力教师专业成长》发表在《中学数学教学参考》（中旬）2015年第6期，被人大复印资料《初中数学教与学》2016年第3期全文转载；《阅中解"惑"，读中导"学"——教师专业成长的有效途径》发表在《中学数学教学参考》（上旬）2015年第9期，被人大复印资料《高中数学教与学》2016年第1期全文转载；《从数学史知识中汲取历史智慧》发表在《中学数学》（初中版）2017年第1期。

3. 从期刊的征稿中选题

每个期刊在新的一年都会推出"年度选题计划""栏目全新策划"或"重点约稿方向"，这是期刊不断创新的重要体现，它适应期刊发展的需要，极易与作者产生共鸣，诱发作者的潜力，释放作者的能量。编辑全新的策划和有准备的作者一旦碰撞，必然有创作冲动的产生和论文的生成。例如《中学数学教学参考》2016年"阅读与写作"栏目推出"好书荐读"这一选题。笔者结合自己的阅读经历，撰写出《开启一扇认识数学世界的窗口——〈什么是数学：对思想和方法的基本研究〉荐读》，发表在《中学数学教学参考》（上旬）2016年第3期。

4. 从中、高考试题研究中选题

中、高考试题对中学学科教学具有重要的导向作用,教师对考题进行解法探究、追根溯源、结论拓展等研究是撰写教研论文的常用方法。例如,2003 年高考有如下一道考题:

已知长方形的四个顶点 $A(0,0)$、$B(2,0)$、$C(2,1)$、$D(0,1)$,一质点从 AB 的中点 P_0 沿与 AB 夹角为 θ 的方向射到 BC 上的点 P_1 后,依次反射到 CD、DA 和 AB 上的点 P_2、P_3 和 P_4(入射角等于反射角),设 P_4 的坐标为 $(x_4,0)$,若 $1<x_4<2$,则 $\tan\theta$ 的取值范围是(　　)

A. $\left(\dfrac{1}{3}, 1\right)$　　　B. $\left(\dfrac{1}{3}, \dfrac{2}{3}\right)$　　　C. $\left(\dfrac{2}{5}, \dfrac{1}{2}\right)$　　　D. $\left(\dfrac{2}{5}, \dfrac{2}{3}\right)$

笔者当时任教初三、高三各一个班,本着"举手不及,跃而可获"的想法,将此题改编为初中生可以理解的形式,让初三学生"试着"做一做。课堂上学生参与热情很高,经过师生共同探讨和积极思考,发现了几种奇妙的解法。笔者据此撰写的《新课程改革下的一堂几何探究课》,发表在《数学教学》2004 年第 4 期。

5. 从课外辅导活动中选题

"问题是数学的心脏。"数学学习与数学解题紧密相关,"解题"是数学教师教学研究的永恒主题,在解题过程中的所思、所想、所得,往往是数学教师撰写论文的最佳素材。笔者刚工作时,询问一位老教师怎样写论文,他说道:"数学教师写论文,就是'解题+反思',你只要把题解好了,就是一篇很好的论文。"笔者得到启发,解题时有比较好的解法都会记下来,并抽空进行整理和分析。工作的第二年,我在辅导学生竞赛时对几道"希望杯"培训题进行研究,撰写了《枚举法应用三例》一文,发表在《数理天地》(初中版)1998 年第 12 期,成为我的处女作。再如,笔者辅导自主招生时,对 2013 年"北约"考试的平面几何题进行研究,撰写的《一道自主招生试题的解法探究》发表在《初中数学教与学》2014 年第 4 期。

6. 从教育理论的学习中选题

教师需要在教学实践中摸索与提炼,也需要理论层面的提升,这样才能站得高、看得远。教师学一学建构主义理论、最近发展区理论、问题学习理论等知识,对自身专业成长非常重要,而学习理论时联系教学实践,往往可以写出高质量的研究论文。例如,解题在数学学习中有着不容置疑的重要

性，"怎样解题"和"怎样学会解题"是中小学数学教师非常关注的问题，数学上回答这两个问题的学说便是由著名数学教育家罗增儒教授建构起来的数学解题理论。深入研读罗增儒教授的解题学理论，不但可以学会如何解题，而且能够指导教师教学中"如何教解题"的实践。笔者2016年参加了中学数学教学参考杂志社主办的第11期解题教学高级研讨班，聆听罗增儒教授基于自己学解题的历程和切身体会，指出学会解题的四个步骤：简单模仿、变式练习、自发领悟和自觉分析。这对撰写解题类论文有颇多教益，特别值得我们去揣摩、去感悟。

7. 从课题研究中选题

成为教师之后，不论是否意识到，都已经置身于教育科研领域当中。各种教学特有的事件和现象不断地刺激着你、激发着你、感召着你，甚至困惑着你，开展课题研究终将成为你成长的选择。教师开展课题研究不仅能提高工作质量，还可以让自己的教学实践更具有教育智慧，同时也是撰写论文的重要来源。笔者从2001年开始开展数学教学课题研究工作，先后主持和参加了六项课题的研究工作。笔者结合教育教学课题研究中的成长经历，撰写的《为师三境——我的数学教学课题研究成长之路》，发表在《中学数学教学参考》（上旬）2016年第5期。

8. 从教学技能比赛中选题

各省市组织的教师教学技能比赛、说题比赛、说课比赛等活动，既有助于提高教师教育教学能力，又是一项全员化岗位练兵活动。对参与其中的老师来说，这些比赛活动不仅有助于锻炼自己的课堂教学能力，提高教育教学水平，更是难得的论文题材来源。例如，笔者作为选手和指导教师分别参加了福建省第二届、第三届教师教学技能大赛，在此过程中，针对比赛的片段教学、观课评课、学科技能等项目进行深入思考和探索，撰写了一系列的研究论文，其中《在观课中撷取，在评课中凝练——由一次教师技能大赛引发的思考》（与张兵源、杜锟合作）发表在《中学数学教学参考》（上旬）2016年第1—2期。

9. 从学生的学习过程中选题

所谓教育，就是如何把儿童的学习，引导到充满智力兴奋的活动中来（钟启泉语）。所谓学生，笔者的理解就是"学习中生成"，学生的学习过程就是教师引领下的创造性学习过程。教师围绕教学活动开展研究，可以产生很多的论文题材。例如，我校"六年一贯制实验班"2013年的招生考试数学科最后一题源自唐代天文学家、数学家张遂以"李白喝酒"为题材编制的一道算题，此题留给学生很大的想象空间，涌现出不少极富创意的解答，笔者据此撰写的《一道答案丰富多彩的招考题》，发表在《中小学数学》（初中版）2013年第10期。再如，近年来笔者尝试让学生结合试卷讲评，以撰写"考后反思"的形式进行分析、总结，积累了几百篇学生的作品，据此撰写的《促进理性思维，培养良好习惯——对学生撰写"考后反思"教学实践的思考》一文（与张兵源合作），发表在《中学数学》（高中版）2016年第5期。同时，我还鼓励学生把学习的心得体会、研究成果撰写成论文，这非常有助于开启学生自主建构新知的通道，自主完成从经验到新知的"无痕"飞跃。迄今为止，我共指导学生发表论文近20篇。

在这里还必须指出的是：（1）选题要从实际出发。作为一线教师，对学生和教材进行研究分析，最直接也最容易发现教育和教学中存在的问题。（2）选题要有新意，避免一般化。（3）选题范围不宜太大，初写论文者尤其要注意这点。题目越是具体、明确，就越容易出成果。

二、教研论文的写作——注重规范，勇于创新

教研论文的资料积累和选题工作做好之后，就可以进行教研论文写作了。在写作时，首先要注重文本规范和观点提炼。规范的文本是论文质量的基本保障，新颖的观点是论文价值的重要体现。

1. 规范

规范是保证论文质量的基本条件，不可忽视，不可违反。笔者强调两点，一是格式规范，二是道德规范。

规范的文本格式包含标题、作者信息、摘要、关键词、正文、参考文献等要素。各个要素的表述均有其规范要求（见下表）。

要素	规范要求
标题	表达文章的主旨和核心内容，要求准确、简练、醒目、新颖
作者信息	包括姓名、工作单位、邮政编码
摘要	对论文进行最概括的描述，要求短、精、完整，便于读者了解文章的主要内容和观点。一般依据期刊的投稿要求而定

续表

要　素	规范要求
关键词	反映论文中心内容的词汇，一般3～5个
正　文	一般包括：(1) 引言；(2) 论文主体（提出问题—分析问题—解决问题—得出结论）；(3) 结束语
参考文献	文中引用要标注，列于论文末尾，便于读者进一步阅读、核验

道德规范基于法，高于法。遵守学术道德，是撰写论文的基本价值和道德准则。笔者时常看到中学数学教研论文出现抄袭、一稿多投甚至一稿多发等学术不端现象，这主要源于作者道德规范意识缺失，在遵守学术道德规范方面存在一定的问题。

2. 创新

"一般化"是创新的大敌，也是选择课例和撰写论文的大敌。有人倡导好文章的三个标准——新、异、奇，可以理解为"力主革新、张扬个性、表现自我"。新、异、奇的评价标准也为数学教研论文提供了新的创作与审美范式。教师有了研究的题材和充分的基础素材，撰写论文时，还需要见解新颖，构思新巧，不落俗套，言他人之所未言，发他人之所未见，示他人之所未知，这样一来创作出的论文才能给人以深刻的启迪和更多的思考。

例如，撰写"命题"类论文一般有以下几个视角：命题的基本方法；命题技巧；命题案例分析；试题商榷之处。笔者却另辟蹊径，从"命题的启示与感悟"这一角度入手，分析考题的功能和对命题的启示，撰写的《中美两道考题带给我们的启示》《自主招生试题对命题的启示》分别发表在《中学数学教学参考》（中旬）2015年第1—2期和2016年第6期。

三、结束语

推广教学科研价值，分享教学实践经验是教研论文的一项重要功能。每一篇教研论文的产生往往基于教师发现并解决了教学实践中有价值的问题，可以说，教研论文就是教师教学实践和教学科研的智慧结晶。因此，教研论文的选题和写作要基于自己长期扎实的教学实践，基于自己顽强自觉的专业学习，基于自己联系实际的不断思考和研究。

作为一线教师，写作教研论文的素材有很多，只要立足教学实践，扎实开展研究，掌握充分的基础素材，以育人为出发点，以提高学生素养为目的，深入地联系实际，勇于创新创造，做到"四有"——教学有研究、时时有积累、肩上有担当、笔下有乾坤，撰写出有价值的教研论文也就是自然而然、水到渠成的事。

修炼三　专业研究

教而不研则浅，研而不教则息。参与教育和教学研究是教师成长至关重要的途径之一。中小学教师的业务水平无非两点，一是课上得好，二是能教书育人。课题研究是课堂教学的源头活水，教师参与教学研究，有助于积淀丰富的学科知识，可以生成教学机智，应对教学中随时可能出现的生成问题，反哺课堂教学，这是我们从一名普通教师向教学名师、教育名家跨越的有效手段。当教学研究做得深入了，教师就会逐渐奏响"教育科研的三部曲"：

第一，从感到"课题研究并不神秘"开始突破；

第二，在研究中有了收获，逐渐认识到"课题研究很重要"；

第三，对教学研究有了自己的体验，有了感情，就会发现"课题研究很可爱"，慢慢地把教育科研变成自己的一种生活方式，很自然地把自己的教育教学工作纳入科研轨道。

我国超导研究奠基人赵忠贤院士说："搞科研，最幸福的就是每天都在逼近真理。"教师开展教育和教学研究工作不仅能提高工作质量，也能提高自己的专业素养，使自己逐渐成长为一名集教学、科研、管理于一身的智慧型教师。

为师三境

我从 1997 年走上教师工作岗位，在求索的路上，苦乐相伴。伴随着教学的磨砺一步步成长，在成长蜕变的过程中我体会到，内驱力才是撬动教师专业成长的支点，培养内驱力是促进教师专业成长的关键。正是课题研究促使自己不断成长，不断提升教育智慧和教学境界。

思及自己专业成长之感与心境之变，忆起王国维于《人间词话》中的一段理论："古今之成大事业、大学问者，必经过三种之境界：'昨夜西风凋碧树。独上高楼，望尽天涯路。'此第一境也。'衣带渐宽终不悔，为伊消得人憔悴。'此第二境也。'众里寻他千百度，蓦然回首，那人却在，灯火阑珊处。'此第三境也。"

此三境与我的数学教学课题研究境界有诸多吻合之处。

一、无我之境——不识"教学"真面目

1. 起步之艰

工作第一年，我任教初一两个班，充满波折。

对初一学生来说，面临的是与小学完全不同的教学要求、课程难度，如果不能快速形成适应初中学段学业特点的学习习惯，就会迅速掉队，第一个跟斗就会栽在数学上，甚至被贴上"学困生"的标签。对我这个教学的"新人"来说，教学方法和管理工作都得从头学习，必须做好角色转换，从大学生转换到教师。可以说，初一是学生学习生涯的重要分水岭，也是教师成长的重要时期。由于起始年级和起步阶段的特殊性，我任教初一便谈不上轻松，劳心劳力却不得法，不仅教得辛苦，学生学得也辛苦。

当时，学校开展"师徒结对"工作，一位即将退休的老师带我。这位老师管理很有一套，学生被她管得服服帖帖的，我却学不到她严厉的管理模式，看到学生天真烂漫的样子，自己就狠不下心来。学生做错题目，我无法做到中午放学后把他们留下来抄 10 遍再让学生回家。上课时，她要求学生先把书上的概念，特别是黑体字部分划出来，让全班学生大声读两到三遍，自己讲解一两道例题后，就让学生做试卷。而我教学时常常想的是导入阶段如何创设情境激发学生的学习兴趣，如何选择典型问题达到举一反三的效果。作业以课本习题为主，想让学生回归课本。每个班订的学习资料都一样，她处理起来轻轻松松，我却越来越累。

一年下来，我还没有融入到"题海战术"这个大熔炉中，也没有完全适应"应试教育"讲求实战性、对成绩和分数分外关注的特点。几次重要考试，我任教的两个班学生成绩几乎都排在最后，部分家长和班主任对我的教

学充斥着怀疑。升初二时，就把我换了，我在初一开始了"再就业"。

2. 打拼成绩

吸取了第一年的教训，第二年，我教学时基本不去考虑创设情境、激发学生兴趣之类的问题，只想尽量把知识点落实得细致扎实，然后让学生练习大量题目。课后，抽学生背诵数学概念，把作业完成不好的学生留下来补课，直到他们过关。每周都要进行测试，有时当面批改，把低分的学生留下来罚抄公式和订正错题。我慢慢学会了"应试教育"的一套做法，紧盯学生通过"大运动量"地做题来获得不错的教学成绩。有的学生中午不回家，我也住在学校，有的是时间和精力，就把几个基础较好的学生留在办公室开展竞赛培训。

功夫不负有心人，初一时便一名学生获得了"华罗庚杯"竞赛省一等奖，一名学生获得了"希望杯"数学竞赛全国一等奖并被授予金牌，这是我校学生竞赛取得的最好成绩。在辅导学生时，我对一些竞赛试题进行研究，撰写的《枚举法应用三例》发表于《数理天地》（初中版）1998年第12期，这是我的处女作，这个"意外的收获"让我兴奋了很长一段时间。有的同事看到我的文章后，对我说："你今后评职称没问题了！"我不禁充满了疑惑，难道一篇"豆腐块"的文章就等同于职称？

到初三毕业，学生不仅拿遍了初中数学竞赛能拿的奖，也取得了不错的中考成绩，我发表了20多篇论文，指导学生发表了6篇论文。我逐渐得到同事的认可和学校领导的赏识，在学校也算崭露头角了。

但静下心来，我常常思考，努力把学生培养成做题的"熟练工"，让学生考高分就值得自豪吗？学生对学习数学感兴趣吗？几年下来自己的教学水平和专业素养有实质性的提高吗？我一辈子都要做这种低水平重复的工作吗？……

俗话说，"教书三年教自身"。扪心自问之后，我知道自己重复着学生时代自己老师的教法，对"题海"战术情有独钟，每天带着学生围绕着分数不停地转却还沾沾自喜，我成了只会抓分数的应试型教师，成了升学流水线上的一个节点。从第一年的失败中"华丽转身"，转变到搞"大容量""高密度"的"满堂灌"教学，把学生当成学习的奴隶任由自己榨取，剥夺了学生学习的权利和自由，"偷走"了他们的幸福。

3. 进入课改

2001年，新一轮课程改革以锐不可当之势席卷了中国教育界，我所在的地区作为全国首批初中课改实验区进入课改实验。假期参加初中教材编写专家组的报告会，听完后觉得自己的教育教学理论知识一片苍白。或许几天的讲座最大的作用就是使我认识到，只教不学的教师，最终必定走入教死书、死教书的境地，即使工作再努力，其作为也十分有限。教了几年书有些盲目自信的我，感到突然之间不会教书了，自己必须再次转变角色，由"教书匠"转变为"教育家"——新课程的研究者、教育教学问题的研究者。

我决定"临时抱佛脚"，利用暑期所剩的12天，找来《全日制义务教育数学课程标准（实验稿）》《基础教育课程改革通识培训丛书》等书籍，恶补教育教学的理论知识，囫囵吞枣也好，细嚼慢咽也罢，慢慢从中汲取营养。

二、本我之境——绝知此事要躬行

中学教师的专业成长离不开教学研究，对教研的认识和见解决定着教师专业成长的方向。开展课题研不仅可以提高校本教研实效，还可以让教师的实践更具有教育智慧。我的课题研究工作是从2001年开始的。我先后主持和参加了六项课题的研究工作，其中三项课题对我产生了较大的影响。

1. 主持校本课题"新课程改革下促进教师角色转变的案例研究"

面对课改，我校提出以"两个杠杆"撬动"两个突破"，其中之一就是以教育教学课题研究为杠杆，撬动素质教育与减负问题的突破，促进教师专业发展。在2001年初一教师会上，校长对我说："你发表了那么多文章，带头做一下课题研究，带动一下其他老师。"面对新课程，我也深感提高自身素质的迫切需要，为了"在问题中研究，在研究中发现问题，在研究中成长"，我组织六名青年教师成立"新课程改革下促进教师角色转变的案例研究"校本课题组。当时我对课题研究可谓一问三不知，为避免在研究中被某一专业知识卡住，或因缺少一定的理论指导或研究方法不当而中途流产，就找来《中小学教育科研100问》《中小学教师怎样开展课题研究》等书籍，学习其中的精华理论，边学边干，边干边学。怀着敬畏之心和如履薄冰之感，我与新课程改革同步出发了。

美国心理学家波斯纳提出了教师成长的公式："成长＝经验＋反思"。反思最好的方式就是撰写教研论文、教育叙事和课例报告。研究开始，课题组的教师就养成了撰写教学案例的习惯。随着研究的深入，案例慢慢变得丰富起来，在文字的天地里，记录的不仅仅是教学过程和工作经历，更多的是对教学的反思和沉淀。我们及时挽留住教学实践中真实的案例和思想的火花。在教学案例积累的过程中，对教学实践中各种问题的思考也在不断积累，逐渐从中提炼出对于数学教育教学有关问题的见解，形成自己独特的有价值的观点，将这些真知灼见付诸纸面也就形成了教研论文。

在"教育部第二届新世纪（版）数学（7—9年级）实验研讨会"上，我撰写的《新课程教学给教师带来什么——从几个教学片断看教师角色的转变》获全国一等奖。我撰写的《新课程教学中的一堂几何探究课》《鞋底面积的探究是丰富多彩的》分别发表在《数学教学》2004年第4期、第7期。2006年，课题组编写的校本教材《新课程数学创新案例》《数学教学探索》由贵州人民出版社出版。

《贵州日报》曾对我们的课题研究工作进行了报道：

学校的教师不满足于按教材照本宣科的教学老模式，在不断探索创新中，教学科研能力普遍得到加强，并反作用于教学实践，使全校整体教学水平年年迈上新台阶。青年数学教师林运来一边教书育人，一边围绕教学案例潜心研究，5年来发表论文40余篇，成为深受学生欢迎的骨干教师。他还组织6名青年教师，成立了"新课程教学下促进教师角色转变的案例研究"课题组，迄今已写出论文8篇，受到国家有关机构及专家的关注和好评。

通过研究和学习，课题组的教师不断提高自己的教学艺术，逐渐形成自己的教学风格和特色，促进了自身专业发展，教师之间互相学习、借鉴的空间被无限放大。教师通过校本教研集思广益，取长补短，个人的努力不断转化为团队的力量，课题组的研究工作成为优雅的集体智慧的舞蹈。

"数学教研是数学教师的主要工作方式，甚至是生存方式。"教师通过课题研究不仅可以弥补知识的"折旧"，还可以更新教育观念，获取教育教学智慧，提升教师行动的智慧力。我在实践中幸运地找到了专业成长的切入点，踏上了自己的教研之路，教学基本功逐渐得到了夯实。

2. 参与全国教育学会"十五"重点课题"创设情境与提出问题"

在中小学数学教学中，数学问题的提出没有得到应有的重视，在我国可以说是长期被忽视，造成中小学生的数学问题意识薄弱、提出数学问题的能力低下。基于这一教育现状，贵州师范大学吕传汉、汪秉彝教授从2001年1月起，提出了"设置数学情境与提出数学问题"的课堂教学模式并在中国西南地区中小学开展实验（简称"情境—问题"教学）。2002年4月，我校作为课题核心基地校参与研究工作。

"情境—问题"教学基本模式如下图所示，其思路是将数学知识融于相应的情境中，沿着创设情境、提出问题、解决问题的主线，完成教学任务。这一教学十分符合数学学习的实际。第一，许多数学知识都以真实或模拟真实的情境为依托；第二，数学是由问题组成的，数学问题是数学的灵魂；第三，中学生具有发展的联想、推理、抽象等创造性思维；第四，学习要让学生学会提问，因为学生提问的时候一定是在思考着，头脑也不停地转动。课题实验给我的课堂教学带来深刻影响，通过参加一系列的课堂开放观摩交流活动，聆听专家报告，自己慢慢实现了教学的转型，转型后的课堂带来的是许多不期而遇的精彩。

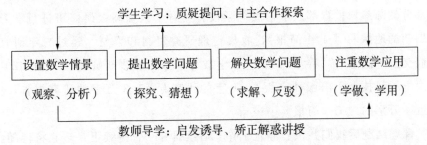

2004年9月，在云南石林民中举行的第二届课题研讨会上，我执教了一节《对一个不等式的探究》的研讨课。导入新课时，我兑了一杯糖水，提问学生，如果觉得不甜，该怎么办？学生回答说加点糖。我加了一点糖，搅匀后，对学生说：我们都有这样的生活经验，"给糖水加点糖将变甜，给盐水加点盐将变咸"，这一现象隐含了一个重要的不等式，你能找出来吗？学生探究得出"糖水不等式"后，我让学生以小组合作的方式，探究这个不等式在生活中、在其他学科中的模型。课堂上学生的探究成果精彩不断，让我认识到，学生就是天生的舞者，只要给他们一个舞台，他们就会回报以精彩。教师将生活现象导入课堂，设置情境，让学习更贴近学生的生活实际，这样的教学让学习内容变得更有吸引力，同时通过"问题驱动"，激发学生"自我实现创造"的动力，真正将学生置于教育的主体地位，充分发挥学生的创新精神和创造潜能，催生了学生学习方式的变化。教师也从知识的传播者，转变为学生学习活动的设计者、教学活动的组织者，课堂洋溢着生机和活力。

由于在"情境—问题"教学实验中的优异表现，2004年我获得贵州省教育厅"教育教学创新"成果二等奖，2006年获得贵州省教育厅"教育教学创新"成果一等奖，2006年参加编写的《中小学数学情境与提出问题教学研究》由贵州人民出版社出版发行。

3. 主持全国教育科学"十一五"规划课题"新课程改革下课堂有效教学研究"

2010年，我作为主持人申报的"新课程改革下课堂有效教学研究"获得全国教育科学"十一五"规划2010年度教育部规划立项，创造了我省普通教师获得国家级课题立项的先例，课题组的老师又进入一种火热的研究状态。我到大学和省教科所聘请专家参与课题开题评审会和研究指导工作，带着部分教师参加教育部人事司高等学校青年骨干教师高级研修班进行学习，字斟句酌地撰写《工作简报》，收集整理研究资料和素材。经过三年研究，我们交上了满意的"答卷"：在《数学教育学报》发表研究论文一篇，2012年由电子科技大学出版社出版20万字的研究专著，3万字的研究报告，19期近4万字的《工作简报》……

课题结题后我们并没有停止工作，后续研究一直持续下来，它将伴随我们的教学工作一直开展下去，让我们终身受益。

三、忘我之境——吾将上下而求索

2014年4月，教育部颁布《关于全面深化课程改革　落实立德树人根本任务的意见》，该文件深入地回答了"培养什么人、如何培养人"的问题，并提出将"学生发展核心素养体系"的研制与构建作为着实推进课程改革深化发展的关键环节，以此来推动教育发展。立德树人是课改的核心和根本任务，培养学生的核心素养是育人的重要目标。

学生素养的培养，教育质量的崛起，有赖于千万个教师素养的提升。

素养两个字，"素"指平时、平常；"养"指历练、修行，积微成著地养功夫。两个字合起来，对于我们理科教师来说，指明了平时应该做什么事，应该怎么做。教学中，教师个体的教学主张经常孤掌难鸣，如果将"我"升级为"我们"，构建"学习共同体"，通过研究形成共同的教学主张，则会发生群聚效应，变"特立独行"为"合作共赢"，从而提升教师的理论水平和实践能力，促进学生数学素养的全面提高。

孔子曾这样形容自己："发愤忘食，乐以忘忧，不知老之将至云尔。"先贤的伟大在于他的执著进取和忘我追求，在忘我中书写着大我。这种参透真谛的大喜悦、大智慧，只有真正意义上的天才才能做到。然，这亦应是我们千万个教师追求的人生大境界——潜心研究，快乐育人，忘我进取，止于至善！

课题研究就是教师研究体赶赴一场"上下求索"的集会，没有喧嚣，没有计较，有的只是一种借着集体的力量成就生命大美的洒脱。最后以一句话与大家共勉：一位教师的教学生涯短短几十年，一个教师团队也只有区区几十人，数学的发展却经历了几十个世纪，有千千万万的学者为之付出了毕生的精力，触摸数学发展的历程，感悟数学文化的恢宏，让数学课堂闪耀几十个世纪的精华，无数智者的智慧，那该是一位数学教师毕生的荣幸与追求吧！

对数学教师学科素养的几点思考

一、问题的提出

立德树人是课改的核心和根本任务，培养学生的核心素养是育人的重要目标。课程标准（2011年版）明确提出十个核心素养，即数感、符号意识、空间观念、几何直观、数据分析观念、运算能力、推理能力、模型思想、应用意识和创新意识。

数学核心素养可以理解为学生学习数学应当形成的有特定意义的综合性能力。那么，未来的数学教师需要掌握"怎么样"的学科素养，具备"怎样"的专业能力,教师应当如何去提高学生的数学素养,才能承载学生的希望与未来等问题就成为我们不能回避的议题。教师的学科素养会直接影响学生,西方的"潜课程"理论认为教师的教学不仅仅是显性的,而且有隐性的因素。正所谓"坐而论道者能起而行之,所要加于人者必可行于己",教师只有提高自己的学科素养才能更好地指导学生。

某校招聘数学教师,我作为评委参与命题工作,此前,恰好读到郑毓信老师的文章《数学教师资格考试"试题"的几个思考》(请参阅《人民教育》2015 年第 18 期),我认为,教学要实现从"如何教"到"如何学"的转变,考核则要实现从"重知识"到"重素养"的转变。基于这一理念,我命制了三道题目,希望考查出应聘教师所具备的学科基础素养及专业能力。现写出来与大家交流,望起到抛砖引玉的作用。

二、数学教师应具备的学科素养

1. 用教材教

例1 下面是课外资料上给出的对人教 A 版《数学》必修 1 第 39 页 A 组第 6 题的解答,请对问题的解答作出点评。

问题: 已知函数 $f(x)$ 是定义在 **R** 上的奇函数,当 $x \geqslant 0$ 时,$f(x) = x(1+x)$,画出函数 $f(x)$ 的图象,并求出函数的解析式。

解: 设 $x<0$,则 $-x>0$,所以 $f(-x) = (-x)(1-x)$。

又因为 $f(x)$ 是定义在 **R** 上的奇函数,

所以 $f(-x) = -f(x) = -x(1-x)$,

即当 $x<0$ 时,$f(x) = x(1-x)$。

从而 $f(x) = \begin{cases} x(1+x), & x \geqslant 0 \\ x(1-x), & x<0 \end{cases}$。

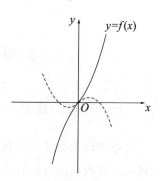

其图象如右图所示。

命题意图: 此题可以从以下两个方面作进一步的思考。

(1) 题目要求"画出函数 $f(x)$ 的图象,并求出函数的解析式",即解答时应根据已知条件作出函数 $f(x)$ 的图象,再利用图象求其解析式,而不是"先求出函数 $f(x)$ 的解析式,再去画函数图象"。那么,题目的要求有什么"奥妙"吗？

（2）如果教给学生资料上给出的解法，学生会有什么困难？可以得出，解答时从"$f(x)$是 R 上的奇函数"的条件出发，利用函数 $f(x)$ 的图象关于原点对称，作出函数 $f(x)$ 在 R 上的图象，再结合图象求出 $f(x)$ 的解析式，便突出了函数图象的对称性这一特征，解题时利用图象的直观性，易于把握解题方向；同时进一步对图形进行观察、思考、推理、判断，把图形和概念、图形和条件联系起来，有助于培养学生数形结合的思想意识，这在解选择题、填空题中更显其优越性。这正是本章教材中所蕴含的思想的扩张——以形助数。可见，题目的要求是有深刻的道理的。而对于资料上给出的解答，学生的困难在于厘清"为什么要设 $x<0$？""为什么要计算 $f(-x)$？"等问题，这对学生来说是属于"技巧"层面的东西。数学技巧的高难，让大部分学生有"高不可攀"之感。细细剖析，那些高难之处无外乎两个方面：一是难在某一节点上；二是难在几个小问题的组合上。

课本是新课程标准先进理念的具体体现，是实现课程目标、实施教育教学的宝贵资源，而课本习题是课本的重要组成，在促进学生理解概念、巩固知识、形成技能、发展思维等方面有着不可替代的作用。一般情况下学生对课本习题答案的寻求不会有太大困难，使得我们忽略了对课本习题潜在价值的发掘和研究，从而浪费了很多重要的教育教学资源，这是一个必须引起高度重视的问题。

但是，当前的数学教学，教师往往采用"几道例题，解法总结"的方式，讲完例题就让学生做，做了题才发现学生对这类问题一知半解，于是让他们做更多的题。教师的教学往往被高考和课外资料绑架，本末倒置，"高一高二老师做高三老师该做的事（让学生刷题），高三老师反过来做高一高二老师该做的事（恶补概念和基础知识）"。这样的教学既不能唤起热情，又不能提高能力，连是否能提高分数也大有疑问。

"用教材教"不等于"教教材"，教师应通过对教材的个性化解读，进一步领会到教材编写者的意图，从教材细微之处入手，多问为什么教材这样"说"而不是那样"说"、为什么这样安排"教学"而不是那样安排，聚焦于"微变"背后的"大义"，从而提高对数学的理解，对教材的设计理念和背后蕴含的教育价值的理解，以更好地理解数学教学。

2. 专业素养

例2》 在 A、B 两个村庄之间建一个超市，请问该如何建？

命题意图：这是一道可以很好地区分答题者数学知识、数学能力和数学素养的题目。具有数学知识的人往往会回答"在 A、B 中点处"。具有数学能力的人可能会考虑 A、B 两个村庄的人数，据此确定建超市的位置。而具有数学素养的人首先会思考下列一系列问题：要建立的超市定位是什么？两个村庄的人口数是多少？他们的购买意向是什么？购买能力如何？……因此，就会想到用统计的方法，调查、收集相关数据，用这些数据建立模型，以帮助人们作出判断。首先是要有数感，具有数感的人会有意识地把问题与数和数量建立起联系，认识到建超市这件事中有数学问题。其次是要具备数据分析观念，解决这个问题时需要数据分析观念，用具体的数据说话会有说服力地解决这个问题。从中可以了解到，具备数学素养有助于人们在具体的情境中发现问题、提出问题和解决问题。而这个情境本身可能并没有明显的数学问题。

史宁中认为："数学发展所依赖的思想在本质上有三个：抽象、推理、模型，其中抽象是最核心的。通过抽象，在现实生活中得到数学的概念和运算法则，通过推理得到数学的发展，然后通过模型建立数学与外部世界的联系。"这里所说的思想，是"数学发展所依赖的、所依靠的思想"，是数学中最上位的思想，是希望学生领会之后能够终身受益的那种思想，在国外有人称之为 big-idea，它对数学核心素养也是上位的、具有指导性的。

把抽象、推理、模型作为数学的基本思想与数学具有抽象性、严谨性和广泛的应用性的基本特征是契合的。学习数学，除了获取必要的数学知识和掌握必要的数学技能之外，还要获得基本的数学素养，会想问题，会做事情。这体现在能发现问题、提出问题、分析问题、解决问题（"四能"），会用数学的眼光观察现实世界、用数学的思维分析现实世界、用数学的语言表达现实世界（"三用"）。

3. 学会学习

例3》 林语堂曾经说过："读书可以开茅塞、除鄙见、得新知、增学问、广识见、养性灵。"你是否有这样的经历：曾经读到一本与数学有关的好书，帮助你突破某一时期的成长瓶颈，或让你得到某些教学的感悟和启示……就此写一篇不少于 400 字的短文。

命题意图：这是一道与教师专业成长有关的问题，即教师是不是"会学习""会终身学习"的人，有没有专业成长的自觉性，能不能在自己专业成长的实践中有自己的解读和思考，以不断实现新的超越。

当前，由于种种原因，不少教师没有真正关注自身专业的发展，须改变这种状况，促进教师专业发展的觉醒。

裴光亚老师在谈青年教师专业发展时说，不论你具备怎样的学历，毕业于何种院校，如果没有进取的愿望，没有人生意义的追求，没有向往，没有对教师使命的崇高理解，你的水平都将向同一个层次聚焦，这个层次便是中学。一切事物都向阻力最小的方向发展，人的发展也不例外。沿着阻力最小的方向发展，这是一个极限过程，以中学水平为极限。当你以高学历为起点时，这将是一个单调下降的过程。我认为这是对我们数学教师语重心长的忠告。

爱因斯坦说过："人的差异在业余。"必须让教师和学生理解"课外"的重要。学生的"课外"有可能决定了文化品质和生活格调。同样地，教师的"课外"也决定了一个教师是否能站得更高，走得更远。"一个教师的真正成长，一定是其思想精神的自觉、民主、自在与自得的成长。这种成长又总是从职业起步，逐步走向教育视域的学生，走向哲学意义的人生。"只有这样，才能使教师的专业发展不断取得进步，才能使学生不断从中受益。

三、结束语

物理学家劳厄说："重要的不是获得知识，而是发展思维能力，教育无非是一切已学的东西都忘掉的时候所剩下的东西。"这剩下的东西就是思考问题的策略、思想方法等，是积淀成素质的元素，这些东西能更好地促进迁移，成就素养。我认为，对现在的和将来的数学教师而言，提高学科素养是一个迫切任务，数学教师应聚焦学生发展核心素养，以提升学生终身学习能力为理念，教学中既要强调学习数学思想与方法，又要注重数学思想与方法更普遍的思维意义，促进学生思维、能力和数学素养的全面发展，推进基于核心素养发展的教学改革。

注重核心素养，引领数学改革

——2013—2016年高考数学全国课标卷试题综述

立德树人是教育的根本任务。在当前国家倡导立德树人、弘扬中华优秀传统文化、确立社会主义核心价值观、鼓励学生发展学科特长和实践创新的大背景下，数学学科的育人功能将日益凸显。为发挥高考的积极导向作用，近几年高考数学全国课标卷试题坚持立德树人导向，依据高校人才选拔要求和国家课程标准，注重对数学抽象、逻辑推理、数学建模、运算能力、直观想象、数据分析等核心素养的考查，注重对考生情感、态度与价值观的引导，创新试题设计，引领数学改革方向。

2015年"两会"期间，时任教育部部长袁贵仁宣布，到2016年，全国将有25个省（直辖市、自治区）使用国家考试中心命题试卷。高考命题权再度收归"国有"，标志着高考改革进入"新常态"。在越来越多的省市采用全国课标卷的特殊背景下，多个考区的考生将面对从自主命题回归全国命题的变化，这对多年适应自主命题省份的师生是一种挑战。那么，近几年的全国课标卷试题发生了怎样的变化？具体有哪些改革亮点？

一、坚持立德树人导向

立德树人既是教育的总目标，也是学科教学的自觉追求。学科教学最本质的内涵就是学科育人，从根本上讲在于培育学生的世界观、人生观和价值观以及必备的学科素养。近几年的全国课标卷，依据学科特点，坚持立德树人导向，真正落实育人功能，试题越来越多元，越来越富有"时代内涵"，具体体现在核心价值观、传统文化、创新精神和创新能力等方面。例如：2014年课标Ⅰ卷理科第5题涉及"公益活动"，2016年课标Ⅱ卷理科第5题涉及"志愿者活动"，2015年课标Ⅱ卷第3题涉及"二氧化硫排放"，2016年课标Ⅲ卷第18题涉及"生活垃圾无害化处理"，都表明高考命题关注国计民生，体现时代特征。

1. 渗透核心价值观

"两耳不闻窗外事"的时代早已过去，社会责任感和公民意识是一个优秀青年应具备的品质。近年来全国课标卷不仅关注学生课本知识的掌握情况，也试图考查学生对他人、对社会的了解程度，关注学生数学核心素养的形成和发展，坚持学以致用，力求沟通书本、课堂和校内外的联系，渗透社会主义核心价值观。

例1 一批产品需要进行质量检验，检验方案是：先从这批产品中任取 4 件做检验，这 4 件产品中优质品的件数为 n。如果 $n=3$，再从这批产品中任取 4 件检验，若都为优质品，则这批产品通过检验；如果 $n=4$，再从这批产品中任取 1 件做检验，若为优质品，则这批产品通过检验；其他情况下，这批产品都不能通过检验。假设这批产品的优质品率为 50%，即取出的每件产品是优质品的概率都为 $\frac{1}{2}$，且各件产品是否为优质品相互独立。

（Ⅰ）求这批产品通过检验的概率；

（Ⅱ）已知每件产品检验费用为 100 元，且抽取的每件产品都需要检验，对这批产品做质量检验所需的费用记为 X（单位：元），求 X 的分布列及数学期望。

此题关注我国当前社会热点中的食品安全问题，贴近学生生活实际，引导学生关注产品质量，强化提高产品质量的意识。产品质量的检验监督和管理是生产和生活中常见的事情，借此进一步体会和领悟数学知识的应用价值。从现实生活出发，选择"司空见惯"的事实命制考题，有助于引导学生关注现实生活，发现生活中的问题，尝试运用课堂上学到的知识来分析、解决，而且在更大程度上体现了试题背景的"公平性"。

2. 传承弘扬中华传统文化

2014 年 3 月，教育部印发的《完善中华优秀传统文化教育指导纲要》要求："把中华优秀传统文化教育系统融入课程和教材体系"。数学课程标准对此也有明确要求，高考也将逐渐加强对中华民族优秀传统文化的考查。

数学教育不可能完全割裂历史。从象形符号到算筹计数再到计算，中国的数学历史极其悠久。无论从理论层面或是实践层面，中国古代数学如今仍有研究价值和现实意义。抛弃自古至今的经典，会让中华文化断裂。习近平主席在讲话中，就曾多次强调传统文化与中国梦、中国梦与民族精神的关系，他说："没有文明的继承和发展，没有文化的弘扬和繁荣，就没有中国梦的实现。"

《九章算术》是我国古典数学最重要的著作，是中国古代数学成就的集中体现。《九章算术》全书共 246 道算术应用题，分为九章：方田，粟米，衰分，少广，商功，均输，盈不足，方程，勾股。每题的已知都是具体数量，对每题皆给出程序化的算法，开创了我国重视算法的先河。2015 年课标Ⅰ卷第 6 题（估算米堆体积），2015 年课标Ⅱ卷第 8 题（更相减损术），2016 年课标Ⅱ卷理科第 8 题、文科第 9 题（秦九韶算法）等，在考查数学文化方面作了一些努力和尝试，通过材料设计创新使考生深刻地认识到中华民族优秀数学传统文化注重算法的特点，为高考注入了新的活力，有助于引导学生思考、领悟和汲取蕴含在中华民族优秀传统文化中的民族精神和民族智慧，形成现实生活与优秀传统文化的互动，并潜移默化地增强学生的爱国主义情感。

3. 凸现创新能力

创新是一个民族的灵魂。在国家倡导"大众创业、万众创新"的背景下，创新无疑将成为教育领域关注的热点。数学学科对培养学生的创新能力具有不可推卸的责任。教育最终的目的是培养人才，特别是培养和造就高素质的创造性的人才。教育系统应当为推动大众创业、万众创新提供人支撑。在考试中凸现对创新能力的要求，不仅符合社会对人才选拔的核心要求，也是数学时代性和实践性的应有之意。

一般来说，高考中往往通过设置综合性、开放性、探索性试题，考查学生的创新意识和探究精神。例如：2016 年课标Ⅱ卷理科第 12 题，2015 年课标Ⅰ卷文、理科第 12 题，2015 年课标Ⅱ卷理科第 12 题，2014 年课标Ⅰ卷理科第 11、12、16 题，2014 年课标Ⅱ卷理科第 16 题等，都具有情境创新、情境多样、思维灵活的特点，既考查学生的基本知识、基本技能，又考查学生的基本思想和基本体验活动，突出考查学生的创新能力。

例2》 若函数 $f(x)=(1-x^2)(x^2+ax+b)$ 的图象关于直线 $x=-2$ 对称，则 $f(x)$ 的最大值为_____。

此题常规解法是求出 a、b 的值后，利用导数求 $f(x)$ 的最大值。如果能"发现" $f(x)$ 的结构特征——两个二次函数的乘积，就能"创造性"地解决问题。

因为 $f(x)$ 的图象关于直线 $x=-2$ 对称，且 $f(x)$ 有两个零点 1 和

—1，易知 $f(x)$ 的另外两个零点是—3 和—5，即方程 $x^2+ax+b=0$ 的两根为—3 和—5，解得 $a=8$，$b=15$。所以 $f(x)=(1-x^2)(x^2+8x+15)=-(x+1)(x-1)(x+3)(x+5)$。

注意到 $f(x)$ 的零点—5、—3、—1、1 成等差数列，可用配方法求 $f(x)$ 的最大值。

因为 $f(x)=-(x+1)(x-1)(x+3)(x+5)$
$=-[(x+1)(x+3)][(x-1)(x+5)]$
$=-[(x^2+4x)+3][(x^2+4x)-5]$
$=-(t^2-2t-15)=-(t-1)^2+16$，

其中 $t=x^2+4x=(x+2)^2-4\geqslant-4$，

所以当 $t=1$，即 $x=-2\pm\sqrt{5}$ 时，$f(x)$ 取最大值 16。

二、体现数学学科特点

数学学科特点是基础性、综合性和应用性高度统一。近几年的全国课标卷试题突出数学应用的核心素养，加强对理性思维的考查，重视学科的基础性、综合性，加强对实践应用能力的考查。

1. 创新问题情境，关注思维品质

逻辑思维能力是创新型人才的基本素养之一，也是数学素养的重要组成部分。数学以严密的演绎推理、逻辑推理为研究方式，在培养学生思维品质上发挥着其他学科不可替代的作用。

例3 甲、乙、丙三位同学被问到是否去过 A、B、C 三个城市时，甲说：我去过的城市比乙多，但没有去过 B 城市；乙说：我没有去过 C 城市；丙说：我们三人去过同一个城市。由此可以判断乙去过的城市为_____。

解：根据甲、乙、丙所说，列表得

	A	B	C
甲	√	×	√
乙	√	×	×
丙	√		

由此判断乙去过的城市为 A。

例4 有三张卡片，分别写有1和2，1和3，2和3。甲、乙、丙三人各取走一张卡片，甲看了乙的卡片后说："我与乙的卡片上相同的数字不是2。"乙看了丙的卡片后说："我与丙的卡片上相同的数字不是1。"丙说："我的卡片上的数字之和不是5。"则甲的卡片上的数字是_____。

解：依题意，丙不取2和3。

若丙取1和2，则乙取2和3，甲取1和3，符合题意；

若丙取1和3，则乙取2和3，甲取1和2，不符合题意。

所以甲的卡片上的数字是1和3。

以上两例都是逻辑问题，试题中没有使用通常的数字、数学符号、图表等语言，而是提供了生活对话语言，让考生从文字叙述（对话）中精确抽取有用信息，并利用个信息中的逻辑关系，通过逻辑推理，最终作出判断。解答时既需要考生具有严谨的逻辑思维能力，较强的分析问题、解决问题的能力，又需要考生能够掌握用于计划、监控和调节的各种元认知策略，对考生的数学核心素养提出了更高的要求，更为全面地检测考生的思维品质。

2. 重视思辨能力，提高思考质量

例5 在直角坐标系 xOy 中，曲线 $C：y=\dfrac{x^2}{4}$ 与直线 $l：y=kx+a(a>0)$ 交于 M、N 两点。

（Ⅰ）当 $k=0$，分别求 C 在点 M 和 N 处的切线方程。

（Ⅱ）y 轴上是否存在点 P，使得当 k 变动时，总有 $\angle OPM=\angle OPN$？说明理由。

此题综合函数与导数、曲线的切线、直线的斜率、定点存在判断等知识，重点考查学生数形结合、等价转化、逻辑推理等方面的能力。解答第（Ⅱ）问时，需要经历独立思考、自主探究、实践检验等过程。在这个过程中，要求考生在掌握扎实的基础知识和基本技能的基础上，灵活运用数形结合、分类讨论等数学思想，充分调动已有的数学基本活动经验。

此题难度不大，但内涵丰富。解答后，还能进一步提出一些问题，如：可以从结论入手，继续向下追问。也可以反思题目的条件，寻求问题的本源。还可以进行更深层次、更多元的思考——证明两个角相等有哪些方法？题目的结论反过来成立吗？题目的背景换成椭圆，或双曲线，结论还成立吗？……

这些问题，不仅为学生创造了自主探究与发现的机会，有助于培养学生终身受益的学习习惯和思维方法，也为教师提供了丰富的素材，带给教师对教学的深入思考。数学课堂教学的创新不是追求形式上的"热闹"，而是通过有意义有价值的开放性问题的引导，不断激发学生的潜能，让学生真正经历思维上的探究过程。在这个过程中，学生收获的不仅仅是具体的数学知识和方法，更是学习能力的全面提升。

3. 注重数学应用，关注现实生活

反映数学的应用价值，发展学生的数学应用意识，是我国中学数学课程的基本理念之一。在高考中命制丰富多彩的数学应用问题，有助于揭示数学与现实世界的密切联系，凸显数学知识的广泛应用和巨大价值，展现数学的迷人魅力，进一步丰富中学数学课程的内涵，为中学数学教学注入鲜活的生命力。

近几年的全国课标卷，注重考查考生在未来学习、工作和生活中所应具备的数学素养，遵循贴近时代、贴近社会、贴近学生实际的命题理念，命制了大量体现鲜活时代特点的题目，体现以人为本、立德树人的教育方向，引领考生关注国计民生、关注社会热点，做到学以致用。重要的是，这些试题选择的背景材料真实可信、来源广泛（见下表）。

2013—2016 年全国课标卷应用问题的背景资料来源

年　份	试卷类别	题　号	试题背景
2013 年	Ⅰ卷	理科 3	学生视力调查
		文科 18	药的疗效比较
		理科 19	产品检验
	Ⅱ卷	文、理科 19	产品销售利润
2014 年	Ⅰ卷	理科 3	公益活动
		文科 16	测量山高
		文、理科 18	产品质量指标检测
	Ⅱ卷	理科 6	空气质量检测
		文、理科 6	零件体积
		理科 19	居民家庭纯收入
		文科 19	部门评分

续表

年　份	试卷类别	题　号	试题背景
2015年	Ⅰ卷	理科4	投篮测试
		文、理科6	米堆体积
		文、理科19	公司年宣传费与销售量
	Ⅱ卷	文、理科3	二氧化硫排放量
		文、理科18	产品满意度调查
2016年	Ⅰ卷	文科3	美化环境
		理科4	候车时间
		文、理科16	利润最大值
		文、理科19	购买机器
	Ⅱ卷	理科5	志愿者活动
		文科8	交通路口红绿灯
		文、理科18	购买保险
	Ⅲ卷	文、理科4	气温雷达图
		文科5	计算机开机密码
		文、理科18	生活垃圾无害化处理

三、结束语

引导素质教育，是未来发展的应有之意，由"招分"向"招人"转变，是以人为本精神的体现。近几年的高考课标卷数学试题，坚持立德树人导向，注重考查数学核心素养，促进传统与现代相融合，创新题型设计，倡导积极的价值取向，促进中国优秀文化的传承，引领数学改革方向。从中可以看到高考命题改革的正确走向，就是从"知识至上"转向以核心素养为导向，有利于促进学生学习方式的转变，发挥高考对中学数学教学积极正确的导向作用，助推学生形成学科素养，较好地履行了为高校选拔合格人才的使命。

活跃在高考中的无理常数 π

一、问题的提出

不管圆有多大，它的周长与直径的比总是一个固定的数，我们把这个比叫作圆周率，用希腊字母 π 来表示。人类对 π 的认识可以追溯到遥远的古代，中国古代数学家如刘徽、祖冲之对 π 的研究有着辉煌的成就。人类对圆周率的探索从未停止过，几千年过去了，对圆周率的了解越来越多，但却一直被圆周率是否为有理数的问题困扰着。直到1761年，兰伯特才证明了 π 是一个无理数。π 是数学中最基本、最重要、最神奇的常数之一，它常常出现在一些与几何毫无关系的场合中。例如，任意取出两个正整数，则它们互质的概率为 $\frac{6}{\pi^2}$。

以数学符号为素材命制高考题目，可以有效地考查考生的"数感"，感受数学的形式美和简洁美。近年来的高考和模拟考试中出现了很多以常数 π 为素材的创新性试题，这些试题具有"内涵交汇，背景新颖，来源生活，突出实践"的特点，有助于引导中学数学教学理论联系实际，关注学生数学文化意识的养成，应引起我们的重视。

二、以 π 为素材的创新试题

1. 考计算

数学解题离不开计算，运算求解能力是思维能力和运算技能的结合。运算包括对数字的计算、估值和近似计算，对式子的组合变形与分解变形，对几何图形各几何量的计算求解等。因为 π 是无理数，在命题时常作为考查学生估值和近似计算能力的一个重要素材。

例1 （2011年湖北高考文科卷）设球的体积为 V_1，它的内接正方形的体积为 V_2，下列说法中最适合的是（   ）。

A. V_1 比 V_2 大约多一半　　　　B. V_1 比 V_2 大约多两倍半

C. V_1 比 V_2 大约多一倍　　　　D. V_1 比 V_2 大约多一倍半

解：设球的半径为 r，正方体棱长为 a，则 $3a^2=4r^2$，即 $a=\dfrac{2\sqrt{3}}{3}r$，所以 $V_1=\dfrac{4}{3}\pi r^3$，$V_2=\dfrac{8\sqrt{3}}{9}r^3$，$\dfrac{V_1}{V_2}=\dfrac{\sqrt{3}}{2}\pi$。故选 D。

例2 （2012年湖北高考理科卷）我国古代数学名著《九章算术》中"开立圆术"曰：置积尺数，以十六乘之，九而一，所得开立方除之，即立圆径。"开立圆术"相当于给出了已知球的体积 V，求其直径 d 的一个近似公式 $d\approx\sqrt[3]{\dfrac{16}{9}V}$。人们还用过一些类似的公式。根据 $\pi\approx 3.14159\cdots$ 判断，下列近似公式中最精确的一个是（　　）

A. $d\approx\sqrt[3]{\dfrac{16}{9}V}$　　B. $d\approx\sqrt[3]{2V}$　　C. $d\approx\sqrt[3]{\dfrac{300}{157}V}$　　D. $d\approx\sqrt[3]{\dfrac{21}{11}V}$

解：设球的半径为 R，由 $V=\dfrac{4}{3}\pi R^3$，得 $V=\dfrac{4}{3}\pi\left(\dfrac{d}{2}\right)^3$，整理得 $d=\sqrt[3]{\dfrac{6V}{\pi}}$，将 $\pi\approx 3.14159\cdots$ 代入，近似得 $d\approx\sqrt[3]{\dfrac{21}{11}V}$。故选 D。

2. 新情境

近年来，在中学数学教学中通过情境设计和创造，使得学生置身于不同的学习环境中，理解和掌握数学的知识与方法，这是情境教学的成功所在。与之相对应的是，高考中的测量方法也在悄然地发生变化，强调试题的情境设计和创造，这已成为高考命题创新的重要方面。创新问题情境，除了能考查考生的诸多能力外，还能起到考查考生非智力因素的作用。这是因为人们接触到新事物时，心理上的反应首先表现为情绪上的变化，其次才是知识与能力的调动。

例3 （2014年湖北高考理科卷）《算数书》竹简于上世纪八十年代在湖北省江陵县张家山出土，这是我国现存最早的有系统的数学典籍，其中记载有求"菌盖"的术：置如其周，令相乘也。又以高乘之，三十六成一。该术相当于给出了由圆锥的底面周长 L 与高 h，计算其体积 V 的近似公式 $V\approx\dfrac{1}{36}L^2h$。它实际上是将圆锥体积公式中的圆周率 π 近似取为 3。那么，近似公式 $V\approx\dfrac{2}{75}L^2h$ 相当于将圆锥体积公式中的 π 近似取值为（　　）。

A. $\dfrac{22}{7}$ B. $\dfrac{25}{8}$ C. $\dfrac{157}{50}$ D. $\dfrac{355}{113}$

解：由题意可知 $L=2\pi r$，即 $r=\dfrac{L}{2\pi}$，

所以圆锥体积 $V=\dfrac{1}{3}Sh=\dfrac{1}{3}\pi\left(\dfrac{L}{2\pi}\right)^2 h=\dfrac{1}{12\pi}L^2 h\approx\dfrac{2}{75}L^2 h$，

所以 $\dfrac{1}{12\pi}\approx\dfrac{2}{75}$，即 $\pi\approx\dfrac{25}{8}$。故选 B。

评注：试题以圆锥的体积公式为载体，考查学生的阅读理解、信息提取能力，更考查学生的合情推理能力。此题取材于数学典籍《算数书》，试题背景具有浓郁的人文性和实用性，且兼具地域文化色彩，符合新课程标准对数学文化的要求。

3. 高观点

例4》（2014年湖北高考理科卷）π 为圆周率，e=2.71828… 为自然对数的底数。

（1）求函数 $f(x)=\dfrac{\ln x}{x}$ 的单调区间；

（2）求 e^3、3^e、e^π、π^e、3^π、π^3 这6个数中的最大数与最小数；

（3）将 e^3、3^e、e^π、π^e、3^π、π^3 这6个数按从小到大的顺序排列，并证明你的结论。

评注：试题后两问源于一道大学硕士研究生招生试题，即"比较 e^π、π^3 的大小"。试题通过巧妙嵌入两个重要无理数 π、e 和它们的近似数 3，围绕比较 6 个特殊数的大小关系，要求考生借助所给函数模型的单调性进行推理判断，寻找合理简洁的比较途径。在比较大小的过程中，体现着算法思想、化归与转化思想和分类与整合的思想，比较方法的多样性和选择性，又包含着对推理论证能力、运算求解能力和合情探究能力的要求以及思维品质的甄别。既能让优秀考生脱颖而出，又不会让一般考生望题生畏。

π 和 e 往往是形影相随，如"最美的数学公式"就把 π 和 e（以及0、实数单位1和虚数单位 i）联系起来：$e^{i\pi}+1=0$。但这个公式的真正意义却不是中学课本的内容。两个似乎"素昧平生"的常数却能如此美妙地联系在一起，显示了数学的内在规律，给人以美的充分享受。

4. 新交汇

在知识的交汇处命题，综合考查学生应用知识解决问题的能力，是高考命题的基本方向。

例5 （2016年全国Ⅱ卷理科）从区间 $[0,1]$ 随机抽取 $2n$ 个数 x_1，x_2，$\cdots$，x_n，y_1，y_2，$\cdots$，y_n，构成 n 个数对 (x_1, y_1)，(x_2, y_2)，$\cdots$，(x_n, y_n)，其中两数的平方和小于1的数对共有 m 个，则用随机模拟的方法得到的圆周率 π 的近似值为（　　）

A. $\dfrac{4n}{m}$　　B. $\dfrac{2n}{m}$　　C. $\dfrac{4m}{n}$　　D. $\dfrac{2m}{n}$

解：依题意，点 (x_i, y_i)（$i=1,2,3,\cdots,n$）在如右图所示的正方形 $OABC$ 内（含边界），而满足条件 $x_i^2+y_i^2<1$ 的点 (x_i, y_i)（$i=1,2,3,\cdots,n$）均在右图所示的阴影区域内（不含圆弧 $\overset{\frown}{AC}$）。

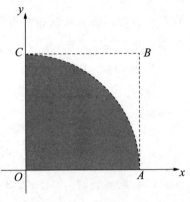

所以 $\dfrac{\frac{\pi}{4}}{1}=\dfrac{m}{n}$，即 $\pi=\dfrac{4m}{n}$。故选 C。

评注：试题涉及用随机模拟方法估计 π 的近似值，考查学生对文字语言、符号语言、图形语言的理解程度，试题综合随机模拟方法、线性规划、几何概型等方面的知识，体现对考生数据处理能力、创新意识的考查。试题设计巧妙，背景新颖，体现了在知识交汇处命题的重要思路。

类似的题目也经常出现在各地模拟考试中。例如：

例6 （2015年泉州市质检理科卷）关于圆周率 π，数学发展史上出现过许多有创意的求法，如著名的浦丰实验和查理斯实验，受其启发，我们也可以通过设计下面的实验来估计 π 的值：先请120名同学，每人随机写下一个都小于1的正实数对 (x, y)；再统计两数 x、y 能与1构成钝角三角形三边的数对 (x, y) 的个数 m；最后再根据统计数 m 来估计 π 的值。假如统计结果是 $m=34$，那么可以估计 $\pi\approx$ ＿＿＿＿（用分数表示）。

解：因为 $\Omega=\{(x, y)\mid 0<x<1, 0<y<1\}$，记事件 $A=$"x、y 能与1构

成钝角三角形",则 A 对应的平面区域为 $A=\left\{(x,y)\left|\begin{array}{l}0<x<1,\ 0<y<1\\ x+y>1\\ x^2+y^2<1\end{array}\right.\right\}$。

如图所示,在平面直角坐标系 xOy 内作出 Ω,A 对应的平面区域。

则 $P(A)=\dfrac{S_{阴影}}{S_{正方形OABC}}=\dfrac{\dfrac{\pi}{4}-\dfrac{1}{2}}{1}=\dfrac{\pi-2}{4}$。

由已知,得 $\dfrac{\pi-2}{4}=\dfrac{34}{120}$,所以 $\pi=\dfrac{47}{15}$。

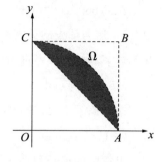

三、结束语

数学是人类文化的重要组成部分。数学探究、数学文化是课程标准新增加的内容,这些内容的考查也会渗透在具体的试题当中。

π 是数学中最重要的常数之一,随着数学学科的发展,π 的意义已经不限于圆的计算,它和代数、三角、级数以及近代的概率统计都有关,因此 π 就成为考试中造题的好材料。纵观近几年出现的与常数 π 有关的高考题和模考题,往往兼具趣味性与科学严谨性,它们是众多数学命题专家智慧的结晶,有着独特的魅力。透过其丰富多彩的背景,挖掘其潜在的教育功能,有助于学生开阔数学视野,逐步认识与追求数学的科学价值、应用价值和文化价值,崇尚数学的理性精神,形成批判性的思维习惯,体会数学的美学意义。

中美两道考题带给我们的启示

例1 美国南加州中学一道有趣的数学试题:

Proof that girls are evil.(证明女孩是魔鬼。)

老师在试卷上给出证明该命题所需要用到的假设和已知条件,然后让学生根据条件,证明假设成立。

我们先来看一看这道题的证明过程:

首先，"'追'女孩需要时间和金钱"，那么根据这个给出的假设条件可以得出：Girls＝time×money（女孩等于时间乘以金钱）。

而我们知道"时间＝金钱"，由这个已知条件可以得出：

Girls＝money×money＝（money）^{2}，即女孩等于金钱的平方。

And because "money is the root of evil"（同时，因为"金钱是万恶之源"），这句话中的英文单词 root 本指根源，但在数学上却表示平方根，因此从数学意义上可以得出：

Money＝$\sqrt{evil}$。

而女孩等于金钱的平方，将上式进行替代转换后得到：

Girls＝（$\sqrt{evil}$）^{2}。

上式中的根号和平方相抵，由此可以证明：

Girls＝evil，即女孩是魔鬼。

思考 1：这道题考什么？

用我们的常规视角来分析，这样的试题，没有一个数字，没有几何图形，还叫数学题吗？证明的结果让人感到莫名其妙，老师这么考的目的是什么？是不是另有深意呢？这让我陷入了深思。

李邦河院士曾指出："数学根本上是玩概念的，不是玩技巧的，技巧不足道也。"概念是数学思维方式构建或转变的基石，核心概念更是数学教学的重大关切。然而，只有概念并没有什么实际意义，也不能表达一个完整的的思想，只有将概念和概念按一定的规则连接起来，才能形成命题，表达一个完整的思想。命题彩线串珠般把概念连接起来，共同编织光辉灿烂的数学理论体系，集中体现了人类对世界的认识成果。美国的数学教育正试图证明这一点：数学不仅仅是计算和应用公式，数学的实质是思维方式，是演绎和归纳的逻辑思维方式。案例中，教师给予一定的假设和条件（主要就是概念），要求学生依据这些假设和条件，通过全方位的思考和辨析，由浅表向纵深发展，渐渐探寻到问题的本源，进而证明"女孩＝魔鬼"，这就使得一些"纯数学"的抽象概念迅即人文化、具体化了。在命题的证明中，学生思维的条理性和严密性都得到了一定程度的增强，提高了解题能力和处理信息（教师给出的各种假设）的能力，逐步体会到"言必有据"的推理特征，使懵懂的孩子领悟理性的精神，接受古希腊理性文明的洗礼，在内心深处出现了理性文明的震撼。这种震撼，和欣赏罗中立的油画，听贝多芬的命运交响曲一样，都是一次心灵的激荡。

思考2：对命题有什么启示？

众所周知，学生只有保持对数学的好奇心，主动去探索数学的基本规律，才能成为一个懂数学的人。我想，即使一个不喜欢数学学科的人，看到这样的问题，一定也会眼前一亮，在心里琢磨一下应该怎么做吧？有评价者指出，这样一道非常有趣的试题，即使生性再懒惰的学生也会兴趣盎然，因为这样的试题可以让学生自由发挥想象力，在享受考试的同时加深对一些知识的了解和掌握。

在教学中，如果我们只讲解具体的知识点，而没有让学生去证实或伪证自己的假设，那就忽略了对学生的怀疑精神的培养。实际上，上面的这道考题对培养学生的演绎推理和归纳推理的能力而言，更具有前瞻性。反观国内的数学试题，大部分都陷入单纯的数字演算之中，为了知识而使数学失去了本来的丰富多彩，也使学生丧失了数学学习的兴趣和热情，其实是本末倒置。

例2 我校"六年一贯制实验班"招生考试的一道试题：

我国唐代的天文学家、数学家张遂曾以"李白喝酒"为题材编了一道算题：李白街上走，提壶去买酒。遇店加一倍，见花喝一斗（斗是古代酒具，也可作计量单位）。三遇店和花，喝光壶中酒，借问此壶中，原有多少酒？（要求写出解题的思路）

这道开放性问题引发了我们的思考。

思考1：什么样的问题可以称为好问题？

这道题的创新点主要有以下几点：

第一，从问题创设看，具有很大的趣味性。问题以幽默诙谐的打油诗呈现，诗意明白，问题清楚——李白酒壶中原有多少斗酒？

第二，从解法上看，可以顺思，也可以逆想。顺思即从"原有酒的数量"出发，"持因探果"，顺流而下：设"壶中原有 x 斗酒"，"遇店加一倍"——乘以2，"见花喝一斗"——减去1，直至"喝光壶中酒"——结果为0。逆想即从"喝光壶中酒"——结果为0出发，"持果索因"，逆流而上："见花喝一斗"——把酒还入壶中，加上1，"遇店加一倍"——把酒还给店家，除以 2。所以此题能很好地考查学生的分析和推理能力。

第三，从解题结果看，"三遇店和花"，没有说明店和花的排列顺序，所以店与花的顺序不同，便有不同的结果，可谓"答案丰富多彩"，很好地考查学生的发散思维。

第四，从解题要求看，要求考生写出自己的解题思路，也就是回答出"怎么想到的"，对解法和结果要有一个"合理的解释"，进一步考查了学生的逻辑思维能力和语言表达能力。

试题留给学生很大的想象空间，涌现出不少极富创意的答案。下面我们来看学生的精彩解答。

解法 1：我认为李白最后一次遇到的不一定是"花"，下面我以"店花店花花店"为例，我的解答是（从最后一个空倒着填写）：

顺　序	店	花	店	花	花	店
酒壶中的酒（斗）	1	2	1	2	1	0

所以，酒壶中原有 1 斗酒。

评析：这是解答的精彩之作，它构思新颖，没有流于俗套（在网上有许多人对此题进行解答，都认为要喝光壶中的酒，李白最后一次遇到的一定是"花"）。在解答问题时，灵活运用数学中的逆向思维，巧妙地借助"表格法"，从最后的结果入手，通过填写表格，"顺藤摸瓜"，圆满解决问题。解答简便，操作简单，因此思维显得开阔、严谨。

还有学生把题目"还原"成一个故事，很有趣味性。

解法 2：我想，李白"三遇店和花"的顺序可能是"花花花店店店"，他的酒壶中原有 3 斗酒，第一次遇见花，喝了 1 斗，第二次又遇见花，喝了 1 斗，第三次还是遇见花，喝光了壶中最后 1 斗酒，这时，李白已经喝得快醉了。他遇到一家酒店，准备买点酒，于是走到店里，对店小二说："店家，买酒！"店小二说："买多少？""里面有多少就买多少！"店小二一看，怎么一个空壶？不行，这位客官喝多了，不能让他再喝了，于是，把壶还给了李白。后来，李白遇到两家酒店，也都是同样的结果。于是，李白拿着空壶回家了。

总之，此题涉及对"三遇店和花"顺序的不同排列，于是，问题有多种答案（经过计算可知，不同的排序结果有 20 种）。虽然没有要求学生回答出所有的结果，但学生的每一种解答，都很好地展现了学生的数学思维，让我们看到学生的智慧在闪光。

上面两道考题展现出命题的异曲同工之妙，演绎隔海相望的两个不同国度的精彩。这样的试题可以称为好的问题。

思考 2："分数重要"还是"思维重要"？

1984 年 4 月 20 日，钱学森接受北师大附中教师访问时说，自己念书时附中的选修课很多，"每天中午大家吃了午饭，在教室里互相交谈感兴趣的各种科学知识，数学的、物理的、化学的，什么都有……"可以看出，那时的学生没有考试追高分的压力，他们把大量的时间用来"玩"，其实他们的"玩"，就是读课外书、动手实验和外出实践。正是这种没有过多限制、形式多样的教育让钱老对知识充满了兴趣，他博览群书，对探索新知充满了兴趣。著名数学教师傅仲孙先生提倡创新，在给学生的测验评分时别出心裁，如果出 5 道题，学生都答对了，但解法平淡，只给 80 分；如果答对 4 道题，但解法有创新，就给 100 分，还要另加奖励。

在考试中出现这样的题目，有利于学生独立思考能力和发散性思维的培养，无疑是对现行"填鸭式"教学、"唯标准答案"考试进行纠偏的有力尝试，体现了"创造力与想象力远比记忆力更重要"，对培养学生的创新精神大有裨益。

在数学学习中，具体的知识学习多年后学生会逐渐忘却，但是研究问题的方法和思路一旦领会就终生难忘，这才是数学教育给予学生的长远影响和一生中取之不完的利息。

《学会生存》一书对未来教师是这样描述的："教师的职责体现在越来越少地传授知识，而越来越多地激励思考；他必须集中更多的时间和精力从事那些有效果和有创造性的活动。"试想，一个没有创新思维、固步自封的教师，怎么能培养出具有创新思维和能力的学生？而一个观念开放、思维活跃、态度积极、对未来科学发展方向有着较为敏锐眼光的教师，对培养孩子的创新能力有着积极的影响，正如陈景润解决哥德巴赫猜想，是由他的老师提起而激发出其解决的欲望。

自主招生试题对命题的启示

高校的自主招生考试和保送生考查，往往从数学素养着眼，考查学生利用数学思想方法解决问题的能力。"《西游记》里有多少妖怪？""如来佛祖和玉皇大帝谁大？"近几年，部分高校自主招生面试试题引发社会热议，由于这类题目没有标准答案，被称为"神题"。通过仔细思量，我们发现这些题目都有这样几个特征：

从题目设问看，问题千奇百怪、老少咸宜；

从答题思路看，答题思维跳脱、不按常规；

从答题结果看，答案天马行空、出乎意料。

自主招生面试是对创新人才的测试，学校希望能考查出考生的创新意识、思维灵敏度和随机应变能力，进而选出拔尖人才。在当前国家倡导"大众创业，万众创新"的背景下，创新无疑将成为教育领域关注的热点。从命题的角度对某些自主招生试题进行探究，就会获得有益的启示，有助于我们命制出激活学生创新思维的题目，从更多更广层面帮助学生形成学科素养。

一、部分自主招生试题解读

例1 如来佛祖和玉皇大帝谁大？

参考答案：因为如来佛祖＞孙悟空，孙悟空＞玉皇大帝，所以如来佛祖＞玉皇大帝。

评注：问题涉及比较如来佛祖和玉皇大帝哪一个大，也就是比较两个"数"的大小的问题。在数学中，确定两个数的大小关系的常用方法有比较法、利用函数的单调性或借助中介数等。上述解答通过引入中介数"孙悟空"进行比较，使问题迅速得解。

例2 包子和馒头的联系和区别是什么？

参考答案：$\lim\limits_{馅 \to 0}$包子＝馒头。

评注：极端性原理是一种从特殊对象看问题的方法，它以思维对象在数量上的极端情况，比如最大值、最小值、最长、最短等为出发点，寻找解决问题的突破口和答案。此题要求指出包子和馒头的区别与联系,在回答时,巧走极端,妙用"馒头是没有馅的包子"这一极限情形进行回答,两者的区别与联系尽在一个数学表达式中,令人觉得既形象生动又妙趣横生。

例3》 在下列式子中添上一定的数学符号,使得等式成立:
0 0 0 0=24。

参考答案:(0!+0!+0!+0!)!=24(!表示阶乘)。

评注:《道德经》曰:"道生一,一生二,二生三,三生万物。""道生一"指的是道于无极而生太极,即0生1,也就是由"无"变成"有",那么0怎样才能变成1呢?于是联想到数学中的"阶乘"运算——0!=1,使问题得解。当然,此题一种极富创意的答案是:00:00=24。

例4》 《西游记》里有多少妖怪?

参考答案:《西游记》里有三类妖怪,一类是想吃唐僧肉的,一类是想和唐僧结婚的,一类是保护唐僧的。

评注:妖怪指的是什么,就看你怎么去"定义"它。此题是一道没有"标准答案"的问题,因此只要考生言之有理即可。上述解答虽然"偷换"概念,把"个"换成"类",但不失其精彩。这里,我们可以体会到学科知识中"概念"的重要性。

二、启示与借鉴

一般来说,在考试中通过设置综合性、开放性、探索性试题,不仅可以考查学生的基本知识、基本技能,还能考查学生的基本思想和基本体验活动,突出考查学生的创新能力,传递创业创新正能量,有助于让创新在全社会蔚然成风。

基于这一理念,我在初二期末考试中命制了下面这道题目:

如何测量自己双脚站立时对地面的压强呢?我们知道,站立时人体对地面的压力 F 大小等于体重 G,首先可以用秤称出自己的质量 m(单位:kg),则 $F=G=mg$,再设法求出每一只鞋底的面积 S(单位:m^2),则 $P=\dfrac{F}{2S}$,问题转化为如何测量出每只鞋底的面积 S。请设计一个方案,使其包括:(Ⅰ)用文字写出测量的器材和主要操作过程;(Ⅱ)用公式写出计算

S 的结果。

这道题目立足基础知识，跨学科创设问题情境，蕴含重要的数学思想方法，要求学生通过自主探究，以外显的操作活动发展内隐的数学思维，突破了传统的命题形式，让"知识、思想、方法、素养"融为一体，使"预设和生成"有了机会和期盼，消除了学生对考试的惧怕心理，学生的思维被充分激发，创设了一段美妙的寻 S 之旅。

生1：取一张坐标纸，将一只鞋踩在上面，用笔沿鞋边把鞋底画下来，把所画的"鞋底"剪下来，用刻度尺测出坐标纸上一个小方格的边长 a，则每个小方格的面积为 $S_0=a^2$。对剪下来的"鞋底"作这样的处理：大于半格的当成一格，小于半格的去掉，最后算得方格数为 n，则 $S=nS_0=na^2$。

生2：在一张白纸上画下"鞋底"，并把它剪下来，再把剪下来的鞋底剪拼成一个非常近似于长方形的图形，测出长和宽，分别记为 a 和 b，则 $S=ab$。

点评：大多数同学都是使用画"鞋底"的方法测量鞋底的面积，利用坐标纸数方格数和剪拼成特殊图形是比较典型的两种，虽然这类解答叙述清晰，语言简练，但操作不方便，得到的数据也不一定很准确。

生3：取一张长方形的泡沫，测量出它的长和宽，算出它的面积 S_1。把"鞋底"画在泡沫上，先测量出泡沫的质量 m_1，把鞋底剪下来，再测量出泡沫"鞋底"的质量 m_2，则 $S=\dfrac{m_2}{m_1}\cdot S_1$。

点评：这是生3解答中的精彩之处，它构思新颖，没有流于俗套，并能注意学科间的渗透，在解答问题时，综合运用数学中的比例思想，巧妙地借助"鞋底"的面积与整块泡沫的面积之比等于两者的质量之比，使得问题的解答简便，操作简单，因此思维显得开阔、严谨。

生4：先把鞋底画在白纸上，利用扫描仪按一定的比例把"鞋底"缩小后扫描进电脑，利用电脑上的"测量"工具测量出其面积，再根据扫描比例就可计算出鞋底的实际面积。

点评：课程标准明确指出："数学课程的设计与实施应重视运用现代技术，把现代信息技术作为学生学习数学和解决问题的强有力的工具，致力于改变学生的学习方式，使学生乐意并有更多的精力投入到现实的、探索性的数学活动中去。"生4的这一解答，突出了计算机技术与数学探究的整合，充分发挥了信息技术的优势,丰富了数学探索的视野。

三、教学思考

1. 命题要凸显对创新能力的考查

不管自主招生面试"神题"刁钻雷人也好,灵活有趣也罢,经过十多年的积淀,自主招生试题的开拓性、创新性、灵活性还是充分体现了中国教育的进步。这样一种没有过多限制、形式多样的考试对学生提出了新的要求,需要学生博览群书,对探索新知充满兴趣,平时除了课本知识的学习之外,还要多注重锻炼开放性思维,提高自己的创新意识和创新能力,提高自己的综合素养。

教育最终的目的是培养人才,特别是培养和造就高素质的创造性的人才。教育系统应当为推动大众创业、万众创新提供人才智力等方面的重要支撑。数学学科对培养学生的创新能力具有不可推卸的责任。在考试中凸显对创新能力的要求,不仅符合社会对人才选拔的核心要求,也是数学时代性和实践性的应有之意。

2. 教学要注重培养学生的理性精神

哲学意义上的理性,是指在一定的规则之下运用概念进行判断、推理或认知的能力,以及对行为和目的进行质疑、反思、批判的精神。"人生是需要理性的","理性不仅是教学的条件,也是教学活动所应追求的目标之一"。数学是研究现实世界数量关系和空间形式的一门科学,严密的逻辑性是它的主要特点之一,在数学学习中,如果说直觉可以帮助我们感知结论和作出预测,那么严密的思维可以帮助我们论证结论,防止失误。

思考的本质就是推理。推理之重要,犹如道德之于人,其意义自不待言。数学是讲道理的,通过数学学习我们要认识到,解决问题时,要言之有理、言之有序、言之有据,容不得丝毫的马虎,更不能把"想当然"的东西强加给数学。数学教育要回归数学学习的本义——通过数学学习改善思维品质,崇尚理性精神,提升数学素养,能够从数学的角度看问题,有条理地进行理性思维、严密求证,在解决问题时具有逻辑推理的意识和能力,对所从事的工作能够合理地量化和简化。

对六年高考数学福建卷的研究

——命题要旨、试题特色及命题建议

从 2010 年到 2015 年,在这六年中,福建高考数学自主命题始终坚持有利于高校科学公正地选拔人才,有利于普通高中推进素质教育,有利于促进学生的健康成长,有利于维护社会公平,对中学数学教学起着良好的导向作用。这六年,是不断探索和改革的六年,也是不断发展和创新的六年。回顾这六年,对于福建高考数学命题的科学发展和福建中学数学教学的科学发展都具有十分重要的意义。基于此念,我结合自己对这六年的福建高考数学试题的研究,略陈管见,与大家交流。

一、高考命题要旨:枝枝相覆盖,叶叶相交通

1. 高屋建瓴,把握全局,体现理念

高考命题的指导思想,是指导每年高考命题的总方针,是命题工作的出发点和归宿点,是命题的要旨。《考试大纲》和《考试说明》是课程标准所规定培养目标的可测性细化,是高考命题的依据,也是高考与考生联系的基本渠道,而《考试说明》是高考命题的直接依据。

就目前的高考政策而言,高考试题的特点是稳中创新,稳定为主。经过几年的实践与探索,福建高考命题已经形成了比较稳定的风格,明确了命题的几条基本原则:"立足基础知识,注重整体设计""淡化特殊技巧,强调思想方法""坚持学以致用,强化应用意识""体现层次要求,控制试卷难度"等。这几条基本命题原则是福建高考命题的顶层设计,继承和发扬福建省在高考命题中所取得的成功经验,充分体现"倡导积极主动、勇于探索的学习方式和注重提高学生的数学思维能力"等新课程改革的理念。

2. 立足全面,注重基础,突出重点

梳理这六年的福建省高考数学试题,我们发现,福建高考命题,对于拓展学生视野、为进一步学习作初步准备的非主干知识,如集合、复数、命题与简易逻辑、几何概率、一元二次不等式、推理与证明、线性规划、程序框

图、平面向量等一般只作为选择题或填空题出现,占分比例小,试题难度也较小。而作为中学数学主体内容的六大主干知识如函数与导数、立体几何、解析几何、概率与统计、三角函数、数列、不等式等则重点考查,不但占分比例大,而且各类题型中都配备各种不同难度的试题,在体现"立足全面,注重基础,突出重点"的同时,合理控制考查力度,合理呈现知识点的要求。

3. 能力立意,关注素养,考查思想

从宏观层面讲,一个学科通常是由学科知识、学科能力和学科思想方法三个部分组成,其中学科思想方法是一个学科的灵魂与核心。学科思想方法的现实意义就在于掌握了它就等于掌握了进行学科探究的方法,具备了学科创新和终身学习的能力,为学生提供了一种进行学习研究的心理范式与思维工具,对提高学生问题解决能力大有裨益。福建高考数学命题,坚持能力立意,从数学素养着眼,考查学生利用数学思想方法解决问题的能力。如2012年理科第16题、文科第18题,2013年理科第16题、文科第19题等,以现实生活中的问题为载体,设置应用性问题,考查学生将实际问题转化为数学问题的抽象概括能力、数据处理能力及应用意识;2012年理科第17题、文科第20题,2013年理科第18题等,考查学生从特殊到一般的归纳猜想的抽象概括能力及推理论证能力;2012年理科第18题、文科第19题,2013年理科第12与第19题、文科第18题等,考查空间想象能力、推理论证能力。

二、高考试题特色:清水出芙蓉,天然去雕饰

每年高考结束,高考试题都会受到政府、专家、社会、学校、学生的高度关注,引发社会各界热议,引发各地教师对高考试题进行研究,在研究中取得的新成果、解决的新问题不断见诸报刊,进一步丰富和充实了高考的内容。这一方面反映了高考是当今社会的一个聚焦点,另一方面反映了福建高考命题工作日趋成熟,不断取得新的突破,逐渐形成了"福建特色"。

1. 试题源于教材,但又高于教材

教材、教辅书等各种资料中有大量的优质试题,以这些试题为源,或取其立意、或更换背景、或巧剪妙裁、或推陈出新,进行合理的加工改造,是

命制考题的一条捷径。这六年的福建卷都有取材于教材或课外参考资料，经过实质性改造的题目，而不是照搬任何教材或课外参考资料的原题或未经实质性改造，因此显得立意新颖，虽源于教材又高于教材。

例1》 （2012年福建·理科第17题、文科第20题）某同学在一次研究性学习中发现，以下五个式子的值都等于同一个常数。

（1） $\sin^2 13° + \cos^2 17° - \sin 13° \cos 17°$；

（2） $\sin^2 15° + \cos^2 15° - \sin 15° \cos 15°$；

（3） $\sin^2 18° + \cos^2 12° - \sin 18° \cos 12°$；

（4） $\sin^2 (-18°) + \cos^2 48° - \sin(-18°) \cos 48°$；

（5） $\sin^2 (-25°) + \cos^2 55° - \sin(-25°) \cos 55°$。

（Ⅰ）试从上述五个式子中选择一个，求出这个常数；

（Ⅱ）根据（Ⅰ）的计算结果，将该同学的发现推广为三角恒等式，并证明你的结论。

此题改编自人教 A 版普通高中课程标准实验教科书《数学》必修 4 第 138 页 B 组第 3 题：

观察下列各等式：

$$\sin^2 30° + \cos^2 60° + \sin 30° \cos 60° = \frac{3}{4},$$

$$\sin^2 20° + \cos^2 50° + \sin 20° \cos 50° = \frac{3}{4},$$

$$\sin^2 15° + \cos^2 45° + \sin 15° \cos 45° = \frac{3}{4}.$$

分析上述各式的共同特点，写出能反映一般规律的等式，并对等式的正确性作出证明。

此题是简单的公式运用题，相对平淡。改编后的考题，将课本题中的结果改编成探索性的任务对学生进行考查，要求学生通过选取特例，寻找出常数，再由特殊到一般，通过归纳，提出猜想，再加以论证。整个解答过程既有合情推理又有演绎推理，使得高考题在课本题的基础上，"天然去雕饰"，思维含金量更足，同时在问题叙述上简单明了，自然流畅，令人赏心悦目。

像 2014 年理科第 8 题，文科第 10 题、12 题等都是由教材例题和习题改编而成。

2. 注重衔接，高等数学初等化

高考数学创新题的命制背景之一是高等数学，即考题有一定的高等数学背景，但不是考高等数学知识，而是通过把高等数学知识初等化命制试题，要求学生通过所学知识解答问题，其目的在于诊断考生的数学创新意识。

例2 （2013年福建·理科第10题）设 S、T 是 $\mathbf{R}$ 的两个非空子集，如果存在一个从 S 到 T 的函数 $y=f(x)$ 满足：(1) $T=\{f(x) \mid x \in S\}$；(2) 对任意 x_1，$x_2 \in S$，当 $x_1 < x_2$ 时，恒有 $f(x_1) < f(x_2)$，那么称这两个集合"保序同构"。以下集合对不是"保序同构"的是（　　）

A. $A=\mathbf{N}^*$，$B=\mathbf{N}$

B. $A=\{x \mid -1 \leqslant x \leqslant 3\}$，$B=\{x \mid x=-8$ 或 $0 < x \leqslant 10\}$

C. $A=\{x \mid 0 < x < 1\}$，$B=\mathbf{R}$

D. $A=\mathbf{Z}$，$B=\mathbf{Q}$

此题背景源自人教 A 版普通高中课程标准实验教科书《数学》必修 1 第 13 页的"阅读与思考——集合中元素的个数"。文中指出，有限集合中元素的个数，我们可以一一数出来，而对于元素个数无限的集合，我们无法数出集合中元素的个数，但可以比较这两个集合中元素的个数的多少。本题考查学生在理解两个集合"保序同构"定义的基础上，在这两个集合间构造一个函数满足该定义，进而得出正确结果，问题更深层次的背景涉及高等数学中两个集合"基数"相等的概念，即集合元素"个数"的概念从有限到无限的推广。

此外，像 2010 年文科第 15 题（平面上的凸集），2011 年文科第 12 题（整数的剩余类），2012 年文科第 9 题、理科第 7 题（狄利克雷函数），2012 年理科第 10 题（函数的凸凹性）等试题，都涉及高等数学知识初等化，注重初等数学与高等数学的衔接。

3. 关注创新，重视迁移能力

高考中的信息迁移题，就是指在题目中即时提供一个新的情境（或给出一个名词概念，或规定一种规则运算，或给出一段阅读材料等），让学生学习陌生信息后立即解答相关问题（迁移）。这类题目背景公平，能有效考查学生的真实数学水平。即时接收信息并立即加以迁移是解答这类问题的两个相关要点。

例3» (2013年福建·理科第15题) 当 $x \in \mathbf{R}$，$|x| < 1$ 时，有如下表达式：

$$1 + x + x^2 + \cdots + x^n + \cdots = \frac{1}{1-x}。$$

两边同时积分，得：$\int_0^{\frac{1}{2}} 1 \mathrm{d}x + \int_0^{\frac{1}{2}} x \mathrm{d}x + \int_0^{\frac{1}{2}} x^2 \mathrm{d}x + \cdots + \int_0^{\frac{1}{2}} x^n \mathrm{d}x + \cdots = \int_0^{\frac{1}{2}} \frac{1}{1-x} \mathrm{d}x$，从而得到如下等式：

$$1 \times \frac{1}{2} + \frac{1}{2} \times \left(\frac{1}{2}\right)^2 + \frac{1}{3} \times \left(\frac{1}{2}\right)^2 + \cdots + \frac{1}{n+1} \times \left(\frac{1}{2}\right)^{n+1} = \ln 2。$$

请根据以上材料所蕴含的数学思想方法，计算：

$$C_n^0 \times \frac{1}{2} + \frac{1}{2} C_n^1 \times \left(\frac{1}{2}\right)^2 + \frac{1}{3} C_n^2 \times \left(\frac{1}{2}\right)^2 + \cdots + \frac{1}{n+1} C_n^n \times \left(\frac{1}{2}\right)^{n+1} = \underline{\quad}。$$

此题要求学生通过阅读给定的文字材料，选择有效的方法和手段分析材料蕴含的信息，再经过独立的思考、探索和研究，找到解题思路，创造性地解决问题。整个解题过程，就是在领会数学家如何创造数学的基础上，展示自己如何再创造数学的过程。

4. 返璞归真，突出数学本质

福建高考数学命题坚持从数学各分支的核心内容、学科思想及教育价值入手设置问题，返璞归真，突出数学学科本质，着重考查学生的数学素养，力求发挥对中学数学教学的正确导向作用。

例4» (2013年福建·文科第22题) 已知函数 $f(x) = x - 1 + \dfrac{a}{\mathrm{e}^x}$（$a \in \mathbf{R}$，e 为自然对数的底数）。

(1) 若曲线 $y = f(x)$ 在点 $(1, f(1))$ 处的切线平行于 x 轴，求 a 的值；

(2) 求函数 $f(x)$ 的极值；

(3) 当 $a = 1$ 时，若直线 $l: y = kx - 1$ 与曲线 $y = f(x)$ 没有公共点，求 k 的最大值。

作为压轴题，第（1）问，考查导数的几何意义，比较基础；第（2）问通过对参数取值范围的讨论，研究函数的极值；第（3）问，由直线与曲线没有公共点，转化为方程没有实根，进而利用函数的性质或者函数的图象求

出 k 的最大值。

本题对函数及其导数的考查层次明显，难度递进，重点考查利用导数研究函数，凸显导数的工具性作用。深入探究会发现此题有基于"凸凹性"立意的痕迹，但是命题者在此很好地隐蔽了"凸凹性"，抓住主干知识的"源"与"流"，从函数与导数的核心内容、学科思想、教育价值入手，专注于对基础知识、基本技能与通性通法的考查，突出考查核心概念和思想方法。

三、高考命题建议：欲穷千里目，更上一层楼

六年福建高考数学卷，在继承传统的同时，加大渗透新课程改革理念的力度，将继承与创新融为一体。但是，高考命题是一项复杂的系统工程，命题能力的提高非一日之功，在福建六年高考命题中，也存在一些不足和有待改进之处。

1. 试题命制需要更加科学合理

例5》 （2012年福建·文科第22题）已知函数 $f(x) = ax\sin x - \dfrac{3}{2}(a \in \mathbf{R})$，且在 $\left[0, \dfrac{\pi}{2}\right]$ 上的最大值为 $\dfrac{\pi - 3}{2}$。

（1）求函数 $f(x)$ 的解析式；

（2）判断函数 $f(x)$ 在 $(0, \pi)$ 内的零点个数，并加以证明。

在第（1）问的解答中，若学生直接套用结论"若两个函数同时是增函数且函数值均非负，那么它们的乘积仍为增函数"得到函数 $g(x) = x\sin x$ 在 $\left[0, \dfrac{\pi}{2}\right]$ 上单调递增，是否可以？使用拓展性知识解答高考题，是应该鼓励，还是应该限制？哪些知识属于拓展性知识，哪些知识属于课程内的知识，怎么判断？在这些问题上，存有争议。

例6》 （2012年福建·理科第20题）已知函数 $f(x) = e^x + ax^2 - ex$，$a \in \mathbf{R}$。

（1）若曲线 $y = f(x)$ 在点 $(1, f(1))$ 处的切线平行于 x 轴，求函数 $f(x)$ 的单调区间；

（2）试确定 a 的取值范围，使得曲线 $y = f(x)$ 上存在唯一的点 P，曲线在该点处的切线与曲线只有一个公共点 P。

第（1）问答案为 $a=0$。但是当 $a=0$ 时，曲线 $y=f(x)$ 在点 $(1, f(1))$ 处的切线就是 x 轴，与已知条件矛盾，是一道错题。

值得指出的是，在 2014 年福建省质量检测试卷中，文科数学第 12 题，理科数学第 16 题也是错题。这些不时发生的有争议的解答或者试题错误，严重影响了试卷的信度。

2. "去模式化"导致形成新的模式

"规避高考模式化"，是福建高考命题的一个亮丽特色。因为考前大量的模式化模拟试卷训练，容易使考生形成强烈的对高考试卷的模式化心理预期，在高考中，由于强烈的心理预期无法达成，可能影响到考试水平的正常发挥；考前大量的模式化模拟试卷训练，使考生不同程度地主动放弃了某些主干知识题型的必要训练，很可能形成复习训练的"盲区"。但是，福建高考卷的一大特点是"试卷难度按两级坡度设计，整卷是一个大坡度，而每种题型由易到难又是一个坡度"，于是，我们看到，全省各地的质检卷，几乎都是同一个模式，选择题最后两题和填空题最后一题考查创新性问题，解答题压轴题一般考解析几何、函数与导数，让人觉得大同小异。

3. 试题梯度、区分度与难度需要更加合理

2011 年福建省的高考试题难度偏低，导致很多考生数学考分都很高，甚至有的班级出现很多考满分的学生。试题的区分度不理想，就会使数学尖子生与其他同学没有拉开差距，不能脱颖而出，这就使得不同思维方式、思维层次的学生没有得到科学的评价。而 2013 年高考试题相对前几年难度突然加大，2014 年难度适中。有研究者指出，每年试卷难度的起伏不定，会使师生无所适从，甚至产生焦虑心理和对高考试题认识的一个"悖论"——高考题去年难今年就会简单，去年简单今年就会难。

4. 命题应尽力兑现"对教学改革者有利"之诺

有研究者指出，当初承诺的"高考的命题只会对教学改革者有利"，并没有兑现，其原因在于，高考命题模式没有发生根本性的变化。各省自主命题，不仅花费大量的人力物力，而且使高考复习中增加了对于历年各省高考试题的解析，把师生推向更深的题海；而命题成员的每年的替换，更增强了一些人猜题押题的投机心理。在每年的省质检之后，各地的高三教师都在到处打听哪个学校的教师参加高考命题，若有确定的结果，就去找来这些老师所在学校的试卷进行研究，让学生大量练习，高考复习备考不走正道走歪道。

5. 选修变必修

福建高考选修模块包括"矩阵与变换""坐标系与参数方程""不等式选讲"三个模块,在高考中,设有三个选考题,要求学生从中任选两题作答。而在教学中,有的学校为了抢时间、赶进度,三门选修课只上两门,"选修课"变成"必修课",选考题变成必考题,学生根本没有选择的余地。

6. 试题命制过程需要详细记录

数学命题是一项富有创造性的智力活动,命题者在考查内容、考查目标和能力要求的指引下,怎样选取合适的素材,经过怎样的加工打磨以形成最终的考题,这个实践过程是非常有价值的。因此,编拟高考试题时宜对命题过程有一个详细的记录,以便考后进行科学的、合情合理的分析总结,同时有利于中学教师学习,提升教师的命题能力,提升教师的教学水平,促进教师的专业成长。

总之,一份好的高考数学试卷应具有科学性、创新性、目的性和适度性。命题本身就是一项研究,就是一种创造,正如华罗庚教授所说,"出题比做题更难,题目要出得妙,出得好,要测得出水平"。随着高中数学课程改革的逐步深入,高考命题的不断成熟,高考试题如何呼应高中数学课程改革的脚步,反映高中数学课程改革的成果,俨然成为高考命题的新使命、新要求。

秘密二

高手的教学探索

> 我当了一辈子教师，教了一辈子语文，上了一辈子深感遗憾的课。我深深体会到"永不满足"是必须遵循的信条。
>
> ——于漪（上海语文特级教师）

探索一　教学实践

妙用诗歌对联，打造诗意课堂

课程标准指出："通过高中阶段数学文化的学习，学生将体会数学的科学价值、应用价值、人文价值，开阔视野，寻求数学进步的历史轨迹，激发对于数学创新原动力的认识，受到优秀文化的熏陶，领会数学的美学价值，从而提高自己的文化素养和创新意识。"数学世界，缤纷绚丽，异彩纷呈。一代数学大师陈省身曾为青少年数学爱好者题词，"数学好玩"。在大多数数学家眼里，数学就是一种人类智力的游戏。但长期以来数学给人的印象却是一副"冷面孔"，抽象的结构、艰涩的推理、复杂的公式常常使人望而却步，对数学怀有畏难情绪的人也不在少数。

张奠宙指出，数学教育就是要将数学难懂的学术形态，转化为学生易于接受的教育形态。数学不是枯燥的，作为数学教师，我们能否在数学课堂教学中加点"味精"，使教学内容趣味化，让学生主动积极地进入学习的状态，达到"数学好玩"的这种境界呢？实践表明，数学课中有一些既能揭示数学本质，又能唤起学生潜意识中对美的追求与向往的诗歌点缀是受学生欢迎的。我结合有关教学内容，在教学中有意识地引进诗歌、对联、流行歌曲等"新事物"，尝试打造诗意化的数学课堂，进而发现数学教学可以与刻板、枯燥绝缘，它变得有趣了，好玩了。

一、导语结语，诗歌镶边

在教授新知识时，若能针对教学内容以诗歌的形式创设情境、导入课题，一定能极大地激发学生的学习积极性和创造性，为学生学习创造一个良好的开端。在立体几何的引言课中，有教师利用多媒体显示一位哲人的诗句创设情境，激趣入题，收到良好效果：

一个数字的世界，我时时需要你；

一个形的世界，我处处离不开你；

一个美丽的世界，我欣赏你的韵律；

一个理想的世界，我探索你的奥秘。

这样别具特色的诗歌导语激发了学生学习的积极性，自然也形成了学习需求。

能激活学生思维，无疑是一堂课的成功，而在教学新知时，若能针对教学的主要内容、常用的思想方法，以诗歌的形式结课，不仅能使学生体会到文字的律动之美，帮助学生掌握数学规律，理解数学本质，更能让学生体会到数学之美，留下无限的想象空间。在教学二分法时，我总结道：

确定区间找中点，中值计算两边看。

同号舍弃异号算，零点落在异号间。

周而复始何时休？精确度来把关口。

连续异号是关键，一分为二逼零点。

在教学对数的换底公式时，我给学生介绍其他老师总结的记忆歌诀：

换底公式很好记，一数等于两数比。

相对顺序不改变，新的底数可随意。

在教学数学归纳法时，我总结道：

验证初值来奠基，假设 k 真推 $k+1$；

能从有限到无穷，以简驭繁真给力。

这样，将一些数学概念、公式、定律、结论、解题步骤等，编成歌诀的形式，既美不胜收，不易忘记，又能辅助学习，化难为易。学生从这些琅琅上口的语句中，不仅能体会到浓厚的文化氛围，而且能更好地感受数学知识、理解数学本质，体验数学之美，从而喜欢上数学，学习就会事半功倍。我也在拙著《数学阅读与思考》中对数学歌诀作了一些收集和整理。

二、巧用对联，激活课堂

对联，又称对子。它对仗工整，平仄协调，是一字一音的汉文语言独特的艺术形式。对联既要用诗一般精练的语言表达完整统一的语义,又要以工整巧妙的形式和优美和谐的韵律来体现其内容。因此对联的特点主要有四个方面:一是形式对称,二是内容相关,三是文字精练,四是节奏鲜明。也有人将其称为对联四美,即建筑美、对称美、语言美和节律美。这与数学中的对称不谋而合,二者有异曲同工之妙。对称性是数学美的最重要的特征。著名德国数学家和物理学家魏尔说:"美和对称紧密相连。"由于现实世界中处处有对称,作为研究现实世界的空间形式与数量关系的数学,自然会渗透着圆满和自然的对称美。因此,对称用得好,在文学作品中可使文章大为生色,在数学教学中可以起到激发学生兴趣,活跃课堂气氛,揭示数学本质,提高学生文化修养的目的。

在教学中,我根据教学内容,按照事物本质的特征,将两种不同的事物如有关定理、公式、概念、性质等进行对比,寻找事物之间的联系,由此及彼,作对比分析,巧用对联点缀课堂,不仅使学生获得了知识,在数学学习中"创造发现",更让学生体会到中华文字的博大精深,进一步拓展了学生的精神视界。

1. 文字对联

教学函数的周期性时,我进行如下的情境创设:给出上联"天上月圆,人间月半,年年月圆逢月半",要求学生对下联及横批。在我的引导下,学生对出下联:去年年尾,今年年初,岁岁年尾接年初。横批:周而复始。

这样的导入带给学生新异、亲切的感觉,激发了学生的好奇心和求知欲。

在教学一元高次不等式和分式不等式的解法后,我指出其常规解法为序轴标根法,并总结道:

上联:移项、通分,因式分解求零点;

下联:画轴、标点,穿针引线得解集。

横批:奇穿偶回。

2. 式子对联

在教学对数的换底公式时,我通过总结如下的对联帮助学生进行记忆:

上联:$\log_a b = \dfrac{\log_c b}{\log_c a}$;

下联：$\dfrac{b}{a} = \dfrac{\dfrac{b}{c}}{\dfrac{a}{c}}$。

横批：换"底"公式。

3. 文字图形综合对联

在教学扇形的面积公式 $S = \dfrac{1}{2}lR$ 时，我借助下面这一对联帮助学生记忆公式：

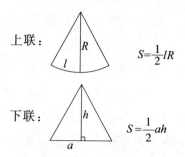

上联： $S = \dfrac{1}{2}lR$

下联： $S = \dfrac{1}{2}ah$

横批：以直代曲。

4. 表格对联

在教学等差数列和等比数列后，我引导学生把等差数列当成上联，把等比数列当成下联，利用表格，对两种数列的定义、通项公式、性质等进行对比分析（见下表）。学生发现，只要将等差数列的一个关系式（包括定义、通项公式、常用性质等）中的运算"＋"改为"×"，"－"改为"÷"，正整数倍改为正整数指数幂，相应地就得到等比数列中一个形式相同的关系式，反之也成立。这就说明这两者实质上是"同构"的，进而得出在学习等比数列时可以类比等差数列，将在等差数列中成立的结论进行推广，会得到许多类似的结论。这一方法常见于数学学习和生活的发明创造之中。在教学中，我就引导学生把分式与分数进行对比学习，把复数与实数进行对比学习，把立体几何与平面几何进行对比学习。

	等差数列（上联）	等比数列（下联）
定义	$a_{n+1} - a_n = d$	$\dfrac{a_{n+1}}{a_n} = q$

续表

	等差数列（上联）	等比数列（下联）
通项公式	$a_n = a_1 + (n-1)d$ $= a_m + (n-m)d$	$a_n = a_1 \cdot q^{n-1}$ $= a_m q^{n-m}$
中项	a、b、c 成等差数列 $\Leftrightarrow b$ 是 a、c 的等差中项 $\Leftrightarrow 2b = a+c$	a、b、c 成等比数列 $\Leftrightarrow b$ 是 a、c 的等比中项 $\Leftrightarrow b^2 = ac$
常用性质	(1) $a_1 + a_n = a_2 + a_{n-1} = a_3 + a_{n-2} = \cdots$； (2) $a_{n-k} + a_{n+k} = 2a_n$ $(n>k)$； (3) $m+n=k+l$ $(m, n, k, l \in \mathbb{N}^*)$， 则 $a_m + a_n = a_k + a_l$	(1) $a_1 \cdot a_n = a_2 \cdot a_{n-1} = a_3 \cdot a_{n-2} = \cdots$； (2) $a_{n-k}a_{n+k} = a_n^2$ $(n>k)$； (3) $m+n=k+l$ $(m, n, k, l \in \mathbb{N}^*)$， 则 $a_m a_n = a_k a_l$

学生在对联这潭活水中游弋，不仅开阔了视野，拓展了知识，而且提高了审美能力，给数学课带来了勃勃生机，真是"对对联对出新天地，学学问学来好方法"。

三、改编歌曲，寓教于乐

我连续带过五届文科班的学生，一开始，很多学生在数学学习上存在畏难情绪，对学好数学没有信心。在教学开始时，我设法让学生尽快进入自己的数学佳境，比如给他们讲周杰伦的故事。自从周杰伦出道后，他就成为许多中学生的偶像，但他在取得成功之前，也付出了很大的努力，可以说，周杰伦的成长经历就是一部很好的励志片。同时，我还结合数学知识，尝试将周杰伦的一些歌曲的歌词改编成数学版的，教给学生，有时在课堂上带领学生一起唱，激励学生学习数学，感悟数学之美。这样做很受学生喜爱，潜移默化中，他们胸中块垒既去，信念顿生，慢慢喜欢上数学，慢慢领略到数学的千种风情、万种魅力。

我先后改编了《稻香》《不能说的秘密》《江南》等歌曲，下面是数学版《稻香》的歌词：

对学习数学如果你有太多的抱怨，

没考好就不想继续好好学，

为什么你有这样的畏难情绪？

请你打开课本看看，
多少奇数妙形在里面，
轻松地学下去，
我们是不是该努力，
改变态度勇敢面对一切。
不要这么容易就想放弃，
就像我说的，
做不到的题目，
思考过不就得了，
为自己的学习鲜艳上色，
先请掀开数学的冷面具。
笑一个吧，
考试满分不是目的，
让自己快乐学习这才叫作意义！
茫茫的大宇宙，
不外乎就是些点线面体。
所谓的那快乐，
渐进线无限接近却永不相遇，
一尺之棰日取其半万世不竭。
谁在偷笑呢，
在趋向正无穷的日子，
快乐是可积的，哦哦
对你的祝福可导且大于零，哦哦
忧愁是可微的就不怕流泪，
改变态度勇敢面对一切。
还记得你说爱跟数字打交道，
加减乘除算尽世间纷扰，
快乐如小数循环终体会到；
不放弃在数形的世界里奔跑，
科学的皇后思维的体操，
用心去感受数学的奇妙。

德国教育家第斯多惠曾指出:"教学的艺术不在于传授的本领,而在于激励、唤醒、鼓舞。"事实证明,没有一个成功的教师是以彻底的知识传授者的面貌存在的,他们的经历、方法往往大相径庭,但他们往往都会将自我与所教授的知识相融合,如春风化雨般,用亲近自己内心的方式引导学生。在数学课堂上,如果多一些诗歌、多一些对联、多一些流行歌曲等元素,更能激发学生学习的兴趣,让诗歌之美、数学之美,沁入学生心中,在四肢百骸里流淌,那么,学生学起数学来自然就津津有味,兴趣倍增了。其实,每一个孩子心中都藏着一份自我实现的预言,只要他们的兴趣和潜能真正被激发起来,他们就能自行发掘学习的意义及快乐之处,于是,学习对孩子来说就是一件兴致盎然的事了。在此改编一首诗与大家共勉。

幸得数学教,数形皆奇妙。

立足在课堂,问题促思考。

知识诚可贵,思想价更高。

若为创新故,二者皆需要。

大道至简,宁朴勿华
——谈谈简约化教学下问题情境创设的有效途径及思考

简约化教学不是一种教学模式,而是一种教学理念。《现代汉语词典》对"简约"的解释是:简略;节俭。提倡简约化教学,就是倡导在教学中对教学目标和教学内容不贪多,教学方法不烦琐,追求"大道至简、宁朴勿华"的教学风格,达到以简驭繁、深入浅出的教学效果。

教育家陶行知先生曾说:"发明千千万,起点是一问;……智者问得巧,愚者问得笨。"可见,教学中对问题情境的创设是很重要的,也应是有技巧的。好的问题情境对于激发学生的兴趣,活跃课堂气氛,提高学生能力都起到积极的作用,同时有利于实施简约化教学。好的问题情境可以发挥学生的主体地位,引导学生养成自主探究、合作交流的学习习惯,使学生在解决问题的过程中感受、体验和理解所学知识,发展解决问题的技巧,建构新的知识体系,树立正确的学习观。

因此,问题情境创设应做到提"好问题"和"提好"问题,前者指的是在教学中根据教学的需要提出"好的问题",后者指的是在教学中要注重在恰当的时机"提好"问题。问题情境的创设应过程与结果并重,使之成为发展学生思维能力、提高课堂教学效率的有效途径。下面结合教学实践谈一谈简约化教学下问题情境创设的有效途径及思考。

一、问题情境创设的有效途径

1. 围绕教学内容,激发学生兴趣

求知欲对学习有神奇的内驱作用,能变无效为有效,化低效为高效。教师在教学中创设问题情境,让学生带着兴趣听课,往往能提高课堂教学的有效性。

例1》 教学"集合"的情境创设。

"上课!"

"起立!"

"老师好!"

"同学们好!"

此时,我并没有像往常那样说"同学们请坐",而是说"请所有的高个子站着,其余的同学坐下"。这时,有趣的现象发生了:有的同学立即就坐下了,有的同学先站着后来又坐下,有的同学坐下后又被旁边的同学叫着站起来,到最后就剩全班最高的那个同学站着。

我接着提问道:"为什么会出现这样的情形?"

学生回答:"因为不好确定多高才算高个子。"

"是的,在我们生活中,对高个子没有统一的标准。在有的人眼里,一米七以上的就是高个子,而在另外一些人眼里,一米八可能都算矮个子。同学们想一下,如果我说请一米七以上的同学站着,会出现这样的情况吗?"

"不会!"学生异口同声地回答。

"这就涉及我们今天要学习的集合、集合元素的确定性。"我板书课题,进入新课的教学。

设计意图:这是高一新生第一堂课导入环节的情境创设,结果表明,围绕教学内容,创设与学生生活实际相关的问题情境,巧妙地把新知融于问题情境中,可使学生"举手不及,跃而可获",在轻松、愉快的课堂氛围中经

历知识的生成过程，体会到思考与创造的快乐。

2. 针对易错知识点，善意提醒学生

学生的易错点，表明学生对这样的学习内容掌握比较模糊，教师针对易错点创设问题，帮助学生理解掌握知识，有时善意的提醒比严厉的批评和罚抄几遍的效果要好得多。

例2 "任意角和弧度制"的教学片段。

教学任意角后，为了强化新知，打破学生存在的思维误区和思维定势，我布置了这样一道计算题：时间由 12 点首次变到 13 点 15 分，时针转过的角度是多少度？学生的回答大多是 37.5°。讲评时，我对学生说："我们对角的概念进行推广后，就有正角、负角、零角之分，求一个角时，既要知道旋转量，又要知道旋转方向，旋转方向决定了角的正负，所以，遇到类似的问题时，不要迷失了方向！"一句"不要迷失了方向"让学生会心一笑，同时也对老师的善意提醒刻骨铭心，此后在解答类似的问题时都没有出现错误。

设计意图："体验式"学习概念，其效果远远大于"说教式""惩罚式"的诠释，"纸上得来终觉浅，绝知此事要躬行"，教师通过创设恰当的问题情境，让学生消除易错知识点，学生的体会是深刻的，从而加深了对概念的理解。

3. 突出学科本质，引发认知冲突

认知心理学认为：当学习者发现不能用头脑中已有的知识来解决一个新问题或发现新知识与头脑中已有的知识相悖时，就会产生"认知失衡"，因为人有保持认知平衡的倾向，所以"认知失衡"会导致"紧张感"。为了消除这种紧张的不舒服感觉，就会产生认知需要（内驱力），努力求知，萌发探索未知领域的强烈愿望。好的问题情境就像一颗种子，能够生根发芽，开花结果。所以问题情境创设要精心设计，要下足功夫，要抓住要害问题，突出学科的本质，引发学生强烈的认知冲突，让学生充分地想、深刻地想，把道理想出来，结果无论正确与否都是有意义的。

例3 教学"用二分法求方程的近似解"的情境创设。

我创设了下面的问题情境：

在开学回学校的火车上，我遇到一对母女，她们做猜数游戏，妈妈想一个 1 到 100 之间的整数让女儿猜，要求尽量用最少的次数猜出这个数，妈妈每次的回答是"高了""低了"或者"对了"。现在老师准备了几张卡片,每张上面写了一个 1 到 100 之间的整数,我任意取出一张,谁来猜一下这个数?

猜数游戏结束后,师提问:上述猜数游戏中,你能说出快速猜出数的道理吗?你认为最关键的地方在哪里?

生:关键是要知道数的范围,然后逐步逼近要猜的数。

师:托尔斯泰曾说过,凡是伟大的,必定简单。有时,简单的问题往往蕴含着深刻的道理,今天我们就学习利用上面猜数活动蕴含的数学思想解决与方程的根有关的问题。

设计意图:通过学生身边的游戏,并结合教学重点创设问题情境,不仅节省了时间,而且凸显了学科知识本质,提高了课堂教学的有效性,让学生在独立思考的基础上发表个人意见,并通过全班交流互相补充、相互启发,使每个学生都加深对知识的理解。华罗庚说过:"独立思考能力是科学研究和创造发明的一项必备才能。"要让学生真正领会和掌握所学知识,最好的办法是让他们回到真实环境中去积极体验和感受新知的构建过程。

4. 利用问题驱动,培养创新能力

教师创设好情境,搭建好平台,利用问题引导学生积极主动地去观察、去思考、去分析,就能点燃学生的热情,培养学生的创新能力,学生就会回报教师以惊喜。

例4 "方程的根与函数的零点"教学片段。

引导学生得出零点存在定理:

若函数 $f(x)$ 在 $[a, b]$ 上的图象是连续不断的一条曲线,且 $f(a) \cdot f(b) < 0$,那么函数 $f(x)$ 在 (a, b) 内有零点,即存在 $c \in (a, b)$,使得 $f(c) = 0$,这个 c 也就是 $f(x) = 0$ 的根。

师:这里"函数 $f(x)$ 在 (a, b) 内有零点",你能确定有多少个零点吗?

生:不能确定,但是至少有一个!

师:同学们,你们能不能画图说明满足条件的函数 $f(x)$ 在区间 (a, b) 内恰有一个,两个,三个,……,无数个零点的情形?

学生探究得出:

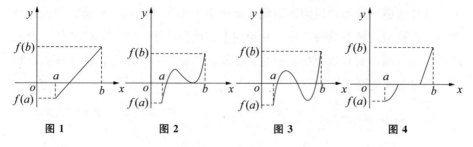

图 1　　　　　图 2　　　　　图 3　　　　　图 4

师：你们能给每个图形取一个比较贴切的名字吗？

最终达成共识，图1命名为"直线穿越式"，图2命名为"蜻蜓点水式"，图3命名为"弹簧式"，图4命名为"水上漂式"。

设计意图："成长动机说"认为，每个人都潜藏着"自我实现的创造力"。教师通过设置问题，激励学生参与学习过程，参与发现，学生在问题驱动下进行学习，发展创新思维。

5. 渗透数学文化，感悟数学之美

例5　教学"变量间的相关关系"的情境创设。

我以下面的问题引入课题：

在学校里，老师对学生经常这样说："如果你的数学成绩好，那么你的物理学习就不会有什么大问题。按照这种说法，似乎学生的物理成绩与数学成绩之间存在着一种相关关系，这种说法有没有根据呢？"为了更好地研究上述问题，今天我们学习变量之间的相关关系。类比常说的"吸烟有害健康""名师出高徒"，你能举出更多的描述两个变量的相关关系的例子或成语吗？

生1：粮食产量与施肥量；

生2：父亲身高与儿子的身高；

生3：瑞雪兆丰年；

生4：虎父无犬子；

生5：歹竹出好笋（闽南俗语）；

……

在教学中，我把学生3、4、5的答案板书在"名师出高徒"的下方，无意中生成三对精妙绝伦的对联，呈现出数学的对称之美，特别是学生5结合本地生活实际给出的答案，更是令人拍案叫绝。

设计意图：教师创设问题情境，要求学生举出描述两个变量的相关关系的例子，没想到精彩意外生成。从琅琅上口的俗语中，学生不仅能体会到浓厚的文化氛围，而且能更好地感受数学知识，体验数学之美，从而喜欢上数学，学习起来就会事半功倍。

二、教学思考

1. "为学习设计教学"

数学教材中的知识往往被教材编写者"标本化"，也就失去了生气与活力，而课程标准对教材的编写和课程资源的开发极为重视，使教师从教材的被动执行者变为教材的主动开发者。教师要从自己面临的现实情境和客观条件出发，充分理解课改精神，"为学习设计教学"，通过创设问题情境，还数学以自然，恢复数学知识的生气。这不仅有助于学生数学知识的学习，也有利于引发学生的情感体验，激发学生的内在驱动力。

一位德国学者曾打过一个精妙的比喻：将15克盐放在你面前，无论如何你难以下咽，但当将15克盐放入一碗美味可口的汤中，你却在享用佳肴的同时，将15克盐全部吸收了。问题好比盐，情境犹如美味可口的汤。情境，只有溶入问题才能显现其活力；问题，只有源于情境才能显示其魅力。教学中创设合理的问题情境，往往会一石激起千层浪，引发学生独立思考、质疑问难，进而养成良好的学习习惯，而良好的学习习惯将对学生的学习与生活产生深远影响。

2. "用教科书教，而不是教教科书"

数学教学的最终目的是学生的整体发展。学生在未来会遇到许多不同的挑战，对于绝大多数学生而言，就业后根本不需要解纯粹的数学题（除了参加数学考试），数学转化为一种能力，更多的时候是需要"数学地思考"，即在面临各种问题（特别是非数学问题）时，能够从数学的角度去思考、去解决，即使学生"学会思维"。因此，教师可以适当增删教材中的教学内容，也可以对教材知识的呈现方式，或者教学方式等进行改革。教师要重视教材，把握教材，积极思考。但是，重视和把握教材，不等于以掌握教材内容为目的的"教教材"，而应充分发掘和利用教材的各种教育和教学资源"用教材教"。

教学方法的改进在于一点一滴之间，教师根据学生的"最近发展区"精心创设问题情境，激发学生的学习热情，教学就会进入良性循环，问题情境的创设就会成为简约化课堂教学中一道亮丽的风景，教师也就从真正意义上做到了"用教科书教，而不是教教科书"！

浅谈将数学史知识融入数学课堂教学的途径

社会科技发展到现在，数学在各个领域的重要作用和贡献是毋庸置疑的，但是在中学生中，仍然有不少人觉得数学是无用的，数学知识是冰冷无情的，一切都已经发现好了的。英国数学家和天文学家格莱歇尔曾指出："如果试图将一门学科和它的历史割裂开来，那么没有哪门学科会比数学的损失更大。"因此，教师如果根据教学内容将数学史知识融入课堂教学，就可以把学生置于一个开放的、生动活泼的、充满人情味的而且总是饶有趣味的数学课堂，进而提高学生学习数学的积极性，增强教学效率。下面谈一谈将数学史知识融入数学课堂教学的一些途径，以期起到抛砖引玉的作用。

一、将数学史融入情景创设中

数学教学是需要情境的，但是什么样的情境进入课堂，不仅取决于教学内容，也取决于教师的教育观念。情境创设可以充分考虑数学知识产生的背景和发展的历史，而用数学史实作为素材创设问题情境，不仅有助于数学知识的学习，也有利于引发学生的情感体验，激发学生的内在驱动力。

1. 说故事

例1》 坐标系的教学可以从讲故事着手。

教学坐标系的时候，我们可以对学生讲下面的故事：

有一天，笛卡尔生病卧床，但他没有入睡，大脑一直在反复思考一个问题：几何图形是直观的，而代数方程则比较抽象，能不能用几何图形来表示方程呢？这里，关键是如何把组成几何图形的点和满足方程的每一组"数"挂上钩。他不断琢磨通过什么办法，才能把"点"和"数"联系起来。突然，他看见屋顶墙角中的一只蜘蛛，拉着丝垂了下来，一会儿，蜘蛛又顺着丝爬上去，在上边左右拉丝。蜘蛛的"表演"，使笛卡尔思路豁然开朗。他想，可以把蜘蛛看作一个点，它在屋子里可以上、下、左、右运动，能不能把蜘蛛的每个位置用一组数确定下来呢？他又想，屋子里相邻的两面墙与地面相交出了三条线，如果把地面上的墙角作为起点，把那三条线作为三根数轴，那么空间中任意一点的位置，不是都可以用这三根数轴上找到的有顺序的三个数来表示吗？反过来，任意给一组三个有顺序的数，例如（3，2，1），也可以用空间中的一个点 P 来表示。同样，用一组数（a，b）可以表示平面上的一个点，平面上的一个点也可以用一组两个有顺序的数来表示。于是在蜘蛛的启示下，笛卡尔创建了一门新的学科——解析几何。

2. 介绍数学家或数学界的趣闻轶事

介绍数学家的生平或数学界的趣闻轶事，不仅能大大激发学生的学习兴趣，而且可以从另一个侧面让学生感悟数学思想方法，学习数学家在数学探索的道路上不畏艰难、勇于进取的精神。

例2 无理数的教学可以介绍下面的故事。

公元前六世纪，希腊数学家毕达哥拉斯发现了勾股定理，即：在直角三角形中，两条直角边的平方和等于斜边的平方。这种发现，在当时仅局限于直角三角形的三条边是整数和分数的情形，但是他的学生希伯斯应用这个定理，研究了边长为1的正方形的对角线的长$\sqrt{2}$，发现它既非整数，又非分数，而是一个无限不循环小数 1.414…，这是世界上最早发现的无理数。

毕达哥拉斯的基本观点之一是"万物皆数"，又认为数就是正整数，正整数也就是组成物质的基本粒子——原子，分数是两个整数的比，除此之外，不可能再有其他的数了。因此，希伯斯的发现和这个学派的错误信条相抵触，这在当时来说，是万万不会被允许的。学派内的一些人对他施加压力，竭力封锁他的发现，但希伯斯面对真理，不畏强权，坚持宣传自己的观点，最后被抛入大海中淹死了。

今天，我们学习无理数时，应该怀着敬意来纪念这位英勇的数学家，而且，从无理数的发现过程中我们也可以得到一些有益的启示。

第一，学习数学要有坚强的意志，勇于创新的精神。创新是数学的生命，生产实践的需要给数学提出了大量的课题，要求数学不断前进、不断创新。数学发展的必然途径，就是在继承的基础上不断创新。许多数学巨人之所以取得伟大的成就，正由于他们有着坚强的意志，克服常人难以想象的重重困难，顽强拼搏勇于创新。

第二，学习数学要有追求真理，坚持真理的品质。爱因斯坦曾说过："对真理和知识的追求并为之奋斗是人的最高品质之一。"可以说整个数学发展的过程，就是历代数学家为追求真理、坚持真理、捍卫真理进行不断斗争的过程，他们表现出来的追求真理的强烈愿望，批判传统思想、习俗和偏见的态度，向权威挑战的勇气，都为我们树立了学习的榜样。

听完我的话，学生若有所悟，陷入了深思。这对学生而言既有学习兴趣的激发，又有探究意识的肯定，还有人文精神的培养，收到了良好的教学效果。

二、将数学史融入到数学符号的教学中

数学符号是无声的音符，谱写出一曲曲动听的数学乐章。数学符号的重要性，就像识字之于写文章一样，不懂数学符号就无法学习数学和研究数学。数学符号的产生和发展是一部动人的历史，每一个符号的背后都有一个美丽的故事。

例3》 复数符号的引入可以从已有的概念符号入手。

复数概念的教学可以让学生先回顾已经历过的几次数集扩充的事实：正整数→自然数→非负有理数→有理数→实数。然后教师提出问题：上述数集扩充的原因及其规律如何？事实上，数集的每次扩充遵循如下规律：

（1）每次扩充都增加了新元素；

（2）在原数集内成立的运算规律，在数集扩充后的更大范围内仍然成立；

（3）扩充后的新数集里能解决原数集不能解决的某些问题。

有了上述准备后，教师提出问题：负数不能开平方的事实说明实数集不够完善，因而有了将实数集扩充为一个更为完整的数集的必要性。那么，怎样解决这个问题呢？教师利用幻灯片呈现数学史上复数概念的产生遇到的困难和科学家们的解决思路，借鉴上述规律，为了扩充实数集引入新元素 i，这样学生对 i 的引入不会感到疑惑，对复数集概念的建立也不会觉得突然，使学生的思维很自然地步入知识发生和形成的轨道中，为概念的理解和进一

步研究奠定基础。

我们现在看来平凡的数字和数学符号都经历了几百甚至几千年的形成过程，鉴于教学时间的限制，教师可以在学习新的符号之前把该符号的发展历史、形成过程等材料准备好让学生自己阅读，也可以让学生自己收集，对于高年级的学生还可以课后进行交流。

三、将数学史融入数学概念的教学中

数学发展史告诉我们，每一个重要的数学概念的形成和发展，都要经历很长的时间。数学家花了约一千年才理解负数，花了几千年才理解无理数，花了三百年才理解复数；从伽利略到狄利克雷，数学家一直绞尽脑汁去理解函数的概念；从古代埃及人和巴比伦人开始到韦达和笛卡儿之前，没有一个数学家意识到字母可用来代表一类数……这些都充满着人类不断探索和对真理不懈追求的精神，因此，在概念教学中，教师可以从数学概念发展史的过程中，借鉴对教学有价值的内容，充分调动学生头脑中相关的知识和生活经验，再创造生成新的概念。

1. 在学习某些数学概念时，让学生先了解它的发展历史

例4 在函数概念的教学中遵循历史的足迹，比较函数概念在各个时期的变化。

教师课前组织学生分小组查资料，解决如下问题：

（1）在初中课程中函数概念如何定义的？

（2）在高中课程中函数概念如何定义的？

（3）上网查询有关"函数概念"的资料，看一下函数发展过程中一共有几个定义？分别是谁提出的？提出的背景是什么？

函数概念形成与发展前后经历了三百多年，凝聚了无数数学家的智慧和心血。学生学习起来必定会遇到一些困难，教师除了要讲清概念的内涵和外延，介绍概念的起源与发展也是十分必要的。课前先让学生进行一些资料的查阅，对函数概念有一些初步的认识，课堂上教师再进行适当引导，学生理解起来就会轻松许多。大家公认的函数概念是由莱布尼茨最先引进数学的，用来表示"曲线上的点的横坐标、纵坐标、切线长度的量"。后来，瑞士数学家约翰·贝努利把它扩张为"由变数 x 和常数所构成的式子，叫 x 的函

数",即达朗贝尔的"解析式"。欧拉曾提出"几何上能用曲线表示"的观点。黎曼提出"作为一种规律,根据它由自变量的值确定因变量的值"。而课本中采用的是"对应说"。学生了解了函数概念的演变过程,也就理解了函数概念的性质——数集间的一种对应关系,"解析式""几何上能用曲线表示"等只不过是这种关系的特殊形式。同时学生在获得概念的认识活动中还体验到了数学抽象过程是怎样完成的,透过概念的抽象规定,具体感受数学认识活动的实质,将间接经验转换为自身的数学思维能力,从根本上理解函数概念何以这样规定,从而达到对数学概念的深层理解。克莱因说过:"我坚信历史顺序是教学的指南。我们无需完完全全追随历史,但如果大数学家在作出某些创造时遇到困难,我们的学生也必会遇到。"

2. 适当选取数学历史名题,让学生感受数学文化,激发学生学习兴趣

例5》 等差数列求和公式的教学。

在教学等差数列的求和公式时,可以选取南北朝时期《张丘建算经》中给出的两个等差数列的例子:

"今有女子不善织布,逐日所织布以同数递减,初日织五尺,末一日织一尺,计织三十日,问共织几何?"

"今有女子善织布,逐日所织布以同数递增,初日织五尺,计织三十日,共计织布三丈九尺,问日增几何?"

这两个问题的解决正是等差数列求和公式的应用和变形。在解决这两个问题后,教师可以简单介绍我国古代数学对数列求和的贡献——《周髀算经》里谈到"没日影"时,已经出现了简单的等差数列,《九章算术》中的一些问题反映出当时已形成了数列求和的简单概念,而《张丘建算经》中已经出现了与现在公式相当的算法。

例6》 勾股定理的教学。

在勾股定理的教学中,可以选取《九章算术》中的"折竹问题":"今有竹高一丈,末折抵地,去根三尺,问折者高几何?"这样可以激发学生爱数学、学数学的热情。

四、在数学课堂中将数学史上的多种方法进行比较教学

著名科学家巴甫洛夫指出:方法是最主要和最基本的东西,一切都在于

良好的方法，有了良好的方法，即使是没有多大才干的人也能取得许多成就。数学教学必须使学生明白，任何方法仅仅是许许多多的方法之中的一个，如勾股定理，就有面积证法、弦图证法、比例证法等近 400 种方法；求解一元二次方程，历史上就有几何方法、特殊值代入法、逐次逼近法、试位法、反演法、十字相乘法和公式法等；求不规则图形的面积，历史上也有德谟克利特法、穷竭法、割圆法、平衡法、开普勒法和沃利斯法以及现代的微积分方法。通过搜集比较历史上某些问题解答的不同方法，不仅能使学生更好地领会每种方法的内在本质，而且能把学生培养得知识面宽、有能力、有信心、灵活多变。

五、以数学名题为背景编制数学试题

世界数学名题是数学大师们智慧的沉淀，其蕴含的独特构思、创造性思维技巧以及精彩的结论都堪称数学中的瑰宝。在中学数学课堂教学中，适当引入以数学名题为背景的试题，将富含价值的名题改编成试题，能让学生领会数学的美妙，提高学生的数学思维能力，对学生感受数学文化有积极的促进作用。

例7 （2009 年湖北高考）已知数列 $\{a_n\}$ 满足：$a_1=m$（m 为正整数），$a_{n+1}=\begin{cases} \dfrac{a_n}{2}, & \text{当 } a_n \text{ 为偶数时；} \\ 3a_n+1, & \text{当 } a_n \text{ 为奇数时。} \end{cases}$ 若 $a_6=1$，则 m 所有可能的取值为_____。

此题的背景就是"$3n+1$ 问题"（克拉茨猜想、舒拉古猜想或角谷猜想）：给定一个正整数 n，如果 n 是偶数就除以 2 变成 $\dfrac{n}{2}$，如果 n 是奇数就乘以 3 再加 1 变成 $3n+1$，不断地重复这两种运算，则有限步后均可回到 1。

本题中数列的构造取之于"$3n+1$ 问题"，该问题看起来很简单，但大数学家埃尔多斯谈到它时说道："数学还没有发展到解决这种问题的水平。"虽然数学家们至今没有找到有效的解决方法，但是该问题所蕴含的迭代思想是造题的好材料。

华罗庚曾说："命题比解题更难。"对名题进行改造时，首先要以试题的考查目的为基本原则；其次要保证改造推广后试题的科学性，避免出现知识

性错误;最后要仔细研究试题的语言表达,应做到简洁、精练,保证学生没有理解题意的障碍。编制时可适当增加试题的趣味性,这样能够命制出兼具趣味性与科学严谨性的好试题。

"程序框图与算法的基本逻辑结构(一)"教学设计

一、教学任务分析

(1)掌握程序框图的概念;了解常用程序框图符号(输入输出框、处理框、判断框、起止框、流程线等)的意义。

(2)掌握顺序结构、条件结构,能正确画出程序框图。

(3)在学习用程序框图描述算法的过程中,使学生学会有逻辑地、创造性地思考,学会使用数学语言表达与交流,成为善于认识和解决问题的人才。

二、教学重点与难点

教学重点:程序框图的图形符号、算法的基本逻辑结构及应用。
教学难点:算法的条件结构在实际生活中的运用。

三、教学用具

多媒体课件(PPT)。

四、教学情境设计

1. 设计问题,创设情境

问题1:大家好!非常高兴能和大家一起学习今天的知识,老师来自厦门大学附属实验中学,我之前设计的坐动车来到学校的方案如下(简称"方案一"):

第一步:从家乘车到厦门北站。
第二步:从厦门北站乘动车到深圳北站。
第三步:从深圳北站乘动车到广州南站。

第四步：从广州南站乘车到中山一中。

请问这里是用什么形式表示解决问题的算法的？

设计意图：引导学生体会算法的基本思想：完成每一件工作，都需要有一个清晰的思路，一步一步地去完成；用自然语言表示的算法步骤有明确的顺序性，解决问题的基本思想并不复杂，但是叙述起来很繁琐。同时为后继引入"条件结构"作预设与铺垫。

问题 2："判断整数 n（$n>2$）是否为质数"的算法怎么描述。

教师利用 PPT 投影出示算法步骤：

第一步，给定大于 2 的整数 n。

第二步，令 $i=2$。

第三步，用 i 除 n，得到余数 r。

第四步，判断 "$r=0$" 是否成立。若是，则 n 不是质数，结束算法；否则，将 i 的值增加 1，仍用 i 表示。

第五步，判断 "$i>(n-1)$" 是否成立。若是，则 n 是质数，结束算法；否则，返回第三步。

教师点评：上述算法的优点是能把问题说清楚，把解决问题的算理说清楚，让我们知道什么东西是变的，什么东西是不变的；缺点是不能将算法清晰直观地描述出来。

2. 问题驱动，学习新知

问题 3：面对"复杂"的算法，我们应该有智慧数学地把它表示出来。那有没有更加清晰和直观的表示方法呢？

师：我们知道，数学的语言有自然语言、图表语言和符号语言，数学中一般用程序框图来直观地表示算法。（板书课题）

问题 4：观察"判断整数 n（$n>2$）是否为质数"的程序框图，它的构成要素有哪些？

师：有时"一幅图胜过一千个字"！程序框图的特点是直观、清楚，便于检查和交流。就像开车要清楚各种交通标志一样，识图和用图是算法学习中的基本能力。那么程序框图的构成要素有哪些？各自又有什么功能呢？

学生思考，讨论，回答问题。

师：程序框表示各种操作的类型，程序框中的文字表示操作的内容，流程线表示操作的先后次序。

师：说说各种不同的程序框的进入点和退出点的个数。

生：除判断框外，其他程序框只有一个进入点和退出点，判断框是唯一一个具有超过一个退出点的程序框。

设计意图：引导学生认识程序框图是由一些程序框和流程线组成的。

问题5：从程序框图中可以看出，该算法步骤有哪些不同的执行方式？

生：从程序框图中可以看出，该算法步骤中，有些是按顺序执行，有些需选择执行，而另外一些需循环执行。

师：用程序框图表示算法时，算法的逻辑结构展现得非常清楚。事实上，算法都可以由顺序结构、选择结构和循环结构这三块"积木"通过组合和嵌套表达出来。流程图可以帮助我们更方便更直观地表示这三种基本的算法逻辑结构。

设计意图：引导学生认识任何一个算法都可以由这三种基本逻辑结构构成，程序框图由表示这三种基本逻辑结构的图形构成。

3. 运用新知，解决问题

问题6：已知一个三角形三条边的边长分别为 a、b、c，你能利用海伦-秦九韶公式设计一个计算三角形面积的算法，并画出程序框图吗？

学生练习，教师展示学生作业。

师生总结得出画程序框图的基本步骤如下：

第一步，用自然语言将算法步骤表述出来；

第二步，根据算法步骤画出程序框图；

第三步，将所有步骤的程序框图用流程线连接起来并加上终端框，得到表示算法的程序框图。

设计意图：通过问题6使学生"感悟"算法的思想，引导学生初步得出画程序框图的基本步骤。

问题7：你能把"方案一"的算法步骤用程序框图表示出来吗？

生思考、操作，师展示学生成果。

设计意图：让学生学会模仿，通过模仿进一步地感受；在此基础上亲自操作，去画算法的程序框图。

问题8：从广州到北京旅游，你打算借助哪种交通工具？

教师利用PPT呈现材料：步行→自行车→汽车→火车→动车→飞机。

提问：从广州到北京旅游，你打算借助哪种交通工具？

师：事实上，老师还预设了来到学校的第二种方案（简称"方案二"）：

第一步，从家乘车到厦门机场。

第二步，乘机到达广州机场。

第三步，从广州机场乘车到学校。

师：方案一和方案二，就是根据不同的交通工具作出的选择。在设计算法时，有些问题需要按给定的条件进行分析、比较和判断，并按判断的不同情况进行不同的操作，这类问题的实现就要用到条件结构。用流程图描述条件结构时，判定条件用菱形来表示，如图所示：

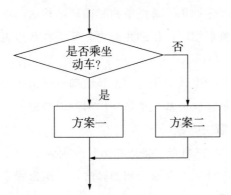

"一般化"后，得到：

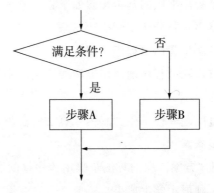

师：在上图中，只能执行 A 和 B 之一，不可能既执行 A，又执行 B，但 A 和 B 两个框中可以有一个是空的，不执行任何操作（见下页图）。

问题9：你能设计一个求实数 a 的绝对值的算法，并画出程序框图吗？

教师启发学生，师生共同完成问题的程序框图。

设计意图：让学生熟悉条件结构的特点，突出学生学习的主体性。

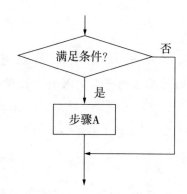

问题 10：任意给定 3 个正实数，你能设计一个算法，判断以这 3 个正实数为三边边长的三角形是否存在，并画出程序框图吗？

学生练习，教师展示学生作业。

设计意图：运用新知解决问题，培养学生独立分析、解决问题的能力。

4. 反思小结，深化认识

问题 11：这节课我们学习了哪些知识和方法？通过这节课的学习，你有哪些体会和感悟？

学生交流汇报，教师适时通过追问予以强调和明晰。

设计意图：有效的课堂小结，不是老师包办代替，而是学生自己归纳总结。通过问题 11 引导学生小结本课所学的基础知识和基本思想方法，更重视对研究方法的反思和感悟。

5. 布置作业，巩固提高

课本习题 1.1A 组第 1、3 题。

附加题：下面是某公司的招聘流程图，请把这个图中展示的过程写成一段话，要求内容完整，表述准确，语言连贯，80 个字左右。

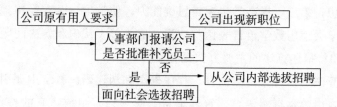

在数学知识学习中提升学生的数学核心素养
——由"算法初步"的教材与教学说起

一、学习内容解析

章建跃博士曾经指出,任何一门学科的教师在备课、上课等工作中,都有一些基本问题需要思考和回答:

(1)我教的是一门怎样的课?

(2)它能发挥怎样的育人功能,在学生发展中所起的不可替代的作用是什么?

(3)如何教这门课?应采取怎样的教学策略?

(4)这样教在多大程度上实现了它的育人功能?

为让"简单内容"教得深刻,我带着这些问题认真学习了《普通高中数学课程标准(实验)》《走进高中数学新课程》等关于"算法初步"的内容,在备课时重点思考了以下问题并尝试进行回答。

问题1:什么是算法?

算法包括数值算法和非数值算法(如发邮件、做眼保健操、空调使用等),教材中主要讨论计算机能实现的算法——一类问题的机械的、统一的求解方法。

问题2:学习算法的目的是什么?

第一,有助于全面理解运算能力;第二,使学生体会算法的思想,培养程序化思想;第三,提高学生逻辑思维能力,使学生学会有逻辑地、创造性地思考,学会使用数学语言表达与交流,成为善于认识和解决问题的人才。

问题3:描述算法的主要方式是什么?

描述算法的语言有自然语言、程序框图和伪代码。教学中要引导学生认识数学语言由数学自然语言、符号语言、图形语言组成,它的特点是准确、清晰、简洁。数学符号、图形(表格)又是一个系统,彼此联系,学生不能很快习惯,需要指导,不能急于求成。

问题 4：为什么要学习程序框图？

为了有条理地、清晰地表达算法，往往需要将解决问题的过程整理成程序框图。美国数学家斯蒂恩说过："如果一个特定的问题可以转化为一个图形，那么思维就整体地把握了问题。"史宁中教授指出，数学直观是一个人长期进行数学思维而形成的，是逐渐养成的一种思维习惯。这种思维习惯日积月累就形成了数学素养。在这个意义上，所有学科都应当把培养学科的直观作为这个学科的终结培养目标。面对"复杂"的算法，我们应该有智慧数学地把它表示出来，引入程序框图的作用在于：（1）能加强数学语言的简洁性、直观性；（2）使算法更加精准。因此，利用程序框图描述算法有利于增强直观性，培养学生的数学直观。

数学的本质是自由。（康托语）引入程序框图描述算法，潜蕴着丰富的自由思维，我们不应只看到它的历史规定性，更应看到其源头闪烁着人类的自由思维。教学中要让学生感受到程序框图不仅仅是一种人为规定，更多的是一种理性思考，它体现了高级的便捷替代低级的麻烦。因为数学教学不仅仅是为了解决某个具体问题，更需要思考如何解决一类问题，更大的一类问题。这非常有助于学生学会数学思考，感悟理性精神。

问题 5：程序框图是如何使算法更精准的？

精准，是数学科学的主要特征。用"约定俗成"的框图表示算法，其本质就是"统一"，一是便于交流，二是使算法的表述更直观、准确，逻辑结构更清楚，凸显出数学语言的力量，展示了数学方法的威力，体现了数学学科"精益求精"的"工匠精神"。

问题 6：中国古代数学中典型的算法案例有哪些？

中国古代数学以算法见长，通过学习和阅读中国古代数学中的算法案例，如更相减损法（辗转相减法）、秦九韶算法、孙子定理等，有助于体会中国古代数学对世界数学发展的贡献。

二、对课堂教学的思考

章建跃博士在第九届全国初中青年数学教师优秀课展示与培训活动的总结报告中指出了当下数学教学中需要注意的一些问题，其中就谈到开课阶段创设的情境过分依赖于生活现实，而忽略了数学现实。作为必要的纠偏，我们应该重视着眼于数学现实的数学课堂情境创设的实践与研究。情境选择的基本原则是便于理解学习内容和要完成的任务，循序渐进，进而考虑激发学生的兴趣和热情。

问题 7：本节课常见的导入方式有哪些？

情境导入：我们都喜欢外出旅游，优美的风景美不胜收，如果迷了路就不好玩了，问路有时还是不明所以，能急死个人。有的同学说，买张旅游图不就好了吗？所以外出旅游先要准备好旅游图。旅游图看起来直观、准确。本节将探究使算法表达得更加直观、准确的方法。今天我们开始学习程序框图。

直接导入：用自然语言表示的算法步骤有明显的顺序性，但是对于在一定条件下才会被执行的步骤，以及在一定条件下会被重复执行的步骤，自然语言的表示就显得困难，而且不直观、不准确。因此有必要探究使算法表达得更加直观、准确的方法。今天开始学习程序框图。

我最初拟用的导入问题是：

某公司因发展需要拟开展招聘工作，下面是公司甲、乙两人对招聘流程的设计方案，请对两人的设计结果作出评价。

甲方案：结合公司原有用人要求及公司出现新职位的情况，由人事部门报请公司是否批准补充职工。如果公司批准，则面向社会公开招聘；如果公司没有批准，则从公司内部选拔招聘。

乙方案：

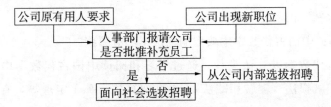

由于上述"框图"与教材有区别，为避免学生先入为主导致混淆而未选用，便留给学生课后思考，目的是让学生体会今后数学考试中的新题型——探究题（建模、作文题）。这里略举一例，如：请以"复数"为题，写一篇500字左右的短文。

最终以我来到中山一中学校的"算法"描述导入新课，这个问题通俗易懂，有助于学生温故知新，降低学习难度；同时，也是一个能关联前后、互通上下的数学问题,为后继引入"条件结构"作必要的渗透与准备,使整节课不同教学环节之间的过渡与转场更加自然。

问题 8:怎样呈现程序框图的构成要素?

以学生熟悉的"判断整数 n($n>2$)是否为质数"的程序框图为例,用意是让学生对程序框图有一个整体认识,为算法的基本逻辑结构的学习构建一个平台,而不是期望学生一开始就能理解每一个细节。这样的教学不仅让学生从获得数学事实开始,同时"示以学生思维之道",让学生经历完整的"获得对象—研究性质—应用拓展"过程,使学生学会思考,能用数学的方式认识问题和解决问题,进一步感受数学知识的智慧和力量。

问题 9:如何认识条件结构?

在数学上对应分类,例如计算实数 a 的绝对值。在生活中对应选择,如呈现材料:步行→自行车→汽车→火车→动车→飞机。提问:从广州到北京旅游,你打算借助哪种交通工具?

三、对核心素养时代数学教学的思考

林崇德教授指出,核心素养是学生在接受相应学段的教育过程中,逐步形成的适应个人终身发展和社会发展需要的必备品格与关键能力。那什么是数学核心素养?数学核心素养是具有数学基本特征的适应个人终身发展和社会发展需要的人的关键能力与思维品质,其本质就是描述一个人经过数学教育后应当具有的数学特质。

数学学科育人的核心任务是对学生进行数学的思维和语言的教育,即通过数学的阅读、运算、推理和表达的训练,使学生正确理解数学知识,形成用数学知识合理解释直至创造性地解决问题的能力。教学中,教师要善于变"习题"为"问题",变"问题"为"课题",变"讲授"为"悟道",让学生的学习更主动、更自由,使学生通过自己的思考、探究、揣摩,悟出数学学习之道,提高学科素养。经验告诉我们,有时教师讲得越多,学生越不明白,而让学生自悟自得,效果会更好,这就需要教师通过非常巧妙、到位的设计和智慧的引导,回归数学教育的本真——为发展学生的核心素养而教。

例如,判断以 3 个任意给定的正实数为三边边长的三角形是否存在,只需验证这 3 个数中任意两个数的和是否大于第三个数,学生最容易忽视的就

是对"任意"的理解。生1回答道:"若$a+b>c$,则存在这样的三角形;否则,不存在这样的三角形。"这时我追问:"同学们,她的回答对吗?有没有把道理讲清楚?"生2回答说:"比如三个正实数1、2、8满足$2+8>1$,但是以1、2、8为三边的三角形不存在,因此应改成若$a+b>c$,$b+c>a$,$c+a>b$同时成立,则存在这样的三角形;否则,不存在这样的三角形。"我评价说:"这位同学通过举例否定了前面同学的结论,这是数学中常用的方法——要说明一个命题是错误的,只要举一个反例就可以了,同时也把判断三角形是否存在的道理讲清楚了。"教学实践中,学生每回答一个问题、每说一句话等等,都可能隐藏着亮点与契机,是我们老师大有作为的地方。试想,如果生1回答后,教师直接告知答案,就不会有后面的精彩生成。

课堂上我还充分利用评价手段激活每一位学生。例如,师生共同总结画程序框图的一般步骤时,对第三步"将所有步骤的程序框用流程线连接起来并加上起止框,得到表示算法的程序框图",我指出,这就叫"善始善终",套用时下流行的一句话,就是"不忘初心,方得始终"。这让学生会心一笑,同时也对老师的善意提醒刻骨铭心,此后解答问题时都没有出现错误。

学生提升数学核心素养依赖于经验的积累,最有学科价值的东西应该让学生自己思考得出(章建跃语)。教学中要抓住数学内容的本质,根据学生"最近发展区"创设问题情境,让每一个学生领到合适的任务,在问题驱动下,"跳一跳,够得着",实实在在地做一些事情,使学生回到真实环境中去积极体验和感受新知的构建过程。教师课堂上的任务则是透过书本知识,引导学生发现隐藏在知识背后的深刻思想,这才是真正的教育。

四、写在最后

核心素养意味着课堂的根本转型,我们不仅要做到"六要六不要"(要教书育人,不要以教代育;要与时俱进,不要因循守旧;要以研促教,不要教研分离;要积极参与,不要盲目跟从;要合作交流,不要闭门造车;要拓展视野,不要固步自封),更要常常联系12333445566:

一项基础工程:抓阅读。(章建跃博士指出不会阅读数学课本是制约我国学生核心素养发展的一个瓶颈。)

两个学习过程:从薄到厚、从厚到薄。(我国著名数学家华罗庚反复强调：能把书读厚，又能把书读薄，读薄就是抓住本质，抓住重点。抓住本质，才能更好地理解和提升数学核心素养。）

三种常用语言：自然语言、图形语言、符号语言。

三条知识主线：函数与应用、几何与代数、统计与概率。

三会数学应用：会用数学的眼光观察世界、会用数学的思维思考世界、会用数学的语言表达世界。（这就是数学核心素养的本质。）

四项基本要求：基本知识、基本技能、基本思想方法、基本活动经验。

四种能力培养：发现问题、提出问题、分析问题、解决问题。

五种层次考试：高中学业水平考试、高考、针对不同学校的选学考试、自主招生考试、CAP课程考试。

五类选修课程：A、B、C、D、E。

六大核心素养：数学抽象、逻辑推理、数学运算、直观想象、数学建模、数据分析。

六种考试题型：选择题、填空题、判断题、解答题、分析题（数据分析、逻辑分析）、探究题（建模、作文）。

失败是人生的宝贵财富
——由一次"失败"的公开课想到的

裴光亚先生曾在一篇文章里讲到这样一个故事：20 世纪末，某中学举行研讨课，主题是"在教学中如何渗透数学思想方法"。执教者很年轻，曾发表过多篇文章，讲的课题是按教学进度确定的。他立足于把这个课题中的思想方法提炼出来，并呈现给学生，这是一个尝试。课后由一位担任某种教研职务的先生点评，这位点评者在简单肯定之后，话锋一转，以无可辩驳之势，历数了一串问题。比如：从本课挖掘出来的这些方法是否恰当？数学方法是自然渗透，还是如此这般作为概念来教？同时特别强调：一节重视数学思想方法的课绝对不会给所教的内容贴上思想方法的标签。当时，在座的大概有 50 多位来自所在区内外的同行，致使学校领导都有些尴尬。此后，我也偶尔看到执教者发表的文章，但渐渐地他的身影就从人们的视野中消失不见了……

读罢此文，鼻子总觉酸软，我不禁陷入了沉思。想到自己也曾有同样的经历，幸运的是一个学生一句慰藉鼓励的话，"拯救"了我，没有使我"从人们的视野中消失不见"。

一、一个真实的故事

每个教师都有执教公开课的经历，公开课也让许多教师"脱颖而出"，逐渐成长为名师。我工作的第五年，就面临这样一个机会。那时，自己年轻气盛，在报刊上发表了几十篇文章，辅导学生在各类竞赛中获得很多奖项，教学成绩优异，在全市也算是小有名气了，对自己极度自信。当时我执教的是初一和高一各一个班，前者遇上我市采用新课标实验教材的第一年，后者遇上我省进入高中新一轮课程改革的第一年，市教育局经常组织两个年级的教师开展各种教育教学研讨活动。我领到执教一节高一公开课的任务，课题是"线段的定比分点坐标公式"。由于各种原因，公开课的准备工作就我一个人在做。

上课那天，学校能容纳 200 人的阶梯教室座无虚席，连中间的过道都挤满了前来听课的老师，听课的师生接近 300 人。事后听教研员说起，很多老师是冲着我这名"教坛新秀"来的，想来学一学我是怎么处理新教材的教学内容的。但在备课时，我把线段定比分点定义中的式子"$\overrightarrow{AP}=\lambda\overrightarrow{PB}$（$\lambda\in R$）"，进一步写成"$\lambda=\dfrac{\overrightarrow{AP}}{\overrightarrow{PB}}$"来求分比"$\lambda$"，但是课本上根本没有向量除法，这样写是错误的！这就成为课后评课老师"批评"我的导火索。我知道，教学是一门遗憾的艺术，虽然在备课时我作了种种努力，肯定会有自己没有注意到的细节，没有意识到的理念，没有研究过的环节，但这是一个不该犯的低级错误啊！很多评课老师都指出了这一错误，有的在点评后还摇了摇头，这深深打击着我的自尊心，让我的心不断跌入冰谷。别人评课时，我心里就一直在想，今天算是给大家示范了一堂"失败"的课是怎么上的，今后都不知该如何见人了，他们后面说些什么我根本听不进去。

好不容易熬到评课结束，我无精打采地回到班上。这时，一个学生走到我面前，对我说："林老师，是不是其他老师认为你没有上好课，批评你啦？别听他们的，我们听得懂你上的课就行了！"学生的一句话，像一缕阳光，顿时驱散了我心中的阴霾，把我从绝望之中拉了回来，让我恢复了勇气——是的，错误已经犯了，这是没有办法改变的事实，但是我不能就这样被击倒，如果就此消沉下去，那真是一错再错。

二、启示与借鉴

重要的是，这次公开课的经历给我很多有益的启示。

第一，教学来不得半点的虚伪和骄傲。有教师指出，一名教师在工作的第4—9年是成长的关键期。在这一时期，教师有了一定的教学经历，要在此基础上不断地对课堂教学进行反思、研究、分析，对课堂教学方法进行研究，在备课时要不断"琢磨"——琢磨所要讲的知识的核心概念、本质特点；琢磨学习这部分内容，学生已然具备什么知识可以用来支撑，与学生已学过的知识有什么关联；琢磨用什么样的形式呈现这部分内容更有利于激发学生的学习兴趣；琢磨核心概念的呈现，最关键也就是最困难的是什么地方，如何化解这个难点；琢磨如何搭配有效的练习，让学生落实对核心概念的认识与学习……试想，如果自己上课之前对教材深入思考，认真"琢磨"上面的每个问题，或者虚心请教一下同事，还会出现那样的"低级错误"吗？这进一步使我认识到，教师在平时要注意业务提升，要通过不断学习提升文化、知识的积淀，在备课时要下足功夫，做足功课，踏踏实实做教育，自觉抵制浮躁的、不准确的甚至是错误的教育教学理念。

第二，在教学中要注意检讨自身的局限性。一个人的力量是有限的，在课面前，我们永远是学生。俗话说得好，"三个臭皮匠，赛过诸葛亮"，很多事情靠一个人的力量难以完成，往往要靠一个团队来完成。自然界有一种现象叫作"共生效应"：当一株植物单独生长时，显得矮小、单调，而与众多同类植物一起生长时，则根深叶茂，生机盎然。"共生效应"也存在于人类社会群体之中。人们构建团队通过某种互利机制，有机组合在一起，共同生存发展。系统中的任一成员都因这个系统而获得比单独生存时更多的利益，即我们通常所说的"1+1＞2"，我想倡导校本教研的意义也就在于此。

第三，无论何时何地都要有一颗宽容之心。正是学生的一句话让我走出了失败的困境，至今想起学生的那句话，我心里仍觉得暖暖的。"送人玫瑰，手留余香"，宽容给教育带来的深刻影响是无法估量的。比如，有人说："没有教不好的学生",这话经得起推敲吗?但它发展为成功的洋思经验。有人说,"洒向学生都是爱",有这么理想的状态吗?但它是希望教育的口号。试想一下,如果我们不是抱着宽容的态度,而是去挑剔它,会有教育的成功尝试吗?

这次公开课把我打回了"原形",使我认识到自己还处在教师的雏形期。"教育成功与否,最终取决于教师的态度。"从那以后,我时刻把自己当成一个教龄是零的"新老师",在备课时,认真钻研教材,努力吃透教材,对教材中的每一道例题、练习、课后作业都要亲手做一遍,逐题剖析研究,领会教材编写者的意图;同时,大练教学基本功,积极深入课堂听课,向有经验的教师学习,不断获取真知灼见。

教师要想尽快适应新课程改革,必须学会学习,学会提升自己,学会从不同层位去发展自己。为了"在问题中研究,在研究中发现问题,在研究中成长",我组织多名青年教师成立课题组,针对新课程、新教材教育教学中的突出问题、热点问题进行全面、深入、持续的研究,探寻其中的教育教学规律。经过几年研究,研究课题从校级课题发展成为市级课题,我们还申报了一项全国教育科学"十一五"规划2010年度教育部规划课题并获立项。在研究期间,课题组不仅出版了两本研究专著,还获得省教育厅"教育教学创新"成果一等奖等荣誉,课题组的老师多次去其他学校执教公开课、研讨课,得到听课师生的一致好评。

三、写在最后

2015年10月5日,瑞典卡罗琳斯卡医学院在首都斯德哥尔摩宣布,将2015年诺贝尔生理学或医学奖授予中国女药学家屠呦呦以及另外两位科学家,表彰他们在医学研究方面取得的卓越成就,这份奖在国人心目中意义非凡,极大地增强了我们的民族自信。谈到屠呦呦的成功,有很多关键因素,如她的奋发图强、不计名利的献身精神,博采众长、推陈出新的创新精神,等等。但我认为最重要的是她的百折不挠、永不放弃的坚韧意志以及直面失败、超越错误的可贵品质。在发现青蒿素的过程中,她也经历了爱迪生式的试错之路。她曾说:"经过那么多次失败,我也怀疑自己的路子是不是走对了,但我不想放弃。"在经历了190多次的失败后,她最终获得了成功!

"人生不如意事十有八九"。失败和痛苦是人生的宝贵财富，生活中没有阻力，人的价值就体现不出来，旅途上没有艰险，人生就没有滋味。行为主义心理学家认为，人是在不断地尝试错误中进行学习的。爱迪生曾说："那900多次的试验的失败，对我并不是损失。依我的看法，那900多次的失败，也是收获。我获得了宝贵的知识，知道有900多种材料是不适合拿来做灯丝的。"他试验过1000种以上的材料，最终才找到最理想的电灯泡的灯丝。

培根说，一切幸福都并非没有烦恼，而一切逆境也绝非没有希望。"失败"，是人生的宝贵财富，人不要怕输，只怕丢掉刚强，人不怕失败，只怕失去希望。我们要有"即使跌倒100次，也要第101次爬起来"的信念，更重要的是，要从"失败"中提炼出正能量，汲取必需的养分，锤炼自己的意志、信心等非智力品质，并以此来不断促进自己的成长。这样的"失败"才有深远的意义。

探索二　教学研究

从看似"鸡肋"的内容"做足"学生对数学的理解
——以《数系的扩充与复数的引入》为例

一、问题提出

《数系的扩充与复数的引入》讲的是高中数学课程中的基础知识，在教材中以选修呈现，教学时间为 4 课时。课程标准对选修内容确定的原则是：满足学生的兴趣和对未来发展的需求，为学生进一步学习提供必要的知识准备。在高中数学的教学中，要注重数学的不同分支和不同内容之间的联系，数学与日常生活的联系，数学与其他学科的联系，沟通数学学科内各部分内容之间的联系，通过类比、联想、知识的迁移和应用等方式，使学生体会知识之间的有机联系，感受数学的整体性。"数系扩充的过程体现了数学的发现和创造过程，也体现了数学发生、发展的客观需求。教学中，应突出数系的扩充过程。"因此，教学中不仅要使学生获得和理解概念，还应高瞻远瞩，置这部分内容于广阔的数学学科背景之中，深入挖掘其蕴含的育人功能，追求教学价值的最大化，提升学生的数学素养。

我通过总结《数系的扩充与复数的引入》（第一课时）的几种不同教学境界，谈谈如何从看似"鸡肋"的内容"做足"学生对数学的理解，以期抛砖引玉。

二、案例分析

1. 认为"内容简单"等同于"教学简单",一带而过(A 教师)

许多教师认为在教材中,《数系的扩充与复数的引入》是看上去很简单的教学内容,一是因为它在教材中所占的篇幅较少,研究的深度和广度小;二是因为高考考查这部分内容时,往往只考一道选择题或填空题,考查的内容主要集中在基本概念和基本运算这两个方面,属较易试题。教学中,这部分内容俨然成了"鸡肋"。有的教师思想上不是很重视,没有去领会教材编写者的深刻意图,课堂上往往照本宣科,一带而过;有的教师认为反正高考只考一道基础题,最多 5 分,讲不讲无所谓,干脆让学生看书,了解一下大概内容,做几道题,便算完成了教学任务;有的教师为了赶教学进度,在讲解一两道例题后,就找来与这部分内容相关的高考题,让学生通过做题进行新知识的巩固,把"新课"上成了"复习课""习题课"。

凡此种种,导致课堂上给学生带去的不是享受、成功、体验,而是单调、无趣和一知半解。

2. 注重历史文化,从已有的概念符号入手(B 教师)

在五千余年的数学历史长河中,重大数学思想的诞生与发展,构成了科学史上最富有魅力的题材。在我们看来平凡的数字和数学符号都经历了几百甚至几千年的形成过程。数学符号的重要性,就像识字之于写文章一样,不懂数学符号就无法学习数学和研究数学。数学符号的产生和发展是一部动人的历史,每一个符号的背后都有一个美丽的故事。

教学时,教师让学生先回顾经历过的几次数集扩充的事实:正整数→自然数→非负有理数→有理数→实数。然后教师提出问题:上述数集扩充的原因及其规律如何?

事实上,数集的每次扩充遵循如下规律:

(1) 每次扩充都增加了新元素;

(2) 在原数集内成立的运算规律,在数集扩充后的更大范围内仍然成立;

(3) 扩充后的新数集能解决原数集不能解决的某些问题。

有了上述准备后,教师提出问题:负数不能开平方的事实说明实数集不够完善，因而有了将实数集扩充为一个更为完整的数集的必要性。那么，怎样解决这个问题呢？这时，教师先利用幻灯片呈现数学史上复数概念的产生遇到的困难和科学家们的解决思路，然后借鉴上述规律，引入新元素 i 以扩充实数集，这样学生对 i 的引入不会感到疑惑，对复数集概念的建立也不会觉得突然，使学生的思维很自然地步入知识发生和形成的轨道中，为概念的理解和进一步研究奠定基础。

鉴于教学时间的限制，教师还可以在学习新的符号之前把该符号的发展历史、形成过程等材料准备好让学生自己阅读，也可以让学生自己收集，还可以课后师生进行交流。

3. 利用问题驱动，从学生的探究活动入手（C 教师）

众所周知，从古希腊数学到三百年前的微积分，数学的产生、发展过程一直是伴随着自然科学的问题展开的。既然数学发展的过程是发现问题、分析问题、解决问题的过程，教师的任务就应该是通过合情推理，努力还原这个过程。所以，课堂教学应该是由问题驱动的。

教学《数系的扩充与复数的引入》时，教师通过问题串设计一系列的探究活动，使学生的学习过程成为教师引导下的"再创造"的过程。

教学伊始，教师先让每个学生写出一个在实数范围内无解的一元二次方程，再通过问题串的形式引导学生进行探究性学习，自主构建出相关的概念或者结论。

问题 1：你能找出这些方程在实数范围内无解的原因吗？（方程的实质是一个数的平方等于负数）

问题 2：这些方程都能转化为 $x^2=-1$ 这个基本的形式吗？（化归的思想）

问题 3：如果想要方程 $x^2=-1$ 也有解，你打算怎么办？（数学内部的矛盾在数系扩充中的作用）

问题 4：根据数系扩充的原则，你认为应该给"新数" i 作哪些合理的规定？（核心探究点）

问题 5：引入"新数" i 后，你能写出你之前所写方程的根吗？（解决问题）

问题 6：这些根可以统一写成什么样的形式？（探究得出复数的代数形式 $a+bi$，a、$b\in\mathbf{R}$）

教学中，教师较好地扮演了一个"助产婆"（乔治·波利亚语）的角色，通过设计系列问题，让不同层次的学生参与到思维的世界里，从而让不同层次的学生都能有个体的思维空间，同时螺旋上升的系列问题可以引领学生的思维不断爬坡。所设置的每个问题与学生的认知水平相匹配，都在学生的"最近发展区"内，学生的探究活动得以顺利进行。学生在这种民主、宽松的课堂环境里，尽情享受，积极思考，在体验中不断找到感觉，逐步领悟到其中的数学知识和道理，感受人类理性思维的作用以及数与现实世界的联系。

4. 关注数学素养，通过本原性问题驱动教学（D 教师）

任何一个数学概念的产生通常都伴随着重要的历史背景，教师应该熟悉相关的历史，了解数学概念产生的根源，即所谓的本原性问题，通过本原性问题驱动概念课的教学。

虚数单位 i 对于初学者来说是一个难以理解的概念，我们不妨看一个教学片段：

生：老师，你刚才讲虚数单位 i 是 $x^2=-1$ 的一个平方根，可我总觉得心里挺别扭的。比如说，"1"在实际中可以表示一支钢笔、一辆汽车，可 i 在现实中表示什么呢？

师：我们来回顾实数系，每个实数与数轴上的点一一对应，也可以将每个实数与起点在原点、终点为数轴上该点的有向线段一一对应。

有向线段这个概念在数学中叫作向量，物理学中则叫矢量。假设一个物体同时受到两个力的作用，一个是水平的向前的拉力，一个是水平的向后的摩擦力，那么我们就用一个正实数表示这个向前的拉力，再用一个负实数表示那个向后的摩擦力。要求它们的合力的话，就用实数的加减法（画图演示其几何意义）。假设这个物体现在受到第三个力的作用，是垂直向上的拉力，那我们就不能再用一个正实数或者负实数来表示垂直向上或向下的拉力，如果水平向前的拉力 1 牛顿用 $+1$ 表示，水平向后的摩擦力 1 牛顿用 -1 表示，那么，为了区别起见，这垂直向上的拉力 1 牛顿就用 i 表示，向下的拉力 1 牛顿就用 $-i$ 表示。

生：我好像明白一些了。

师：回去再想想，等你学完复数再回过头来看 i，也许就像你现在在看小数、负数和无理数一样清楚了。当你念完大学再来想这个问题，你还会感觉到今天这些说法有坐井观天的味道呢。

三、教学思考

在概念教学中，教师往往采用"一个定义，几项注意"的方式，讲完概念就做题，做了题才发现学生对概念一知半解，则让他们做更多的题。《数系的扩充与复数的引入》讲的是高中数学的基础知识，虽然高考只涉及复数的相关概念和基本计算，但作为新授课，教学的落脚点不能仅仅定位于此，教师不应被考试绑架，而应通过对教材的个性化解读，创造性地使用教材，教学中既要关注基础知识和基本技能的掌握，又要关注学生在学习过程中的体验，将教学过程、教学目标和学生发展有机结合起来，从看似"鸡肋"的教学内容中挖出丰富的"宝藏"，"做足"学生对数学的理解。

1. 关注数学概念教学，培养学生的创新能力

数学概念是数学思想的集中反映，没有数学概念就没有系统的数学思想。概念是学科的基石，很多概念的产生通常是新理论的萌芽，这些概念恰恰是启发学生创新思维能力的最好载体。为什么要提出一个概念？如何适当地定义概念？这个概念给我们带来了什么？这些问题也许比概念本身更重要。但目前存在的现象是很多老师并不重视概念课，为了有更多的时间解题，课堂上概念一带而过，不愿意花时间挖掘隐藏在概念背后的深刻数学思想，学生无法弄清为什么需要这个概念，甚至搞不清楚概念的内涵。因此教师教学的首要工作就是把掩盖在数学概念背后的教育价值挖掘出来，通过设计系列问题引发学生思考进而深度理解知识，掌握方法，领悟思想。

授之以鱼，不如授之以渔；授之以渔，不如授之以欲。激发学生学习的内在动机非常重要，特别是对于高中生。上述案例中，B、C、D三位教师通过创设问题情境，让学生置于一个开放的、生动活泼的、充满人情味的而且饶有趣味的数学课堂，不仅引发学生的认知冲突，激发其求知欲，而且这样的设计相比直接告知概念的注意事项，学生的认知参与度提高了，自然学习效果佳。更值得指出的是，如果B、C老师在教学中设计的问题能够经常尝试让学生自己提出，他们不是只学会"答"了，还学会"问"了，那么学生学习的能力将进一步得到提高。

2. 关注教学的落脚点，提升学生的数学素养

从牛顿的时代起，科学就建立在理论、实验（包括观测与仪器的设计和

改进）以及数学（包括计算、统计以及建立在抽象模型基础上的演绎推理）这三大基石之上。但数学的发展是一个漫长又复杂的过程，一个数学概念从产生到最终为大家普遍接受往往需要很长时间。正因为人们将复数与平面内的点相对应，使得代数运算可以进入二元数组，从而平面内的力学问题可以利用复数来处理，这一发现给数学带来的影响是深刻的。正是受到复数的启发，人们试图寻找三维空间中的对应方法。19世纪中叶，数学家兼物理学家哈密尔顿创立了四元数，为三维空间中的静力学研究奠定了数学基础。如果学生甚至老师对这些史实不了解甚至一无所知，而是根据自己的想象臆造出一些例子，所谓素养的提高将无从谈起。

"数系的扩充"教学的落脚点是关注学生"数学素养"的提高。首先应该鼓励学生自主学习，对于学生不能理解的教学内容，教师提供条件，由学生通过探究，去了解、理解和掌握；对于学生探究过程中出现的难点和提出的问题（如"i"在现实中表示什么呢？一个数乘以i表示什么？……），我们可以像D教师那样，分解学生的难点，对学生适当导引，利用学生已经掌握的物理学、几何知识来通俗地描述i，揭示创造i的必要性，既让学生"举手不及，跃而可获"，又让学生经历"体验数学发现和创造的过程"，其数学素养在不知不觉中就能得到提高。这样，课堂就会因"生动"（学生动脑提出问题）而变得生动，教师也为学生打开更多通往未知世界的窗，其意义和价值远远超过单纯的知识传授或解题训练。

诚然，我们可以像A老师那样，通过举几个例题，或者让学生看一下课本，或者利用题海战术，让学生"了解"复数的基本概念，"会解"相关的高考题，但是考试会做题并不代表着学生的后继学习能力高这个客观事实，这样的教学不仅会使学生对数学产生一种"支离破碎"之感，更教不出学生对数学的"热爱"来。

数学高考试题对高三复习的启示

一、问题的提出

在大力倡导创新教育的形势下，数学教育正经历从"双基"到"三维目标"直至今日"核心素养"的转型和跨越。相应地，高考试题命题范式已经经历了政治立意、知识立意、能力立意三个阶段，以后的命题趋势必转化为素养立意。钟启泉先生指出，新的学力概念"核心素养"意味着课堂的根本转型——从"知识传递"到"知识建构"的转型。教学中，教师需要思考如何在数学思维能力和创新意识方面"补钙"。在高考备考复习中，如何才能最大限度地提高课堂教学的有效性，让学生掌握数学知识的本质，领悟数学思想方法的精髓，提升数学思维品质，提高数学素养，确是一个值得探索与急需解决的问题。

相同的知识内容，相同的能力要求，在不同年份的高考中以不同的角度和形式进行考查，这就需要学生有更开阔的视野和思维，也对高三数学复习角度的多元化、立体化提出了新的要求。当我们仔细去研读新课程高考下的试题时，总会有不一样的发现，总会给我们的教学带来思考。如果只是去关注这些题目的解法、考查的知识，将会错过它们带给我们的精彩和对教学的启示。

二、高三复习"新"角度

1. 从"联系"的角度拓展教学

例1 （2016年高考全国Ⅰ卷文科第5题）直线 l 经过椭圆的一个顶点和一个焦点，若椭圆中心到 l 的距离为其短轴长的 $\frac{1}{4}$，则该椭圆的离心率为（　　）。

A. $\frac{1}{3}$　　　　B. $\frac{1}{2}$　　　　C. $\frac{2}{3}$　　　　D. $\frac{3}{4}$

方法1：如图所示，设椭圆标准方程为 $\frac{x^2}{a^2}+\frac{y^2}{b^2}=1(a>b>0)$，则直线 l 的方程为 $\frac{x}{c}+\frac{y}{b}=1$，即 $bx+cy-bc=0$，所以椭圆中心到 l 的距离为 $\frac{|-bc|}{\sqrt{b^2+c^2}}=\frac{bc}{a}=\frac{1}{4}\cdot 2b$，则 $e=\frac{c}{a}=\frac{1}{2}$。故选 B。

方法2：如图所示，$|OB|$ 为椭圆中心到 l 的距离，则 $|OA|\cdot|OF|=|AF|\cdot|OB|$，即 $bc=a\cdot\frac{b}{2}$，所以 $e=\frac{c}{a}=\frac{1}{2}$。故选 B。

方法3：如图所示，$|OB|$ 为椭圆中心到 l 的距离，即 $|OB|=\dfrac{1}{4}\cdot 2b=\dfrac{b}{2}=\dfrac{1}{2}\cdot|OA|$，所以 $\angle OAB=30°$，在 Rt$\triangle OAF$ 中，$|OF|=\dfrac{1}{2}|AF|$，即 $c=\dfrac{1}{2}a$，所以 $e=\dfrac{1}{2}$，故选 B。

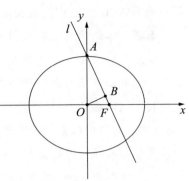

方法1从代数角度寻求 a 与 c 的关系，方法2利用等面积法得出 a 与 c 的关系，方法3根据已知条件集中于椭圆的"特征$\triangle OAF$"（三边长分别为 a、b、c）这一特点，转化为求 $\angle OAF$ 的大小，从而快速解决问题。

例2 （2013年高考福建卷理科第14题）椭圆 Γ：$\dfrac{x^2}{a^2}+\dfrac{y^2}{b^2}=1(a>b>0)$ 的左、右焦点分别为 F_1、F_2，焦距为 $2c$，若直线 $y=\sqrt{3}(x+c)$ 与椭圆 Γ 的一个交点 M 满足 $\angle MF_1F_2=2\angle MF_2F_1$，则该椭圆的离心率等于_____。

解析：不少学生看到直线与椭圆相交就联立方程组，陷入符号运算的泥潭，不能自拔，无功而返。事实上，若注意到直线的斜率为 $\sqrt{3}$，可得直线的倾斜角等于 $60°$，画出

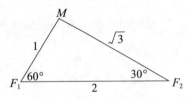

椭圆的"焦点三角形 MF_1F_2"（如图），即知椭圆的离心率 $e=\dfrac{2}{\sqrt{3}+1}=\sqrt{3}-1$。这一解法刻画出问题最本质的几何关系，是对椭圆定义的灵活使用。可见，概念就是本质！命题人对学生"观察发现，多思少算"的思维品质的考查是刻意为之。

中学数学知识的联系比较紧密，数学知识的考查也注重相关知识之间的综合考查，这就要求教师在高三复习教学中对相关联的知识进行拓展，有效引导学生构建知识网络。

2. 从"变式"的角度深化教学

例3 （2008年高考江苏卷第13题）满足条件 $AB=2$，$AC=\sqrt{2}BC$

的三角形 ABC 的面积的最大值为_____。

解析：本题的常规解法是利用解三角形的知识，建立△ABC 的面积关于 BC 边长的函数，进而转化为函数的最值问题。若考虑到此题的几何背景——阿波罗尼奥斯圆，利用数形结合思想，充分发挥"形的直观"（AB 是定长，问题转化为求动点 C 到直线 AB 距离的最大值）与"数的精确"（通过建立直角坐标系，求出动点的 C 轨迹方程）两方面的优势，问题便能快速获解。这样解题把握了题目的本质，也揭示了题目的真面目。

本题还有很大的变式空间。如针对动点的轨迹类型，教师可以通过搭建螺旋式上升的变式题这个"脚手架"，设计一串变式，"一网打尽"式地进行展示，让学生彻底掌握该类题型的破解之道。该形式能大大节约讲解时间，并提高效率，新课和复习课都适用，也适用于试卷讲评课中作为思考题留给学生。比如：

变题 1：满足条件 $AB=2$，周长为 8 的△ABC 面积的最大值为_____。（答案：$2\sqrt{2}$）

变题 2：满足条件 $AB=2$，$\vec{AC}\cdot\vec{BC}=2$ 的△ABC 面积的最大值为_____。（答案：$\sqrt{3}$）

变题 3：在△ABC 中，$c=2$，$b=\sqrt{2}a$，$S_{\triangle ABC}=\sqrt{7}$，求 a 的值。（答案：$2\sqrt{2}$ 或 4）

变题 4：在△ABC 中，若 $a=2$，$b-c=1$，△ABC 的面积为 $\sqrt{3}$，则 $\vec{AB}\cdot\vec{AC}=$_____。（答案：$\dfrac{13}{4}$）

变题 5：（2013 年高考江苏卷第 17 题）在平面直角坐标系 xOy 中，点 $A(0,3)$，直线 $l:y=2x-4$，设圆 C 的半径为 1，圆心在 l 上，若圆 C 上存在点 M，使 $MA=2MO$，求圆心 C 的横坐标 a 的取值范围。（答案：$\left[0,\dfrac{12}{5}\right]$）

这样就有助于揭示此题所内隐的知识链，看清题目的来龙去脉，从而把握问题的本质。

3. 从"创新"的角度思考问题

在考试中凸现对创新能力的要求，不仅符合社会对人才选拔的核心要求,也是数学时代性和实践性的应有之意。一般来说,高考中往往通过设置综合性、开放性、探索性试题,考查学生的创新意识和探究精神。

例4 (2015年高考全国Ⅰ卷理科第16题)在平面四边形$ABCD$中,$\angle A = \angle B = \angle C = 75°$,$BC = 2$,则$AB$的取值范围是_____。

解析:此题注重考查学生的思维能力和创新意识,计算不可或缺,但是更注重对学生的数学思想方法的考查。题目中的动点D具有无限性的特征,若立意于有限与无限思想,可以考虑运用极限化策略进行解答。当$D \to A$时,$\angle B = \angle C = 75°$,$\angle A = 30°$,由正弦定理易求得$AB = \sqrt{6} + \sqrt{2}$;当$D \to C$时,$\angle A = \angle B = 75°$,$\angle C = 30°$,由正弦定理易求得$AB = \sqrt{6} - \sqrt{2}$,从而$AB$的取值范围是$(\sqrt{6} - \sqrt{2}, \sqrt{6} + \sqrt{2})$。

高考中,对于较难的问题,经常需要"感性分析"和"直觉判断",常见的题型是小题和探究性的解答题。上述分析过程将解三角形的知识和极限思想很好地结合在一起,通过对问题的特殊认识形成特殊的巧法(极限法),体现出考数学思想方法而不是考知识记忆、考数学素养而不是考模式套路的特点。数学背景新颖才可以真实地检测应用数学知识、思想解决问题的水平,体现真正的数学素养的差异。

变题1:(2009年高考山东卷理科第6题)函数$y = \dfrac{e^x + e^{-x}}{e^x - e^{-x}}$的图象大致是( )。

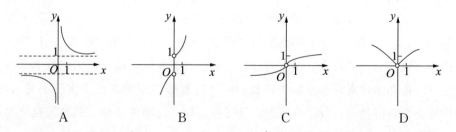

A   B   C   D

解析:一些考生看到判断函数图象问题,立即想到利用导数知识进行解答,陷入"大运动量"的计算困境。若注意到函数的定义域为$\{x \mid x \neq 0\}$,当$x \to 0^+$时,$y = \dfrac{e^x + e^{-x}}{e^x - e^{-x}} \to +\infty$,可排除B、C、D三项,应选A。利用极限思想解答既快捷又准确,几乎不用作计算就能得出正确选项,显示出命题者对数学本质的执著追求。

变题 2：（2013 年日本早稻田大学入学试题）给定抛物线 C：$y^2 = 4px(p>0)$，焦点 $F(p，0)$。设过焦点 F 且相互垂直的两条直线 l_1、l_2，曲线 C 与 l_1 交于点 P_1、P_2，与 l_2 交于点 Q_1、Q_2。

（1）设直线 l_1 的方程为 $x=ay+p$，点 P_1、P_2 相应坐标为 $(x_1，y_1)$，$(x_2，y_2)$。试用 a、p 表示 y_1+y_2，y_1y_2；

（2）证明：无论如何取直线 l_1、l_2，$\dfrac{1}{|P_1P_2|}+\dfrac{1}{|Q_1Q_2|}$ 都是一个常数。

在解答第（2）问时可以先"遥望"一下问题的结果。当直线 l_1 垂直于 x 轴时，直线 l_2 就是 x 轴，此时线段 P_1P_2 是抛物线的通径，Q_1、Q_2 中的一个点为坐标原点，另一个点为"无穷远点"，即 $|P_1P_2|=4p$，$|Q_1Q_2|\to\infty$，则 $\dfrac{1}{|P_1P_2|}+\dfrac{1}{|Q_1Q_2|}=\dfrac{1}{4p}$，因此需要证明无论如何取直线 l_1、l_2，$\dfrac{1}{|P_1P_2|}+\dfrac{1}{|Q_1Q_2|}$ 都是常数 $\dfrac{1}{4p}$，这就为解题指明了方向。一个有科学素养的人，在研究一个问题的时候，第一件事就是遥望一下这个问题的结果！问题研究的过程，从来都是"大胆猜想，小心证明"的过程。

4. 从"素养"的角度回归本真

哈尔莫斯认为，具备一定的数学修养比具备一定的数学知识更重要。教师在强调解题的同时更应该注重课堂教学的思想性，注重学生数学素养的提高。

在高三复习教学中，把简约出的时间和空间还给学生，教师要善于变"习题"为"问题"，变"问题"为"课题"，变"讲授"为"悟道"，让学生的学习更主动、更自由，学生通过自己的思考、探究、揣摩，悟出数学学习之道，提高学科素养。经验告诉我们，有时教师讲得越多，学生越不明白，而让学生自悟自得，效果会更好，这需要教师通过非常巧妙、到位的设计和智慧的引导，回归数学教育的本真——为发展学生的核心素养而教。

例5 过椭圆 C：$\dfrac{x^2}{a^2}+\dfrac{y^2}{b^2}=1(a>b>0)$ 的左焦点 F 任作一条与两坐标轴都不垂直的弦 AB，若点 M 在 x 轴上，且使得 MF 为 $\triangle AMB$ 的一条内角平分线，则称点 M 为该椭圆的"左特征点"。那么，椭圆 $\dfrac{x^2}{4}+\dfrac{y^2}{3}=1$ 的"左特征点"M 的坐标为（   ）。

A. $(-2, 0)$　　B. $(-3, 0)$　　C. $(-4, 0)$　　D. $(-5, 0)$

这是我校高三月考选择题最后一题，讲解后，我进一步提出一些问题引导学生思考。教学过程如下。

师：这道题是在"左特征点"这一"新定义"包装下的定点问题。近年来，定值定点问题是高考和竞赛的一个热点，其解法充分体现了解析几何的基本思想：运用坐标法逐步将题目条件转化为数学关系式，然后综合运用代数、几何知识化简求值。解答此类问题要大胆设参，运算推理到最后参数必消，定点、定值自然显露。观察发现此题的结论非常优美，这难道是巧合吗？是否还有更一般的规律有待我们去发现？这些问题促使我们去思考、联想。大家不妨研究一下，看有什么收获。

学生很快探究得出：

结论1：椭圆 $\dfrac{x^2}{a^2}+\dfrac{y^2}{b^2}=1(a>b>0)$ 的"左特征点" M 的坐标是 $(-a^2, 0)$。

师：（追问）此时一个自然的想法是，若弦 AB 不经过椭圆的左焦点 F，而是经过 x 轴上的某个定点 $N(t, 0)$，在 x 轴上是否存在定点 M，使得 MN 平分 $\angle AMB$ 呢？

学生进一步探究得到：

结论2：过定点 $N(t, 0)$ $(t\neq 0)$ 作椭圆 C：$\dfrac{x^2}{a^2}+\dfrac{y^2}{b^2}=1(a>b>0)$ 的一条与两坐标轴都不垂直的弦 AB，则存在定点 $M\left(\dfrac{a^2}{t}, 0\right)$，使得 MN 平分 $\angle AMB$。

师：结论2给我们的一个"信息"就是"定点 M 的坐标与椭圆方程中的 b^2 无关"，而在椭圆 $\dfrac{x^2}{a^2}+\dfrac{y^2}{b^2}=1(a>b>0)$ 中，只需把 b^2 换成 $(bi)^2$（其中 i 是虚数单位），就得到双曲线 C：$\dfrac{x^2}{a^2}-\dfrac{y^2}{b^2}=1(a>0, b>0)$，于是可以大胆猜想：

结论3：过定点 $N(t, 0)$ $(t\neq 0)$ 作双曲线 C：$\dfrac{x^2}{a^2}-\dfrac{y^2}{b^2}=1(a>0, b>0)$ 的一条与两坐标轴都不垂直的弦 AB，则存在定点 $M\left(\dfrac{a^2}{t}, 0\right)$，使得 MN

平分∠AMB。

学生证明结论 3 后，我进一步追问：椭圆、双曲线、抛物线都是圆锥曲线，更一般的想法是，对比椭圆、双曲线，上述的结论对抛物线还成立吗？

学生探究得到：

结论 4：过定点 $N(t，0)$ $(t\neq 0)$ 作抛物线 $C：y^2=2px(p>0)$ 的一条与 x 轴不垂直的弦 AB，则存在定点 $M(-t，0)$，使得 MN 平分∠AMB。

最后，我展示下面的高考题：

例6 （2015 年高考全国 I 卷理科第 20 题）在直角坐标系 xOy 中，曲线 $C：y=\dfrac{x^2}{4}$ 与直线 $l：y=kx+a$ $(a>0)$ 交于 M、N 两点。

（Ⅰ）当 $k=0$，分别求 C 在点 M 和 N 处的切线方程。

（Ⅱ）y 轴上是否存在点 P，使得当 k 变动时，总有∠OPM=∠OPN？说明理由。

师：不难发现结论 4 与这道高考题的第（Ⅱ）问"如出一辙"。例 6 难度不大，但内涵丰富。下面提供一些思路供大家课后探究：可以从结论入手，继续向下追问；也可以反思题目的条件，寻求问题的本源；还可以进行更深层次、更多元的思考——证明两个角相等有哪些方法？题目的结论反过来成立吗？题目的背景换成椭圆，或双曲线，结论还成立吗？……

上述教学中，我本着"夯实基础、激发兴趣、着眼高考、适当提高"的原则，利用问题引导学生在简单整齐的数学美的驱动下，通过对问题的结论产生联想，进而提出猜想，通过证明猜想，得出新的结论，从而把握问题的本质。这正是数学研究的一种基本套路。

数学大师华罗庚说过："独立思考能力是科学研究和创造发明的一项必备才能。"数学活动经验的积累是提高学生数学素养的重要标志，在积累数学活动经验的过程中，教师要根据学生的"最近发展区"创设问题情境，让每一个学生领到合适的任务，在问题驱动下进行学习，"跳一跳，够得着"，实实在在地做一些事情，使学生回到真实环境中去积极体验和感受新知的构建过程。

三、结束语

罗增儒教授指出：我们可以通过有限的典型考题的学习，去理解那种解无限道题的数学机智。对学生来说，学会考试也是核心素养的一部分，但品格和学习能力的培养才是终极要求，知识只是抓手。教师课堂上的任务则是透过书本知识，引导学生发现隐藏在知识背后的深刻思想，这才是真正的教育。

正因为如此，我们才更要培养学生适应未来的能力而非"填充"当前的知识。对数学学习而言，掌握学习的策略与方法，以数学思想为课程，拥有学以致用的方法，将知识与生活实际相联系，才能充分体现"能独立思考，体会数学的基本思想和思维方式"的目标要求。高三数学复习教学要在注重常规复习的基础上，根据考查的要求及方向探索不同的教学角度，促进学生对知识的理解和掌握，培养学生从不同的角度思考和解决问题的能力，从而提升数学核心素养。

让人开窍的图形
——以三角函数为例

一、问题的提出

"数形结合"是基本的数学思想之一。数学中，"数"和"形"是两个最主要的研究对象，它们之间有着十分密切的联系。在一定条件下，"数"和"形"之间可以相互转化，相互渗透。图形语言是数学的一类重要语言，会画图，会用图形来进行想象和推理是学好中学数学的关键。图形比较直观，一些看似复杂的问题，将图画好了，结论往往就一目了然了。因此，无论是教师还是学生都要学会运用图形语言。

"三角"一词的希腊文原意是三角形和测量，最初的理解即指解三角形的计算。后来，欧拉引入了三角函数，使三角比（正弦、余弦、正切等）不仅和解三角形有关，而且大大丰富了"三角"的内容。18世纪后，"三角"被视为包含三角函数和解三角形两部分内容的数学分支学科。在中学数学的学习中，三角函数的定义或是联系着一个直角三角形，或是联系着一个直角坐标系，或是联系着一个单位圆，总之离不开一个图形。这就为学习"三角"时实现数形结合提供了一条理想的途径。运用数形结合思想，可以使某些抽象的数学问题直观化、形象化，让抽象的数学知识可以感知与体验，从而让知识变得简单，这对启发学生思路、增强理解、加深记忆都是非常有效的。

"三角"涉及的公式繁多，结论也特别多。有时为了记忆这些繁杂的公式和结论，我们往往被折磨得疲惫不堪，此时不妨借助图形这个好帮手。图形是数学的重要组成部分，它的作用不可小觑，画图是学习数学的基本方法，也是启迪思维的重要途径。通过图形，不仅有助于学生记忆一些重要的公式和结论，提高学生学习的效率，培养学生归纳、猜想、论证的能力以及分析问题和解决问题的能力，而且能让学生欣赏和感悟数学之美，提高学生的数学素养！

二、让人开窍的图形

(1) 已知 α 所在象限，判断 $\dfrac{\alpha}{2}$ 所在象限（图1）。

注：数字表示 α 所在象限，数字所在的位置表示 $\dfrac{\alpha}{2}$ 所在象限。

(2) 三角函数的定义（图2）。

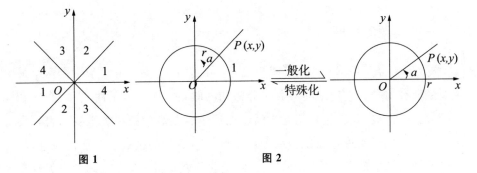

图1　　　　　　　图2

(3) 三角函数值在各象限的符号（图3）。

(4) 诱导公式（图4）。

(5) 重要不等式：若 x 为锐角，则 $\sin x < x < \tan x$（图5）。

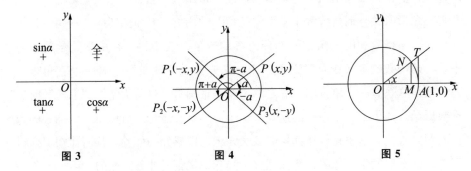

图3　　　　　　图4　　　　　　图5

（6）两个常用结论（图6）。

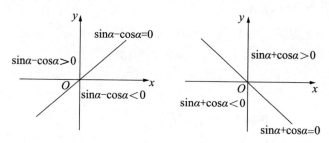

图6

（7）差角余弦公式 $\cos(\alpha-\beta)=\cos\alpha\cos\beta+\sin\alpha\sin\beta$。

①利用三角函数线（图7）。

②利用向量数量积（图8）。

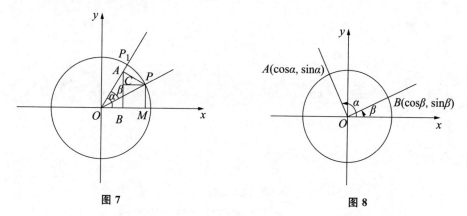

图7　　　　　图8

（8）和角余弦公式 $\cos(\alpha+\beta)=\cos\alpha\cos\beta-\sin\alpha\sin\beta$（图9）。

（9）和角正弦公式 $\sin(\alpha+\beta)=\sin\alpha\cos\beta+\cos\alpha\sin\beta$（图10）。

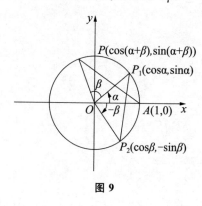

图9

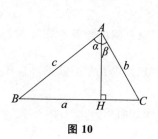

图10

(10) 正弦定理 $\dfrac{a}{\sin A}=2R$（图 11）。

(11) 余弦定理 $a^2=b^2+c^2-2bc\cos A$（图 12）。

(12) 射影定理 $a=b\cos C+c\cos B$（图 13）。

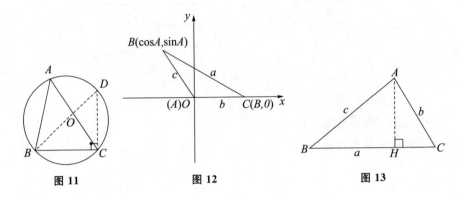

图 11　　　　图 12　　　　图 13

(13) 积化和差公式：

$$\dfrac{1}{2}(\sin\alpha+\sin\beta)=\sin\dfrac{\alpha+\beta}{2}\cos\dfrac{\alpha-\beta}{2},\ \dfrac{1}{2}(\cos\alpha+\cos\beta)=\cos\dfrac{\alpha+\beta}{2}\cos\dfrac{\alpha-\beta}{2}$$

（图 14）。

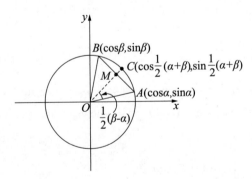

图 14

(14) 圆的参数方程（图 15）。

(15) 秦九昭公式 $S_{\triangle ABC}=\sqrt{\dfrac{1}{4}\left[c^2a^2-\left(\dfrac{c^2+a^2-b^2}{2}\right)^2\right]}$（图 16）。

注：面积$^2=\dfrac{1}{4}\left[\text{小}^2\cdot\text{大}^2-\left(\dfrac{\text{大}^2+\text{小}^2-\text{中}^2}{2}\right)^2\right]$。

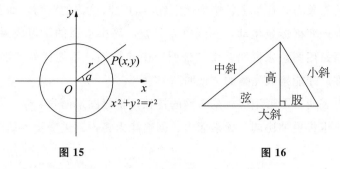

图 15　　　　　　　　图 16

(16) 正切函数的图象（类比 $y=x^3$ 的图象）（图17）。

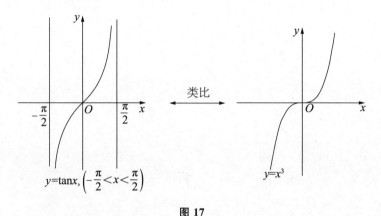

图 17

三、结束语

　　随着科技的发展和生活节奏的加快，我们进入了读图时代。数学离不开图，图是"无声的语言"，图是思维的起点，图是探究的源泉。一幅图胜过一千个字，图形不仅包含大量信息，而且形象直观，生动绚丽，还能展示数学之美。大部分的中学数学知识都有图形背景，脱离了这些图形背景，学习就会变得十分艰辛。在图形的基础上，用数学语言进行表述、进行逻辑推理、计算论证，将变得轻松自如。图形语言作为数学的三大语言之一，图形作为教材的有机组成部分，应当引起师生的广泛重视，并在教学中认真落实。图形绝不是教材中可有可无的"附件"，也不是教学中应景作秀的"花架子"，它为学生理解数学、理解教材提供了一个新的维度。美国数学家斯蒂恩说过："如果一个特定的问题可以转化为一个图形，那么思维就整体地把握了问题。"教学中通过适当的图形，不仅能唤醒学生学习数学的热情，丰富他们的想象力，让学生领略到数学包含的无与伦比的精巧，而且能使枯燥的数学推理变得形象生动，达到以简驭繁，简中求道的学习效果。当然，我们通常只是用图象来说明一个"证明"中的特例，不能代替严格的证明，因而需要推广才能构成完整的"证明"。

有研究表明，图形记忆，是右脑的特长，学好图形语言，学生的左脑思维与右脑思维将更加协调，探索能力、创新能力将得到进一步的提升。

探索三　教学评价

让学习成为研究
——以椭圆的"定义"为例

一、引言

圆锥曲线是平面解析几何的核心内容，也是高考命题的热点。在教学中，椭圆作为学习圆锥曲线的"排头兵"，其解题的思想和方法往往可以应用到双曲线、抛物线中去，它的很多结论也可以推广到双曲线和抛物线中去。

概念是学科的基石。数学概念是人们对事物本质的认识，是进一步认识事物的逻辑基础，是科学思维的总结。

"定义"一词，《现代汉语词典》（第7版）释为："对于一种事物的本质特征或一个概念的内涵和外延的确切而简要的说明。"用定义解题，是圆锥曲线的一大特色。在人教A版《数学》（选修2—1）中，教材先分别对椭圆和双曲线给出定义（俗称第一定义），最后在"阅读与思考"栏目给出圆锥曲线的统一定义（俗称第二定义）。两种定义从不同的角度刻画了圆锥曲线的内涵和外延，确定了圆锥曲线的本质特征，它们不仅是推导方程的依据，也是研究几何性质、解决有关问题的重要工具。

本文结合教材例习题和高考题，谈谈椭圆的几种"定义"，这些"定义"殊途同归，各有巧妙，无不闪烁着数学智慧的光芒，彰显数学科学独特的美，昭示着数学学习的巨大魅力和快乐。

二、椭圆的"定义"

1. 椭圆的第一定义

平面上到两个定点 F_1、F_2 的距离之和为定值 $2a$（$2a>|F_1F_2|$）的点的轨迹是椭圆。椭圆的第一定义涉及"两点一数"，"两点"即椭圆的两个焦点，"一数"即椭圆的长轴长。一般地，若题设条件涉及两个定点，以及动点到两定点的距离之和为定值，要注意联系椭圆的第一定义解题。

例1 已知圆 M：$(x+1)^2+y^2=1$，圆 N：$(x-1)^2+y^2=9$，动圆 P 与圆 M 外切并且与圆 N 内切，圆心 P 的轨迹为曲线 C，求曲线 C 的方程。

解：由已知得圆 M 的圆心为 $M(-1,0)$，半径 $r_1=1$，圆 N 的圆心为 $N(1,0)$，半径 $r_2=3$。

设圆 P 的圆心为 $P(x,y)$，半径为 R。

因为圆 P 与圆 M 外切并且与圆 N 内切，

所以 $|PM|+|PN|=(R+r_1)+(r_2-R)=r_1+r_2=4$。

由椭圆的定义可知，曲线 C 是以 M、N 为左、右焦点，长半轴长等于 2，短半轴长等于 $\sqrt{3}$ 的椭圆（左顶点除外），其方程为 $\dfrac{x^2}{4}+\dfrac{y^2}{3}=1$（$x\neq-2$）。

2. 椭圆的第二定义

平面上到定点 F 和定直线 l（$F\notin l$）的距离之比为常数 e（$0<e<1$）的点的轨迹是椭圆。椭圆的第二定义涉及"一点一线一数"，"一点"即椭圆的焦点 F，"一线"即 F 对应的准线 l，"一数"即椭圆的离心率 e。若题设条件涉及 $\dfrac{1}{e}|PF|$，往往可以转化为点 P 到椭圆的准线 l 的距离 d 进行求解。

例2 椭圆 $\dfrac{x^2}{9}+\dfrac{y^2}{5}=1$ 的左、右焦点分别为 F_1、F_2，$A(1,1)$，P 为椭圆上的动点，求 $|PA|+\dfrac{3}{2}|PF_2|$ 的最小值。

解：设 P 到椭圆的右准线 l：$x=\dfrac{9}{2}$ 的距离为 d，

则 $\dfrac{|PF_2|}{d}=e=\dfrac{2}{3}$，即 $\dfrac{3}{2}|PF_2|=d$。

所以 $|PA|+\dfrac{3}{2}|PF_2|=|PA|+d$。

过点 A 作直线 l 的垂线，与椭圆相交于点 P，此时 $|PA|+d$ 取最小值 $\dfrac{9}{2}-1=\dfrac{7}{2}$。

所以 $|PA|+\dfrac{3}{2}|PF_2|$ 的最小值为 $\dfrac{7}{2}$。

3. 椭圆的第三定义

对椭圆的标准方程 $\dfrac{x^2}{a^2}+\dfrac{y^2}{b^2}=1$ $(a>b>0)$ 进行变形，可得 $\dfrac{y}{x+a}\cdot\dfrac{y}{x-a}=-\dfrac{b^2}{a^2}$（其中 $x\neq\pm a$），从而可以把椭圆看成是"与两个定点 A_1 $(-a, 0)$, A_2 $(a, 0)$ 连线的斜率之积为定值 $-\dfrac{b^2}{a^2}$ $(a>b>0)$ 的点的轨迹（包含 A_1、A_2 两点）"；还能变形得 $\dfrac{y-b}{x}\cdot\dfrac{y+b}{x}=-\dfrac{b^2}{a^2}$（其中 $x\neq 0$），也可以把椭圆看成"与两个定点 B_1 $(0, -b)$, B_2 $(0, b)$ 连线的斜率之积为定值 $-\dfrac{b^2}{a^2}$ $(a>b>0)$ 的点的轨迹（包含 B_1、B_2 两点）"。根据椭圆的这一特性，可以"创新"得到椭圆的"第三定义"：

平面上与两定点连线的斜率之积是常数 k（$k<0$，且 $k\neq -1$）的动点（含已知两定点）的轨迹是椭圆。

例3 已知 A、B 分别为曲线 $C: \dfrac{x^2}{a^2}+y^2=1$ $(y\geq 0, a>0)$ 与 x 轴的左、右两个交点，直线 l 过点 B 且与 x 轴垂直，S 为 l 上异于点 B 的一点，连接 AS 交曲线 C 于点 T。

（Ⅰ）若曲线 C 为半圆，点 T 为圆弧 $\overgroup{AB}$ 的三等分点，试求出点 S 的坐标。

（Ⅱ）如图，点 M 是以 SB 为直径的圆与线段 TB 的交点。试问：是否存在 a，使得 O、M、S 三点共线？若存在，求出 a 的值；若不存在，说明理由。

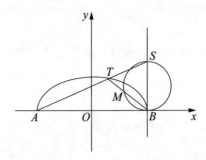

此题是 2009 年高考福建卷理科第 19 题，本文只分析第（Ⅱ）问。参考答案如下：

设 AS 的斜率为 k（$k>0$），则直线 AS 的方程为 $y=k(x+a)$，所以 $S(a,2ak)$。

联立 $\begin{cases} y=k(x+a) \\ \dfrac{x^2}{a^2}+y^2=1 \end{cases}$，消去 y，整理得

$(1+a^2k^2)x^2+2a^3k^2x+a^4k^2-a^2=0$。

因为 $x_A \cdot x_T = -a \cdot x_T = \dfrac{a^2(a^2k^2-1)}{1+a^2k^2}$，

所以 $x_T=\dfrac{a(1-a^2k^2)}{1+a^2k^2}$，即 $T\left(\dfrac{a(1-a^2k^2)}{1+a^2k^2},\dfrac{2ak}{1+a^2k^2}\right)$。

又 $B(a,0)$，

所以 $\overrightarrow{BT}=\left(\dfrac{-2a^3k^2}{1+a^2k^2},\dfrac{2ak}{1+a^2k^2}\right)$，$\overrightarrow{OS}=(a,2ak)$，

所以 $\overrightarrow{OS} \cdot \overrightarrow{BT}=\dfrac{-2a^4k^2}{1+a^2k^2}+\dfrac{4a^2k^2}{1+a^2k^2}=0$，即 $a^2=2$，

所以 $a=\sqrt{2}$。

经检验，存在 $a=\sqrt{2}$，使得 O、M、S 三点共线。

事实上，我们可以利用椭圆的"第三定义"很简单地加以解决。

设 $S(a,2r)$，则 $k_{TA}=k_{AS}=\dfrac{r}{a}$，又 $k_{MS} \cdot k_{MB}=-1$。

若 O、M、S 三点共线，则 $k_{OS}=k_{MS}=\dfrac{2r}{a}$，则 $k_{MB}=k_{TB}=-\dfrac{a}{2r}$。

又由椭圆方程可得 $k_{TA} \cdot k_{TB} = -\dfrac{1}{a^2}$。

所以 $-\dfrac{a}{2r} \cdot \dfrac{r}{a} = -\dfrac{1}{a^2}$，解得 $a = \sqrt{2}$。

经检验，存在 $a = \sqrt{2}$，使得 O、M、S 三点共线。

4. 椭圆的第四定义

在圆 $x^2 + y^2 = 4$ 上任取一点 P，过点 P 作 x 轴的垂线段 PD，D 为垂足。当点 P 在圆上运动时，线段 PD 的中点 M 的轨迹是什么？为什么？

此题有助于我们弄清楚圆与椭圆的关系，即"椭圆是将圆的点的横坐标或纵坐标等比例压缩所得到的图形"。苏教版《数学》（选修 4-2）中《矩阵与变换》研究了矩阵变换后图形的变化性质：

椭圆 $C_1: \dfrac{x^2}{a^2} + \dfrac{y^2}{b^2} = 1$（$a > b > 0$）在矩阵 $M = \begin{bmatrix} 1 & 0 \\ 0 & \dfrac{a}{b} \end{bmatrix}$ 对应的伸压变换下"圆"起来，变成了圆 $C_2: x^2 + y^2 = a^2$。

简单地说，可以这样理解：把一个圆垂直射影到一个不与此圆所在平面平行的平面上时，就得到一个椭圆。

正因为椭圆"圆"了起来，使得原来隐于椭圆内的一些几何关系得以显性化，进而把隐性的解题经验算法化。椭圆中很多看似复杂的问题，因为圆中稳定的结论而变得简单了。例如，把椭圆 $\dfrac{x^2}{a^2} + \dfrac{y^2}{b^2} = 1$（$a > b > 0$）中垂直于长轴的那些半弦各乘以 $\dfrac{a}{b}$，则它们的端点都在一个直径为 $2a$ 的圆上。因此，设以 Δ 表示椭圆的面积，则 $\Delta \cdot \dfrac{a}{b} = \pi a^2$，即 $\Delta = \pi ab$，于是得出椭圆的面积公式。

例4 已知动点 P 在圆 $O: x^2 + y^2 = 4$ 上运动，$PQ \perp x$ 轴，垂足为 Q，以 P 为圆心，$|PQ|$ 为半径的圆 P 和圆 O 相交于 A、B 两点，弦 AB 与 PQ 相交于点 M，求 M 的轨迹方程。

解：设直线 PQ 交圆 P 于点 C，交圆 O 于点 D。

因为 PQ 是圆 P 的半径，所以 $|PQ| = |PC|$。

又因为圆 O 的弦 PD 垂直于其直径，所以 $|PQ| = |QD|$。

设 $|PM|=m$，$|QM|=n$，$|PC|=|PQ|=|QD|=r$，由相交弦定理，得

$|CM|\cdot|MQ|=|AM|\cdot|MB|=|PM|\cdot|MD|$，即 $(r+m)n=m(n+r)$。

从而得 $m=n$，即 M 为 PQ 中点。

设 $M(x,y)$，则 $P(x,2y)$。

代入圆 O 的方程，得 $x^2+(2y)^2=4$，即 $\dfrac{x^2}{4}+y^2=1$。

所以所求 M 的轨迹方程为 $\dfrac{x^2}{4}+y^2=1$。

5. 椭圆的第五定义

（1）如图，A_1、A 为椭圆的两个顶点，F_1、F_2 为椭圆的两个焦点。

（Ⅰ）写出椭圆的标准方程及准线方程。

（Ⅱ）过线段 OA 上异于 O、A 的任一点 K 作 OA 的垂线，交椭圆于 P、P_1 两点，直线 A_1P 与 AP_1 交于点 M。求证：点 M 在双曲线 $\dfrac{x^2}{25}-\dfrac{y^2}{9}=1$ 上。

（2）已知双曲线 $\dfrac{x^2}{2}-y^2=1$ 的左、右顶点分别为 A_1、A_2，点 $P(x_1,y_1)$，$Q(x_1,y_1)$ 是双曲线上不同的两个动点，求直线 A_1P 与 A_2Q 交点 E 的轨迹的方程。

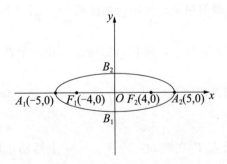

对以上两题进行深入研究，可以得出很多有趣的结论。例如：

双曲线 C_1：$\dfrac{x^2}{a^2}-\dfrac{y^2}{b^2}=1$ 的左、右顶点分别为 A_1、A_2，点 P 在 C_1 上，P、P' 关于 x 轴对称，则直线 PA_1 与 $P'A_2$ 交点 E 的轨迹方程为 C_2：$\dfrac{x^2}{a^2}+$

$\dfrac{y^2}{b^2}=1$。

这一结论可以看成是椭圆的又一"定义",反映出圆锥曲线的一个带有普遍性的深刻的性质。

三、结束语

事实上,圆锥曲线的基本理论可以追溯到古希腊,我们可以利用一个平面与圆锥面相截所得的截线来定义椭圆,也可以用一个与圆柱的母线斜交的平面与圆柱面相截所得的截线来定义椭圆,甚至可以利用直线段产生椭圆。解析几何内容丰富、多姿多彩,由此可见一斑。

圆锥曲线是高中数学课程中的重要内容之一,它在科学研究以及生产和生活中具有广泛的应用。椭圆的不同"定义",只是从解析几何这个花圃中信手拈来的几朵小花。新课标指出:在数学教学中要强调对数学本质的认识,否则会将生动活泼的数学思维淹没在形式化的海洋里。因此,在教学中要引导学生对课本习题和高考题多深入研究,进一步揭示数学概念、定义、法则、结论的本质,只有这样才能有利于落实"通过不同形式的自主学习,探究活动,体验数学发现和创造的历程"的课程目标要求,深化学生对数学概念的本质和解题的一般思想方法的认识,促进学生学会思考,提升学生的数学能力和学科素养。

巧用评价语,让课堂生成正能量

林崇德老师指出,德育为一切教育之根本,是教育内容的生命所在,德育工作是整个教育工作的基础。学校教育教学工作中,德育工作无处不在,许多人都在提倡全方位、多渠道地探索德育途径,这是符合德育工作的特点的。西方的"潜课程"理论认为教师的教学不仅仅是显性的,而且有隐性的因素。正所谓"坐而论道者能起而行之,所要加于人者必可行于己",在学科教学中,教师可以根据不同的问题情境,用好课堂评价,从中提炼出充满正能量的话语,不仅能给学生创造探索体验和顿悟的空间,让学生观微知著、自醒自悟、豁然开朗，而且能生成精彩，使课堂更具张力，促进学生自我教育，达到"润物细无声"的教育新境界。

一、创新情境，四两拨千斤

请看于漪老师执教《宇宙里有些什么》一课的课堂实录片段。

师：刚才读完课文，请同学们自由提出疑问。

生1：老师，课文里有这么一句话，"这些恒星系大都有一千万万颗以上的恒星"，这里的"万万"是多少？

（话音刚落，全班同学都笑了，生1非常后悔自己提了一个被人讥笑的问题，深深埋下了头。）

师：同学们不要笑，也不要小看这个问题，它里面有学问呢，哪位同学能看出其中的奥妙？

生2：我觉得"万万"读起来响亮许多，顺口得多。

师：讲得好，其他同学还有高见吗？

生3：还有强调作用，好像"万万"比"亿"多。

师：通过对"万万"的讨论，我们了解到汉字重叠的修辞作用，它不但读起来响亮，而且增强了表现力。那么，请同学们想一想，我们今天这个知识是怎样获得的呢？

全班同学不约而同地将视线集中到刚才发问的学生身上。这个学生如释重负，先前的惭愧、自责一扫而光，仿佛自己一下子聪明了许多。

在课堂上，面对学生提出的比较"幼稚"的问题，于老师一句"同学们不要笑，也不要小看这个问题，它里面有学问呢，哪位同学能看出其中的奥妙？"犹如画龙点睛之语，不仅小心地呵护着提问学生的自尊心，同时告诉我们什么叫"唤醒"和"激励"，什么叫尊重与平等；教师采取"欲擒故纵"的策略，使学生对知识进行"体验式"学习，其效果远远大于"说教式"的诠释，进一步告诉我们什么叫"师生互动""生生互动"，什么叫探索与创新。

二、将"错"就"错"，曲径可通幽

教学《变量间的相关关系》时，我以下面的问题情境引入课题：

在学校里，老师对学生经常这样说："如果你的数学成绩好，那么你的物理学习就不会有什么大问题。"按照这种说法，似乎学生的物理成绩与数学成绩之间存在着一种相关关系，这种说法有没有根据呢？

为了更好地说明上述问题，我们今天就来学习变量之间的相关关系。类比我们常说的"吸烟有害健康""名师出高徒"，你能举出更多的描述两个变量相关关系的生活实例或成语吗？

生1：粮食产量与施肥量；

生2：父亲身高与儿子的身高；

生3：瑞雪兆丰年；

生4：虎父无犬子；

生5：歹竹出好笋（闽南俗语）；

生6：男人有钱就变坏；

……

生6的回答"一石激起千层浪"，引起全班同学满堂哄笑。其他学生边笑边看着我，想看我怎样"收拾"这个学生。我不慌不忙地谈了自己的看法：第一，从知识层面上来说，生6的举例是符合两个变量相关关系的要求的；第二，从生活层面来说，生6说出了现实生活中一部分人的一种不良生活现象；第三，从道德层面来说，我们做人应该有正确的价值观，一些不良的社会风气不要去沾染，要自觉地抵制。我的话说完，学生陷入了沉思。

教育的最终目的是育人，教学面对的是生命。每个学生都是社会的一分子，都会接触到社会的方方面面，我们对一些不良的社会现实问题不应"唯恐避之不及"，而应着眼于学生的发展和未来，帮助他们认清社会上的一些不良现象。教师不仅要成为"经师"，更要成为"人师"。

三、巧妙引导，润物细无声

下面是一位同事教学《函数的应用》时讲解一道例题的教学片段。

题目：下列函数中，随 x 的增大而增大速度最快的是（　　）。

A. $y=e^x$　　　　B. $y=100\ln x$　　　　C. $y=x^{100}$　　　　D. $y=100 \cdot 2^x$

由于选项D在指数函数中增加了系数100，导致不少学生错选D，教师在解释完指数函数的增长快慢只与底数有关后，结合社会上流行的"拼爹"

现象作了进一步的阐述:

在贫富差距越来越明显的社会,中小学生的贫富意识也越来越明显,这就造成了很多人比拼自己的父母,例如经济能力、社会地位等。这些人认为自己学得好,有能力,不如有个"成功"的老爸。家庭的出生,决定了一个人的出路,有一个"好爸爸",就有一个好前程。这就相当于在指数函数的前面增加一个相当大的系数,如同选项 D。在开始阶段,这个系数可以帮助它增长得较快。但是越往后,选项 A 中的函数 $y=e^x$ 的后劲就爆发出来了,原因在于其底数较大,它的增长速度反超了函数 $y=100 \cdot 2^x$。这个底数就相当于你自己。"拼爹"终究还是不如"拼自己",靠"拼爹"只能拼一时,只有"拼自己",努力修炼自己的本领,勤劳奋斗才是成功的王道。我们要相信功夫不负有心人,不用羡慕别人现在靠"拼爹"过得比你好,二十年后,三十年后,谁过得幸福快乐还不一定呢!

教师的一席话,娓娓道来,犹如层层剥笋,步步深入,又脉络清楚,丝丝入扣,不急不躁,"慢火炖豆腐",功到自然成,令学生感到可亲可敬,从而可信可听,真正达到启发诱导之功效。

总之,孩子是我们的未来,我们的未来是什么样子取决于今天我们给他们什么样的教育。种瓜得瓜,种豆得豆,在教学中,教师利用课堂评价语生成正能量,使学生在潜移默化产生共鸣,促进自我成长,从而热爱生活,热爱美好的人生。而以激发学生心理成长的内在正能量为目标的教育,我相信换来的是理性和谐的未来社会。

促进理性思维,培养良好习惯
——对学生撰写"考后反思"教学实践的思考

一、问题的提出

对于提高数学试卷讲评的有效性,很多教师作了有益的尝试和深入的探讨。但由于我国的数学考试形式基本上都是笔试,在分析试卷时,教师往往只关注学生的得分、每题平均分等"冰冷"的数字,大多从自身角度"揣测"学生的错误成因,鲜有站在学生的视角进行分析和解读,极易忽略学生个体的学习认知情况和错误根源。在讲评试卷时，往往采用"教师讲，学生听"这一被动的教学方式，撇开学生实际，简单按试题顺序纠错和机械复制答案，把"教师的想法"硬塞给学生，导致多数学生觉得课堂"枯燥乏味"，这样的教学必然是低效甚至是无效的。

课堂教学的着力点应放在教会学生学习，充分发挥学生的主体作用上。试卷讲评课不应只是教师表演的舞台，而应成为师生之间交流、互动的舞台。有效的试卷讲评课应该充分调动学生参与的积极性，激发学生探究的主动性。只有让学生充分地、自由地表述，才能充分地、最大限度地将学生对数学知识、数学问题的理解与认识暴露出来，教师才能准确地看出学生什么地方掌握了，什么地方还有问题，才能采取积极有效的方式调控教学进程。近年来，我尝试让学生结合试卷讲评，以撰写"考后反思"的形式进行分析，积累了几百篇学生的作品。经过实践，发现撰写"考后反思"，不仅有利于教师进行教学诊断，掌握学情，积累教学资源，而且能发挥学生的主体作用，提高学生的数学表达和交流能力，培养学生发现问题、提出问题、分析问题和解决问题的能力，促进学生学会学习。我结合所教的两个班级学生高一第一学期期中考试的"考后反思"，谈谈自己的理解和思考，供大家研讨。

二、"考后反思"展示

爱因斯坦说过："学习知识要勤于思考，思考，再思考。"这句话充分说明了思考对于学习的重要性。试卷讲评后，我提出两个问题，供学生撰写"考后反思"，这两个问题是：（1）你觉得自己数学学得如何？如果学得不错，请简要说说主要收获；如果这次考试考得不理想，请简要谈谈没考好的原因。（2）结合这次考试，你认为今后要怎样才能学好数学？

1. 数学学得如何

认为自己学得不错的有 20 人，这占到总人数的 21%。

（1）认为学得好的主要收获。

①勤练习的收获。

我在学习中做了很多课外书上的习题，相比第一次月考，在时间安排和解题思路上有了较大的改进。但自己在解答选择题、填空题时，缺乏变通精神，没有养成利用数形结合、分类讨论等思想解题的习惯，导致解题耗时过多或者漏解的情况。比如第10题：

已知 $2\lg(x-2y) = \lg x + \lg y$，则 $\dfrac{y}{x}$ 的值为（　　）。

A. 4　　　　B. 1 或 $\dfrac{1}{4}$　　　　C. 1 或 4　　　　D. $\dfrac{1}{4}$

我在《优化》中做过类似的题目，考试时就没有遇到障碍，我是这样解答的：

由 $2\lg(x-2y) = \lg x + \lg y$，得 $(x-2y)^2 = xy$。
即 $x^2 - 5xy + 4y^2 = 0$，即 $(x-y)(x-4y) = 0$。
所以 $x = y$，或 $x = 4y$。

又因为 $\begin{cases} x - 2y > 0 \\ x > 0, \ y > 0 \end{cases}$，所以 $x = 4y$，即得 $\dfrac{y}{x} = \dfrac{1}{4}$，应选 D。

讲评时，老师给出问题的直接解法后指出，有的同学在求出"$x = y$，或 $x = 4y$"后，没有考虑真数的取值范围，得到"$\dfrac{y}{x} = 1$ 或 $\dfrac{1}{4}$"，错选 B，就这样一个小小的失误，导致解题"功亏一篑""满盘皆输"，真正体现了"细节决定成败"。老师接着说，此题根本不需过多的计算，根据"定义域优先"原则，由 $x - 2y > 0$，得 $2y < x$，因为 $x > 0$，所以 $\dfrac{y}{x} < \dfrac{1}{2}$，对比选择支，应选 D。老师常对我们说，解答选择题时要"不择手段，选对就算"，这就提醒我们做题时"不要只埋头苦算，还要随时抬头看看"，学习数学不仅要勤练习，还要多思考。这道题特别值得自己进一步去反思、去总结。（李婧媛）

②多思考的收获。

我曾对一道课本习题进行探究，有了一些发现和收获，在老师的指导下，我把自己的"研究成果"写成小论文《看似朴实无华，实则内涵隽永——对一道课本习题的探究》并投稿到《数学通讯》学生刊编辑部。文中我结合几道题目谈到对数形结合思想解题的认识，其中有一道题目是：

如果定义 $F_n(A, B)$ 表示所有满足 $A \cup B = \{a_1, a_2, \cdots, a_n\}$（其中

$n \in \mathbf{N}^*$）的集合 A、B 组成的有序集合对（A，B）的个数，那么 $F_n(A, B) = $ _____。

这次半期考试选择题最后一题是：

集合 A_1、A_2 满足 $A_1 \cup A_2 = A$，则称（A_1，A_2）为集合 A 的一种"分拆"，并规定：当且仅当 $A_1 = A_2$ 时，（A_1，A_2）与（A_2，A_1）为集合 A 的同一种"分拆"，则集合 $A = \{a, b, c\}$ 的不同"分拆"种数为（　　）。

A. 27　　　　B. 24　　　　C. 17　　　　D. 9

考试时，我发现题 2 恰好是题 1 在 $n = 3$ 时的特殊情形，就立即得出正确答案 27，节约了不少时间。这就提示我们，在拿到一个题目时，不要急于下手，要冷静地观察题目特征，思考：题目的条件和结论分别是什么？它与自己做过的哪些问题相关联？能找到更简单的方法吗？……通过分析确定问题的解决方案。（赵珏焜）

（2）认为考得不好的原因。

①基础不牢，时间安排不合理。

填空题最后一题不会做不是主观上的错，因为自己本来就不会，这暴露出我在知识点上的缺漏。（杨帆）

考试成绩不理想的几个原因：第一，基础不牢固；第二，时间安排不合理；第三，考前没有及时复习。（郭晨露）

前面选择题耗时较多，过于纠结于每题的答案是否正确，做题不能一气呵成，导致留给做解答题的时间不充裕。（方婕）

②粗心。

把幂函数与指数函数混为一谈，导致错了几道简单题。（黄洁婷）

最主要的原因是不够细心。第 8 题，对于分段函数的单调性，没有注意"分点"处的取值大小关系导致出错，像这种"细枝末节"今后需要弄得清清楚楚；第 10 题，忽略解答与函数相关的问题时"定义域优先"原则，没有考虑到真数大于 0 导致出错。（苏雅莹）

第 4 和第 8 两题是粗心导致丢分的，而第 10 题我在《优化》上见到过

类似的问题，但当时没有认真去思考，导致考试时不会做，这15分被自己白白丢掉了。（江晓静）

还有就是自己粗心，当然，这也说明自己的能力不够。平时上课老师讲的自己都能理解、听得懂，可是考试的时候，便发现所学的定义、公式、性质全混在一起，做起题来一团糟。（许如凤）

2. 怎样才能学好数学

（1）从宏观的角度。

①端正态度。

对于以上不足，今后将采取以下措施进行弥补：第一，提高听课效益，及时掌握和巩固相关知识；第二，提高课后作业的完成效率；第三，考前做好复习工作，考试时要冷静。（苏雅莹）

②查缺补漏。

以后要多反省，做好查缺补漏工作，做到"考后100分"。（陈鑫）

③坚持不懈。

我对学好数学仍然充满信心，尽管数学虐我千百遍，但我仍待它如初恋。（江晓静）

数学是一门很有趣的学科，一道题可以有很多种解法。在学习数学时，常常会碰到难题，看到同学、老师解出来或者解法比自己的简单时，敬佩之情油然而生。这就提示自己，碰到难题时，如果一时半会儿没有想出来，不要放弃，有时换一个角度思考，也许问题就会迎刃而解。（蔡玥清）

（2）从微观的角度。

①多预习。

平时我很少预习，有时听课觉得跟不上老师的步伐，今后我要加强课前

预习。（康凯潋）

②多巩固。

课后多找一些好题进行练习，发展思维，对作业中存在的问题及时整理与复习。再准备一个错题本，把平时做错的题目分门别类收集起来，在考前认真复习巩固，争取考试不再犯同样的错误。（王珏璇）

③多思考。

一次做一道计算量很大的题目，我问老师能用计算器算吗，老师对我说，不用计算器，要用脑。学数学要多思考，同时还要改变"怕算"的心理，逐步提高运算能力。（黄洁婷）

④多练习。
有35位同学认为，"熟能生巧"，多做题是学好数学的重要方法。这占到总人数的36%。

今后我将会作以下调整：第一，上课注意力集中，紧跟老师的思路，记好笔记；第二，学习的内容要通过多做题及时巩固提高。（林淑琼）

⑤多交流。

对于自己平时做错或者没有搞懂的题目，一定要及时解决消化，不要把问题积压起来，要虚心向老师和同学请教。（钟雯露）

⑥多拓展。

高中数学学习要搞题海战术不太容易了，高一要学的科目太多，因此要提高数学成绩，平时做题就要选有代表性的，要做精品题，做完以后对问题多拓展，掌握同类问题的解题方法，达到一通百通。（朱岑）

三、教学思考

1. 对试卷讲评课的思考

当前的试卷讲评课，课堂上呈现的往往是教师非常完美和标准的解答。从另一个角度来看，这样的"完美""标准"恰恰是最大的欠缺，"太完美""太标准"的解答过程学生很可能无缘参与，难以获得实际的体验，这样的讲解往往变成教师的"解题秀"，教师成了"标准答案"的"二传手"，学生容易被排斥在学习活动之外。

学生作业及考试中的错误往往有着深层次的原因，如概念不清、双基不实导致的知识性错误，数学素养差、解题方法不当导致的策略性失误，审题不清、书写不全导致的心理性失误等，不少人将之简单归因为粗心大意是片面的。教师要善待学生的错误，努力让学生学会正确认识错误，辨别错误根源，自觉纠正错误。同时，教师要立足于学生的易错点、疑难点、混淆点，对学生进行指导或启发，为学生后继学习提供帮助。

试卷讲评课要有新视角、新方法，教师要站在"一切为了学生的终身发展"的高度，从促进学生数学思维的角度出发，搭建真正有效的交流平台，留给学生更多思考的空间和机会，使"考试"成为学生发现问题、思考问题、解决问题的发源地，使学生学习真正回归理性，使试卷讲评真正走向高效。

2. 对考后反思的思考

考后反思是指学生以考试为思考对象，对自己做出的行为、决策及由此所产生的结果进行审视和分析的过程。考后反思是学生成长的基本途径，波斯纳认为，没有反思的经验并深入思考，只能形成肤浅的知识。

解题后的反思属于数学学习反思的一个重要方面。目前，学习过程中普遍存在的一种现象是"学数学＝做题目""完成作业＝完成学习"，这使得学生的数学学习走入一个怪圈。学会反思或许是破解这种困局的方法之一。荷兰数学教育家弗罗登塔尔指出：数学学习是一种再创造学习，反思是数学思维活动的核心和动力。撰写考后反思的本质是对考试中暴露的问题的深层次思考，有助于引导学生在学习中反思、在反思中学习。学生结合自身答题情况进行考后反思，可以激活学生的基本活动经验，充分暴露出思维的全过程和认知误区，这就为突破认知障碍、完成理性升华找到了着力点，为数学能力的提高找到了生长点。学生在各种解法的比较、优化中，在错误根源的反思中，在同类问题解答方法的积累中，就能不断揭示问题本质，构建知识体系，优化思想方法，提升思维品质，更广泛的能力迁移也就能水到渠成了。教师通过考后反思，对学生的数学学习状况会有更深入的了解，就能有针对性地解疑释惑，助推学生学习。由此可见，考后反思对教师教学水平的提升，对学生学习效果的提升都有着重要影响。

总之，考后反思给了学生思考问题的空间，给了学生反省问题的机会，是学生学习数学的有效助手，是对试卷讲评课的进一步完善和丰富，是对学生学习数学过程的进一步丰盈，对培养学生解题反思的习惯，提升学生数学素养都有不可忽视的作用。从学生的角度看，这才是更为完美的试卷讲评和更为完整的数学教学。我们的学生一开始就要养成这种良好的习惯，这将使他们终生受益。当然，此经验只是一种尝试，还需在今后的教学实践中进一步提高和完善。最后以著名现代教育家叶圣陶先生的一句话作为结尾："教育就是要养成良好的习惯。"

他山之"思"可攻玉

一、写在前面

姚跃林是我校校长，语文特级教师，在学校积极倡导"推门听课"制度，同时经常深入课堂开展听课、评课活动。他以两次听初三数学课《圆》的经历和感受，写了一篇评课稿《门外再谈数学——数学教学中的儿童视角问题》。读了这篇评课稿，很多数学教师觉得，他的感受很本原，很真实，犹如"他山之石"，恰好揭示了当前中学数学教学的一些积弊，惊醒了我们这些"局中人"，对教学有很大的启示与借鉴作用，有助于我们"打破数学孤立主义"（张奠宙语），走向跨学科结合的教学新境界。

二、语文老师点评数学课

很多成人看来很简单的概念，孩子是很难真正理解的。我曾经听过一堂数学课，发现有学生完全没有听懂，问题出在哪里呢？可能确实是因为数学不是什么人都能学好的。但我觉得教学中缺乏儿童视角是重要原因，数学恐惧症的病根从小就落下了。表面上看，学生花了很多时间在学数学，实际上很多时候却是深陷恐惧导致什么都没有学。可以说，数学教育的效率是不高的。

上周听了一堂数学课——《圆》。老师准备很充分，课上得很好，师生互动也很充分，但我分明感到不止一个学生没有听懂。后来找到教材认真看了一下，大概悟到了问题所在。这里不去讨论教材编写的问题，我只想剖析一下那道令不少学生挠头的问题。

题目：设 $AB=3$cm，画图说明满足下列要求的图形：
（1）到点 A 和点 B 的距离都等于 2cm 的所有点组成的图形。
（2）到点 A 和点 B 的距离都小于 2cm 的所有点组成的图形。

从语文角度看，"画图说明满足下列要求的图形"是一个病句，改成"画出并说明满足下列要求的图形"方简洁明晰。当然，教师可以先帮学生分析题意，这里的分析就需要"儿童视角"，在老师看来"想当然"的在学生看来未必"想当然"，"啰唆"一点没有坏处。譬如，按要求画图，能画出什么样的图形并没有说；注意"都小于 2cm"的条件限制，"小于"是范围，范围要有边界；仅画图还不行，还得"说明"；等等。这些细微处，对学习数学已形成心理障碍的学生来说很重要。他们的障碍也许只是薄薄的一层纸，帮他们捅破了，可能就豁然开朗，也许从此障碍就会逐渐消失。

教师还要督促学生亲自动手画。据我观察，那些未搞懂的差不多都是没有认真动手的。这道题的目的是考查学生是否真正理解圆的定义。看起来简单，实际不简单。教材给出的圆的定义是"到定点的距离等于定长的所有点组成的图形"。初中生完整理解这句话是有难度的。这个定义是抽象的、严密的、富有逻辑性的表述，无懈可击。但同时也属于"你不说我还懂，你一说我更糊涂了"的定义。《现代汉语词典》（第 7 版）对"圆"的解释有八条，其中与图形"圆"有关的三条是：圆周所围成的平面（名词）；圆周的简称（名词）；形状像圆圈或球的（形容词）。我们一看就懂。当然从逻辑的角度看，这三条解释有同语反复的错误，但这丝毫不影响我们正确理解"圆"这个图形。两岁孩子都知道什么是"圆"，何况 15 岁的初三学生。因此，从生活教会我们认识的"圆"出发来理解"圆心到圆周上的每一点距离相等"，比从"到定点的距离等于定长的所有点组成的图形"的描述来认识"圆"要简便得多。

只有懂得"圆"的定义，才能画出图形，然后找出满足到点 A 和点 B 都等于 2cm 的图形。我认为，用这样的题目来强化学生对"圆"的理解大而无当，是教材编写中儿童视角缺乏的典型案例。如果教师在授课中不能及时弥补教材的缺陷，教学就不可能有效。同时，在尊重儿童、确保儿童视角的前提下，严谨的学科体系不妨因之作些调整，甚至可以先让让路。只有当儿童有兴趣学习，学习才会是有效的。

三、对教学的启示

众所周知，学生只有保持对数学的好奇心，主动去探索数学的基本规律，才能成为一个懂数学的人。反观当前的数学教学，教师往往只讲解具体的知识点。在概念课的教学中，有些教师采用"一个定义，几项注意"的方式，简单提一下概念，有时甚至要求学生"囫囵吞枣"地把它背下来，而把重点放在讲解题技巧上，以"例题讲解＋技巧总结＋强化训练"的方式搞教学。讲完例题就让学生做题，做了题才发现学生对问题一知半解，则让他们做更多的题。教师的教学往往被考试和课外资料绑架，"新课"俨然上成了"复习课""习题课"。凡此种种，导致课堂上给学生带去的不是享受、成功、体验，而是单调、无趣和一知半解。即使学生把概念背下来，也无法理解其本质，无法进行"再生产"，所以说"学生的笨都是老师教的"，数学就这样被教"坏"了。而在数学考试中，往往只考查一些死记硬背的知识，大部分试题都陷入单纯的数字演算之中，为了知识而使数学失去了本来的丰富多彩，也使学生丧失了数学学习的兴趣和热情，其实是本末倒置。长此以往，学生就会越来越怕数学、厌恶数学、抵触数学学习。

其实，很多学生数学没有学好就是被我们从小学开始一路不断扔下不管造成的。作为数学教师，教学中是有可为有可不为的。

1. 教师不仅要"授之以渔",更要"授之以欲"

对许多中小学生来说,数学的确是令人怨念丛生的"苦学"。这固然有学科特点的因素,因为数学教材中的知识往往被教材编写者"标本化"了,从而使数学知识显得抽象而不易理解。数学教材往往因为严谨而不容差错,所以要遵循无数的公理、定理和公式,往往也就失去了生气与活力。

教师要从自己面临的现实情境和客观条件出发,发挥自己的聪明才智,"为学习设计教学",通过自己的教育教学智慧,还数学以自然,恢复数学知识的生气,找到学生数学学习的"慧根",在教学中做到有的放矢,把"教"真正转化为"学",引发学生的情感体验,激发学生学习数学的欲望和内在驱动力,让他们乐意参与学习过程,终身与数学保持友好关系。

"兴趣是最好的老师。"让学生带着兴趣听课,效果最佳,否则"愁眉苦脸地坐在那儿学,效果决不会好"(吕叔湘语)。教师要想方设法激发学生的学习兴趣,而不是千方百计打击他们的积极性。在数学的研究与探索过程中,也许规划出正确的方向和思路是更为关键的。

2. 教师要用教材教,而不是教教材

教材是知识的载体,但知识不是终极的教育目标,它是思想的载体。教师课堂上的任务就是要透过知识的表象,挖掘出掩藏在知识背后的东西——思想,而不是简单地传递知识。教学中既要关注基础知识和基本技能的掌握,又要关注学生在学习过程中的体验,将教学过程、教学目标和学生发展有机结合起来,善于从教材中挖掘出丰富的"宝藏","做足"学生对数学的理解,提高数学素养。

在设计概念课教学时,教师应该深入思考以下几个问题。

(1)为什么会出现某个概念?找出与此概念相关的本源性问题,再根据学生的认知心理特点重组构造问题情境。

(2)现实中的例子与数学概念之间有什么不同?搞清楚这个问题可以帮助学生理解概念的内涵与外延。

(3)用什么例子来强化概念教学?强化概念的例子应该有两类:一是与实际问题比较的例子,二是严格数学意义上的例子。而且例子的选取应该越简单、越能说明概念的本质(内涵与外延)越好。

每个学习科目都要遵循其所具有的认知和思维发展优势功能,设计教育教学的侧重点,只要突出了优势功能,牺牲一点全面性、一点逻辑缜密性是

无关紧要的。教师在教学中可以适当增删教材中的教学内容,也可以对教材知识的呈现方式等进行改革。教师要重视教材,把握教材,但重视和把握教材,不等于以掌握教材内容为目的地"教教材",而应充分发挥教师的真正个性,做到"不唯上、不唯书"。教师的真正个性在对于文本的独特见解,在于自己鲜明的教学风格,在于教育过程中独到的方法——灵活驾驭教材,创造性地使用教材。在学生现有认知基础上根据学生的思维与思想的可能性设计教学情境,关注学生的思维发展设计引导教学,激发学生积极思考,激活学生的数学思维,以使课堂教学活动适合学生的认知发展规律,符合学生思维展开与发展的轨迹,学生才有可能积极参与进来,数学教学才有可能迸发出蓬勃的生机与活力。

致谢:本文与姚跃林校长合作完成,在此对姚校长致以诚挚的谢意!

秘密三

高手的解题智慧

中学数学教学的首要任务就在于加强解题能力的训练。

——（美籍匈牙利）波利亚

智慧一　解题理论

解题是数学教师必须面对的一座大山，是不可能绕过的一道坎。一个数学教师解题能力的高下也是决定其能否在课堂上站稳讲台的一个重要方面。而在数学学习过程中，解题具有重要的作用。数学解题的重要性可以从以下几个方面来解读：

第一，美国数学家哈尔莫斯认为，问题是数学的心脏，重大数学问题的提出和解决推动着数学科学的进步。

第二，问题解决是数学课程的核心，是培养学生数学核心素养的最重要的途径，它已成为数学教育的焦点，受到数学教育界的高度重视。

第三，"通过解题水平来看数学思维水平"由来已久，大量的事实表明，"解题水平"与"数学思维水平"之间存在中度正相关。数学问题解决的能力和思维方法，还可以迁移到非数学领域之中，使人终生受益。

第四，波利亚在《数学的发现》中提出："中学数学教学的首要任务就在于加强解题能力的训练。"解题在数学学习中有不容置疑的重要性，高考、数学竞赛使人们更加关注如何提高学生的数学解题能力。

解题对数学学习的重要性无需赘言，但现实是不少学生在数学学习中听老师讲解了很多道题，自己也解答了无数的题，学习成效却并不一定理想，很多平时可以做出来的题目考试时却做不出来。我想问题在于：在平时的解题教学中，我们过多地强调解题方法，我们更多地强化答题解题训练，并没有真正体会思想的重要性。所以在此强调：领悟思想比做题重要，深度思考比答题方法重要，培养能力比分数重要，提高学科素养比考试重要。

数学问题种类繁多，千差万别。各种数学问题的解法也花样各异，丰富多彩。那么，怎样才能提高数学解题能力呢？这个问题早已成为数学教育界共同关注的重大研究课题，人们从不同的角度用不同的观点、方法、手段对这一问题加以研究，不断取得丰硕的成果。

下面介绍几个代表性的解题理论和一些解题案例，希望能提高读者朋友的数学解题能力。

怎样解题表

怎样教会学生解题是每个数学教师必须长期思考的问题，在解决这个数学难题的探索中，美籍匈牙利数学家、数学教育家波利亚的系列成果有着广泛的影响。波利亚关于解题的名著《怎样解题》《数学与猜想》《数学的发现》集中反映了他的数学教育思想，开创了数学"问题求解"和合情推理的一个新时代，已影响了全世界数以百万计的数学教育工作者，而且为人工智能、心理学、计算机科学、高等教育，甚至教育行政界和哲学界等广大领域所引用，由此确立了他在数学教育界的显赫地位。在数学解题研究方面，波利亚是一面旗帜，他作出了划时代的贡献。直到今天，波利亚的这些著作都很适合每个中小学教师阅读。

波利亚认为，学生除必须掌握逻辑分析方法外，还必须掌握探索性思维方法。他致力于探索解题过程的一般规律，将数十年的教学与科研经验集中具体地表现在如下的解题表上。

	弄清问题
第一，你必须弄清问题。	未知数是什么？已知数据是什么？条件是什么？满足条件是否可能？要确定未知数，条件是否充分？或者它是否不充分？或者是多余的？或者是矛盾的？ 画张图，引入适当的符号。 把条件的各个部分分开，你能把它们写下来吗？

续表

	拟订计划
第二，找出已知数与未知数之间的联系。 如果找不出直接的联系，你可能不得不考虑辅助问题。 你应该最终得出一个求解的计划。	你以前见过它吗？你见过相同的题目或形式稍有不同的问题吗？ 你知道一个与此有关的问题吗？你是否知道一个可能用得上的定理？ 盯住未知数！试想出一个具有相同或相似未知数的熟悉的问题。 这里有一个与你现在的问题有关，且早已解决的问题，你能不能利用它？你能利用它的结果吗？你能利用它的方法吗？为了能利用它，你是否应该引入某些辅助元素？ 你能不能重新叙述这个问题？能不能用不同的方法重新叙述它？回到定义去。 如果你不能解决所提出的问题，可先尝试解决一个与此有关的问题。你能不能想出一个更容易着手的有关问题？一个更普遍的问题？一个更特殊的问题？一个可类比的问题？你能否解决这个问题的一部分？仅仅保留条件的一部分而舍去其余部分，这样对于未知数能确定到什么程度？它会怎样变化？你能从已知数据导出某些有用的东西吗？你能不能想出适合于确定此未知数的其他数据？如果需要的话，你能不能改变未知数或已知数据，或者二者都改变，以使新未知数和新数据彼此更接近？ 你利用了所有的已知数据吗？你利用了全部条件吗？你考虑了包含在问题中的所有关键的概念吗？
	实现计划
第三，实现你的计划。	实现你的求解计划，检验每一个步骤。 你能清楚地看出这一步骤是正确的吗？你能否证明这一步骤是正确的？
	回　顾
第四，检查所得到的解答。	你能检验这个结果吗？你能检验所做的论证吗？ 你能用别的方法导出这个结果吗？你能不能一下子看出它来？ 你能不能把这结果或方法用于其他的问题？

"怎样解题表"就"怎样解题""怎样学会解题"等问题，把"解题中典

型有用的智力活动",按照正常人解决问题时思维的自然过程分成四个阶段——弄清问题、拟订计划、实现计划、回顾(即我们常说的"理解题意、思路探求、书写表达、回顾反思"),从而描绘出解题理论的一个总体轮廓,也组成了一个完整的解题教学系统。它集解题程序、解题基础、解题策略、解题方法等于一身,融理论与实践于一体。这对解题者和教师都有帮助。

首先要了解这张表,学习怎样正确地应用这些问题和建议,并且通过试验尝试,通过应用来学习这张表。

其次,绝不可生搬硬套地应用它。不应当按照某种刻板的习惯,不加选择地提出问题和建议。要准备各式各样的问题和建议并作出判断。你正在做一件艰巨而又令人兴奋的工作,你下一步将要干什么,应当对你面前的问题作仔细的、无偏见的考虑后再来决定。你希望帮助一个学生,你对你的学生说什么,应当从同情并了解学生的困难出发。

波利亚指出:"怎样解题表"对大多数简单情况是够用了,但无疑它还应该改进。为了培养学生的独立工作能力,必须根据具体情况找出特殊的建议,重要的是,我们开始提的问题与建议应该简单、自然和一般化,并且"表"应该简短。

同时,收集和归类关于制订解题计划、寻找解题方法和选择解题路径的谚语,是一件有意思的工作,波利亚就做了这方面的工作,他引述了一些谚语来帮助我们提高解题能力。

(1)在解题时必须做的第一件事是"弄清问题"。对此,有谚语说:

"知敌方能应敌。"

"想清目标再动手。"

"目标决定手段。"

"智者从目标着手,愚者在起点止步。"

(2)拟订解题计划关键在于找到解题思路,而有时好的思路源于好的运气、源于灵感,但好运气、灵感不会无缘无故到来。有谚语说:

"勤勉是幸运之母。"

"坚持就是胜利。"

"条条道路通罗马。"

"智者灵活变通,愚者墨守成规。"

"钓鱼不在于钓而在于鱼。"

"智者创造机会多于发现机会。"

"智者变机会为财富。"

（3）实现计划应该在找到解题思路之后，方案成熟了，就开始去执行它，不必急于轻率地去写出答案。有谚语说：

"三思而后行。"

"试验在先，相信在后。"

"做最可能的事，抱最大的希望。"

"梯子要一步一步爬。"

（4）在完成问题的解答过程之后，还要回顾反思。回顾已经完成的解答是问题求解中一个重要而有延伸价值的阶段，别忘记了谚语：

"多思出上策。"

"不再爱思索的人，必定不善于思索。"

"当你找到第一个蘑菇时，再四处看看，它们总是成群生长的。"

可以看出，波利亚在借用谚语指导解题方面为数学教师提供了示范，我们要有意识地去收集、整理这样的谚语，并适时运用到解题教学中。

实践波利亚"怎样解题表"的示例，请参阅《怎样解题》一书（波利亚著，阎育苏译，科学出版社 1982 年出版）。

学会解题的四步骤程式

罗增儒教授通过几十年的解题实践——"一个中国解题者的学习案例，或一个中国学习者的解题案例"，总结得出"学会解题的四步骤程式"，认为学会解题要经历四个阶段：记忆模仿、变式练习、自发领悟、自觉分析。

第一步：记忆模仿。

即解题者模仿教师或者教科书的示范去解决一些识记性的问题。这是一个通过观察被模仿对象的行为，获得相应的表象的过程，也是对解题基本模式加以认识并开始积累的过程。对于认知结构的改变而言，这一步具有数学学习中输入信息并开始相互作用的功能，其本身会有体验性的初步理解。

"模仿是学习的开始"（张景中语）。在这一步中，记忆是一项重要的内容，由记到忆，是指信息的巩固与输出的流畅，要解决好：记忆的敏捷性（记得快），记忆的持久性（记得牢或忘得慢），记忆的准确性（记得准），记忆的准备性（便于提取）。而要真正做到、做好这四点，还需要进入第二步。

第二步：变式练习。

即在简单模仿的基础上迈向主动实践这一步，主要表现为做数量足够、形式多变（富有干扰性）的习题，本质上是进行操作性活动与初步应用。其作用首先是通过变换方式或添加次数而增强效果、巩固记忆、熟练技能；其次是通过必要的实践来积累理解所需要的操作数量、活动强度和经验体会。对于认知结构的改变而言，这一步具有新旧知识相互作用的功能，做好了能形成新认知结构的雏形。

"变式"是防止非本质泛化的一个有效措施，中国的数学教育有"变式教学"的优良传统，"变式练习"是这一传统在解题教学上的重要体现。

第三步：自发领悟。

即在模仿性练习与干扰性练习的基础上产生理解——解题知识的内化（包括结构化、网络化和丰富联系）。但在这一阶段，领悟常常从直觉开始，表现为豁然开朗、恍然大悟，而又"只可意会，不可言传"（默会知识）。这实际上是一个各人自己去体会"解题思路的探求""解题能力的提高""解题策略的形成""解题模式的提炼"，从而获得能力的自身性增长与实质性提高的过程（生成个体经验）。对于认知结构的改变而言，这一步具有形成新认知结构的功能。

罗增儒指出，由于单纯的实践不能保证由感性到理性的飞跃、由"双基"到能力的升华，这种飞跃或升华又需要一个长期的积累，因而，这是一个漫长而又不可逾越的必由阶段（会存在"高原现象"）。因此，为了缩短被动、自发的过程，为了增加主动、自觉的元素，解题学习还应有第四步。

第四步：自觉分析。

即对解题过程进行自觉的反思，使理解进入到深层结构，通常要经历整体分解与信息交合两个阶段。这是一个通过已知学未知、通过分析"怎样解题"而领悟"怎样学会解题"的过程，也是一个理解从自发到自觉、从被动到主动、从感性到理性、从"基础"到创新、从内隐到外显的飞跃阶段。这个阶段与解题书写的最后一个环节（检查验算）是有区别的，它不仅反思计算是否准确、推理是否合理、思维是否周密、解法是否还有更简单的等,而且要提炼怎样解题和怎样学会解题的理论启示(有构建"数学解题学"的前景)。相对于认知结构的改变而言,这一步具有形成并强化新认知结构的功能。

罗增儒教授进一步指出,虽然这四个阶段与数学学习的一般过程是吻合的,但由于数学解题是一种创造性活动,因而它只是符合"钥匙原理",而非打开一切题目大门的万能钥匙。解题教学中,当前的重点应是加强第四阶段的教学与研究。

关于"学会解题的四步骤程式"的解题案例,请参阅《中学数学解题的理论与实践》一书(罗增儒著,广西教育出版社 2008 年出版)。

怎样学会解数学题

弗里德曼等所著的《怎样学会解数学题》一书认为,解数学题,就是要找到一种一般数学原理(定义、公理、定理、定律、公式)的序列,把这些原理用于习题的条件或者条件的推论(解题的中间结果),得到习题所要的东西,即习题的答案。

记 x 为条件,y 为答案,若存在数学原理 $f_1, f_2, \cdots, f_{n-1}, f_n$,使 $y = f_n f_{n-1} \cdots f_2 f_1(x)$,则 $f_1, f_2, \cdots, f_{n-1}, f_n$ 就是解这道习题的数学原理序列,$f_k f_{k-1} \cdots f_2 f_1 (1 \leqslant k < n)$ 为中间结果或条件的推论。

例如:因式分解 $x^3 - 24 + 6x^2 - 4x$。

解题步骤	一般数学原理	习题条件或者条件的推论	结 果
1	加法的交换律和结合律	$x^3 - 24 + 6x^2 - 4x$	$(x^3 - 4x) + (6x^2 - 24)$
2	提取公因式	$(x^3 - 4x) + (6x^2 - 24)$	$x(x^2 - 4) + 6(x^2 - 4)$
3	同上	$x(x^2 - 4) + 6(x^2 - 4)$	$(x^2 - 4)(x + 6)$
4	平方差公式	$(x^2 - 4)(x + 6)$	$(x + 2)(x - 2)(x + 6)$
5	等式的传递性	已得到的所有等式	$x^3 - 24 + 6x^2 - 4x =$ $(x + 2)(x - 2)(x + 6)$

可见，解答此题的实质，就是找出五项数学原理序列，依次作用于多项式，得出最后答案：

$x^3-24+6x^2-4x$

$=(x^3-4x)+(6x^2-24)(f_1:$用加法的交换律和结合律$)$

$=x(x^2-4)+6(x^2-4)(f_2:$提取公因式$)$

$=(x^2-4)(x+6)(f_3:$同上$)$

$=(x+2)(x-2)(x+6)(f_4:$用平方差公式$)$

所以 $x^3-24+6x^2-4x=(x+2)(x-2)(x+6)(f_5:$用等式的传递性$)$

那么，怎样找出一个数学原理序列，如何确定它们是正确的？书中提出了八阶段解题程序：

第一阶段——分析习题；

第二阶段——作习题的图示；

第三阶段——寻找解题方法；

第四阶段——进行解题检验；

第五阶段——检验解题；

第六阶段——讨论习题；

第七阶段——陈述习题答案；

第八阶段——分析题解。

同时，此书还引述有关成果，对于如何寻找解题方案提出了许多有益的建议。

第一，识别习题的类型。识别习题的类型，在大多数情况下，我们就得到了解题的方法，因为在数学教材里，对于许多类型的习题都有它们的一般法则。

第二，解题就是把题归结为已经解过的题。如果开始解一道题，分析的结果是不能从中识别出类型，对于这种类型我们不知道它的一般解法，那么，应当怎么办呢？只有利用变换、改编或其他方法，把它化归为熟悉的早已解过的习题。

第三，抓藏在石堆里的老鼠。如果遇到不熟悉的和费解的习题，所有的建议和提示都无济于事，这时，寻找解题方案"就好像去抓藏在石堆里的老鼠"，有以下两种方法。

方法一：把这个石碓的石头一块接一块地逐渐搬开，直到露出老鼠来。

方法二：围绕石堆不停地来回走动，并留心观察，看什么地方露出老鼠尾巴没有。一旦发现老鼠尾巴，就用手抓住它，并把老鼠从石堆里拖出来。

事实上，这就要求我们既要善于把一个问题分解为一些小问题（然后分别求解小问题），又要善于分析问题的实质，直捣问题的关键。

第四，解题是一个改编习题的过程。在这个过程中，通过综合习题条件和要求之间的联系，对这些条件和要求进行不间断的分析，最终化归为已经解决的问题。

更多的例子请参阅《怎样学会解数学题》一书（弗里德曼等著，陈淑敏、尹世超译，黑龙江科学出版社1981年出版）。

智慧二 解题案例

陈题新解

例1 函数 $f(x)$ 是定义在 **R** 上的函数,若 $f(0)=1008$,且对任意 $x\in \mathbf{R}$,满足 $f(x+4)-f(x)\leqslant 2(x+1)$,$f(x+12)-f(x)\geqslant 6(x+5)$,则 $\dfrac{f(2016)}{2016}=$ _____。

分析:这是2016年福建省高中数学联赛预赛试题,结合已知条件可以利用夹逼法求解。

解:由 $f(x+4)-f(x)\leqslant 2(x+1)$,得

$f(x+12)-f(x)=[f(x+12)-f(x+8)]+[f(x+8)-f(x+4)]+[f(x+4)-f(x)]\leqslant 2[(x+8)+1]+2[(x+4)+1]+2(x+1)=6(x+5)$,

又 $f(x+12)-f(x)\geqslant 6(x+5)$,

所以 $f(x+12)-f(x)=6(x+5)$。所以

$f(2016)=[f(2016)-f(2004)]+[f(2004)-f(1992)]+\cdots+[f(12)-f(0)]+f(0)$

$=6\times 2009+6\times 1997+\cdots+6\times 5+1008$

$=6\times \dfrac{(2009+5)\times 168}{2}+1008$

$=1008\times 1008$。

所以 $\dfrac{f(2016)}{2016}=\dfrac{1008\times 1008}{2016}=504$。

值得指出的是：类似运用夹逼定理（若 $a \leq b$，且 $b \leq a$，则 $a=b$）求解的问题在各类竞赛中并不少见。如：

变式 1：（2000 年北京市中学生数学竞赛）$f(x)$ 是定义在 **R** 上的函数，对任意的 $x \in \mathbf{R}$，都有 $f(x+3) \leq f(x)+3$，$f(x+2) \geq f(x)+2$，设 $g(x)=f(x)-x$。

(1) 求证：$g(x)$ 是周期函数；

(2) 如果 $f(998)=1002$，求 $f(2000)$ 的值。

解：(1) 因为 $g(x)=f(x)-x$，由已知 $f(x+3) \leq f(x)+3$，

得 $f(x+6) \leq f(x+3)+3 \leq f(x)+6$，

又 $f(x+2) \geq f(x)+2$，

所以 $f(x+6) \geq f(x+4)+2 \geq f(x+2)+4 \geq f(x)+6$，

所以 $f(x)+6 \leq f(x+6) \leq f(x)+6$，

故 $f(x+6)=f(x)+6$，即 $f(x+6)-(x+6)=f(x)-x$。

所以 $g(x+6)=g(x)$ 对任意实数 x 都成立，即 $g(x)$ 是以 6 为周期的函数。

(2) 由 (1) 得

$f(2000)=g(2000)+2000=g(998)+2000=f(998)-998+2000=2004$。

变式 2：（2002 年全国高中数学联赛）已知 $f(x)$ 是定义在 **R** 上的函数，$f(1)=1$，且对任意 $x \in \mathbf{R}$，有 $f(x+5) \geq f(x)+5$，$f(x+1) \leq f(x)+1$，若 $g(x)=f(x)+1-x$，则 $g(2002)=$ _____。

解：由 $g(x)=f(x)+1-x$，得 $f(x)=g(x)+x-1$，

则 $g(x+5)+(x+5)-1 \geq g(x)+(x-1)+5$，

$g(x+1)+(x+1)-1 \leq g(x)+(x-1)+1$。

于是 $g(x+5) \geq g(x)$，$g(x+1) \leq g(x)$，

所以 $g(x) \leq g(x+5) \leq g(x+4) \leq g(x+3) \leq g(x+2) \leq g(x+1) \leq g(x)$。

所以 $g(x+1)=g(x)$，即 $g(x)$ 是周期为 1 的周期函数。

因为 $g(1)=f(1)=1$，所以 $g(2002)=1$。

值得指出的是：以上几例从常规思路入手往往难以求解，解答这类问题的关键在于利用"夹逼法"，以题设中某一个特殊形式的不等式为切入点，

步步紧逼，把不等关系转化为相等关系，进一步构造周期函数进行求解，这也是这类考题常用的命题手法。掌握了这一命题思路，不仅有助于我们总结解题规律，而且还能命制出许多类似的问题。如：

变式3：已知 $f(x)$ 是定义在 **R** 上的函数，若 $f(0)=1$，且对任意 $x\in$ **R**，满足 $f(x+2)-f(x)\leqslant 2$，$f(x+6)-f(x)\geqslant 6$，则 $f(2016)=$（ ）。

　　A. 2013　　　　B. 2015　　　　C. 2017　　　　D. 2019

解：因为对任意 $x\in$ **R**，满足 $f(x+2)-f(x)\leqslant 2$，所以
$f(x+6)-f(x)=[f(x+6)-f(x+4)]+[f(x+4)-f(x+2)]+[f(x+2)-f(x)]\leqslant 6$，

又 $f(x+6)-f(x)\geqslant 6$，

所以 $f(x+6)-f(x)=6$，即 $f(x+6)=f(x)+6$。

所以 $f(x+6k)=f(x)+6k$，$k\in$ **N***。

所以 $f(2016)=f(0+6\times 336)=f(0)+6\times 336=1+2016=2017$。

例2 设实数 $c>0$，整数 $p>1$，$n\in$ **N***。

（Ⅰ）证明：当 $x>-1$ 且 $x\neq 0$ 时，$(1+x)^p>1+px$；

（Ⅱ）数列 $\{a_n\}$ 满足 $a_1>c^{\frac{1}{p}}$，$a_{n+1}=\dfrac{p-1}{p}a_n+\dfrac{c}{p}a_n^{1-p}$。证明：$a_n>a_{n+1}>c^{\frac{1}{p}}$。

分析：这是2014年高考数学安徽卷理科第21题，是一道函数与数列综合性问题，第（Ⅰ）问主要考查伯努利不等式的证明，由于是与自然数有关的证明问题，可以考虑使用数学归纳法证明。第（Ⅱ）问将递推数列与不等式的证明等知识有机地结合在一起，内涵丰富，综合性强。数列是特殊的函数，问题中涉及的不等式，可以看成单变量不等式，通过变换角度，可以考虑构造函数，利用导数这一工具进行解答，进而展现出问题的实质。

（Ⅰ）**方法1**：构造函数，注重化归。

解：设 $f(x)=(1+x)^p-1-px$，其中 $x>-1$ 且 $x\neq 0$，$p\geqslant 2$，$p\in$ **N***。

当 $x>0$ 时，$f(x)=C_p^0 x^0+C_p^1 x^1+\cdots+C_p^p x^p-1-px=C_p^2 x^2+\cdots+C_p^p x^p>0$；

当 $-1<x<0$ 时，$f'(x)=p(1+x)^{p-1}-p=p[(1+x)^{p-1}-1]$。

因为 $-1<x<0$，所以 $0<x+1<1$，所以 $0<(x+1)^{p-1}<1$，所以

$f'(x)<0$，即 $f(x)$ 在 $(-1,0)$ 上单调递减，所以当 $x\in(-1,0)$ 时，$f(x)>f(0)=0$。

综上所述，当 $x>-1$ 且 $x\neq 0$，$p\geq 2$，$p\in \mathbf{N}^*$ 时，不等式 $(1+x)^p>1+px$ 成立。

方法 2：变换主元，灵活转化。

解：令 $a_p=\dfrac{1+px}{(1+x)^p}$，因为

$$a_{p+1}-a_p=\dfrac{1+(p+1)x}{(1+x)^{p+1}}-\dfrac{1+px}{(1+x)^p}=\dfrac{-px^2}{(1+x)^{p+1}}<0,$$

所以数列 $\{a_p\}$ 是递减数列。

因为 $p>1$，$n\in\mathbf{N}^*$，故 $a_p<a_1=1$，即 $\dfrac{1+px}{(1+x)^p}<1$。

又 $(1+x)^p>0$，从而可得 $(1+x)^p>1+px$。

方法 3：把握结构，顺风扬帆。

解：由已知 $x>-1$，且 $x\neq 0$，知 $1+x>0$，且 $1+x\neq 1$。

由均值不等式可得，$(1+x)^p+\underbrace{1+1+\cdots+1}_{p-1\uparrow 1}>p\sqrt[p]{(1+x)^p}=p+px$。

从而得 $(1+x)^p>1+px$。

方法 4：根据结构，联想转化。

解：由于 $x^n-y^n=(x-y)[x^{n-1}+x^{n-2}y+\cdots+xy^{n-2}+y^{n-1}]$，

所以 $(1+x)^p-1^p=x[(1+x)^{p-1}+(1+x)^{p-2}+\cdots+1]$。

当 $x>0$ 时，$(1+x)^k\geq 1$ $(k=0,1,\cdots,p-1)$，

所以 $x[(1+x)^{p-1}+(1+x)^{p-2}+\cdots+1]>px$ $(p\geq 2)$，

所以 $(1+x)^p-1>px$，即 $(1+x)^p>1+px$。

当 $-1<x<0$ 时，有 $0<(1+x)^k<1$，

所以 $(1+x)^{p-1}+(1+x)^{p-2}+\cdots+1<p$，

所以 $x[(1+x)^{p-1}+(1+x)^{p-2}+\cdots+1]>px(1+x)^p>1+px$，即 $(1+x)^p>1+px$。

综上所述，当 $x>-1$ 且 $x\neq 0$，$p\geq 2$，$p\in\mathbf{N}^*$ 时，不等式 $(1+x)^p>1+px$ 成立。

方法 5：借助对数，化繁为简。

解：若 $1+px \leq 0$，即 $-1 < x \leq -\frac{1}{p}$，则不等式显然成立；

若 $1+px > 0$，即 $x > -\frac{1}{p}$，则

$(1+x)^p > 1+px \Leftrightarrow p\ln(1+x) > \ln(1+px)$。

设 $f(x) = p\ln(1+x) - \ln(1+px)$，（其中 $x > -\frac{1}{p}$ 且 $x \neq 0$），则

$$f'(x) = \frac{p}{1+x} - \frac{p}{1+px} = \frac{p(p-1)x}{(1+x)(1+px)}。$$

因为 $p > 1$，所以当 $-\frac{1}{p} < x < 0$ 时，$f'(x) < 0$，当 $x > 0$ 时，$f'(x) > 0$。

所以 $x = 0$ 为 $f(x)$ 的极小值且为最小值。

因为 $x \neq 0$，所以 $f(x) > f(0) = 0 \Rightarrow p\ln(1+x) > \ln(1+px) \Rightarrow (1+x)^p > 1+px$。

综上可知，对 $x > -1$ 且 $x \neq 0$，有 $(1+x)^p > 1+px$。

(Ⅱ) **方法 1**：构造函数，把握转化。

解：设 $f(x) = \frac{p-1}{p}x + \frac{c}{p}x^{1-p}$，则 $f'(x) = \frac{p-1}{p} + \frac{c}{p}(1-p)x^{-p}$。

令 $f'(x) = 0$，得 $x = c^{\frac{1}{p}}$，则 $f(x)$ 在 $(0, c^{\frac{1}{p}})$ 是减函数，在 $(c^{\frac{1}{p}}, +\infty)$ 是增函数。

所以 $f(x) > f(c^{\frac{1}{p}}) = \frac{p-1}{p}c^{\frac{1}{p}} + \frac{c}{p}c^{\frac{1-p}{p}} f(c^{\frac{1}{p}}) = c^{\frac{1}{p}}$。

又 $a_1 > c^{\frac{1}{p}}$，故 $a_n > c^{\frac{1}{p}}$。

因为 $\frac{a_{n+1}}{a_n} = \frac{p-1}{p} + \frac{c}{p}a_n^{-p} < \frac{p-1}{p} + \frac{c}{p}c^{-1} = 1$，所以 $a_n > a_{n+1}$ 成立。

综上可得 $a_n > a_{n+1} > c^{\frac{1}{p}}$。

方法 2：灵活拆项，不等式帮忙。

解：先证 $a_n > c^{\frac{1}{p}}$。

$$a_{n+1} = \frac{p-1}{p}a_n + \frac{c}{p}a_n^{1-p} = \frac{1}{p} \cdot [(p-1)a_n + ca_n^{1-p}]$$

$$\geq \frac{1}{p} \cdot p[a_n^{p-1}ca_n^{1-p}]^{\frac{1}{p}} = c^{\frac{1}{p}},$$

当且仅当 $a_n = ca_n^{1-p}$，即 $a_n = c^{\frac{1}{p}}$ 时等号成立。

又 $a_1 > c^{\frac{1}{p}}$，所以由归纳原理可知 $a_n > c^{\frac{1}{p}}$。

再证 $a_n > a_{n+1}$。

因为 $a_{n+1} - a_n = -\frac{1}{p}a_n + \frac{c}{p}a_n^{1-p} = \frac{a_n}{p}\left(\frac{c}{a_n^p} - 1\right) < \frac{a_n}{p}\left(\frac{c}{c} - 1\right) = 0$，所以 $a_n > a_{n+1}$。

综上可得 $a_n > a_{n+1} > c^{\frac{1}{p}}$。

例3 设等差数列 $\{a_n\}$、$\{b_n\}$ 的前 n 项和分别为 S_n、T_n。若 $\frac{S_n}{T_n} = \frac{n+1}{4n+5}$，则 $\frac{a_{2015}}{b_4 + b_{12}} = $ _____。

解法 1：设数列 $\{a_n\}$、$\{b_n\}$ 的公差分别为 d_1、d_2，则

$$\frac{S_n}{T_n} = \frac{na_1 + \frac{1}{2}n(n-1)d_1}{nb_1 + \frac{1}{2}n(n-1)d_2} = \frac{d_1 n + (2a_1 - d_1)}{d_2 n + (2b_1 - d_2)} = \frac{n+1}{4n+5}。$$

不妨设 $d_1 = k$ ($k \neq 0$)，则 $2a_1 - d_1 = k$，$d_2 = 4k$，$2b_1 - d_2 = 5k$。

解得 $a_1 = d_1 = k$，$b_1 = \frac{9}{2}k$，$d_2 = 4k$。

所以 $a_n = kn$，$b_n = \frac{9}{2}k + (n-1) \cdot 4k = \left(4n + \frac{1}{2}\right)k$。

则 $\frac{a_{2015}}{b_4 + b_{12}} = \frac{a_{2015}}{2b_8} = \frac{2015k}{2 \cdot (32 + \frac{1}{2})k} = 31$。

解法 2：设数列 $\{a_n\}$、$\{b_n\}$ 的公差分别为 d_1、d_2，则

$$\frac{S_n}{T_n} = \frac{n+1}{4n+5} = \frac{n(n+1)}{n(4n+5)}。$$

不妨设 $S_n = kn(n+1)$ ($k \neq 0$)，则 $T_n = kn(4n+5)$。

所以当 $n \geq 2$ 时，$a_n = S_n - S_{n-1} = 2kn$，$b_n = T_n - T_{n-1} = k(8n+1)$，

则 $\frac{a_{2015}}{b_4 + b_{12}} = \frac{a_{2015}}{2b_8} = \frac{2 \cdot 2015k}{2 \cdot (64+1)k} = 31$。

值得指出的是：此题是 2015 年第二十六届"希望杯"竞赛高二年级试题，其原型可以追溯到下面的两道高考试题。

变式 1：(1995 年全国高考数学理科第 12 题) 等差数列 $\{a_n\}$、$\{b_n\}$ 的前 n 项和分别为 S_n、T_n。若 $\frac{S_n}{T_n} = \frac{2n}{3n+1}$，则 $\lim_{n \to \infty} \frac{a_n}{b_n} = $ ( )。

A. 1   B. $\dfrac{\sqrt{6}}{3}$ C. $\dfrac{2}{3}$ D. $\dfrac{4}{9}$

变式 2：（2007 年高考数学湖北卷理科第 8 题）设等差数列 $\{a_n\}$、$\{b_n\}$ 的前 n 项和分别为 A_n、B_n。若 $\dfrac{A_n}{B_n}=\dfrac{7n+45}{n+3}$，则使得 $\dfrac{a_n}{b_n}$ 为整数的正整数 n 的个数是（ ）。

A. 2   B. 3   C. 4   D. 5

利用上述的解答方法，不难得出下面的结论。

结论 1：设等差数列 $\{a_n\}$、$\{b_n\}$ 的前 n 项和分别为 S_n、T_n。若 $\dfrac{S_n}{T_n}=\dfrac{an+b}{cn+d}$，则 $\dfrac{a_n}{b_m}=\dfrac{2an+b-a}{2cm+d-c}$。

特别地，若要计算 $\dfrac{a_n}{b_n}$ 的值，常用 $\dfrac{a_n}{b_n}=\dfrac{a_1+a_{2n-1}}{b_1+b_{2n-1}}=\dfrac{S_{2n-1}}{T_{2n-1}}$ 进行求解。

结论 2：设等差数列 $\{a_n\}$、$\{b_n\}$ 的前 n 项和分别为 S_n、T_n。若 $\dfrac{S_n}{T_n}=\dfrac{an+b}{cn+d}$，则 $\lim\limits_{n\to\infty}\dfrac{a_n}{b_n}=\dfrac{a}{c}$。

利用结论 2，易得变式 1 的答案为 $\dfrac{2}{3}$，应选 C。利用结论 1，变式 2 的解答过程如下：

因为 $\dfrac{a_n}{b_n}=\dfrac{a_1+a_{2n-1}}{b_1+b_{2n-1}}=\dfrac{A_{2n-1}}{B_{2n-1}}=\dfrac{7(2n-1)+45}{2n-1+3}=\dfrac{7n+19}{n+1}=7+\dfrac{12}{n+1}$，

当 $n=1$、2、3、5、11 时，$\dfrac{a_n}{b_n}$ 是正整数，应选 D。

例4》 已知椭圆 $\dfrac{x^2}{a^2}+\dfrac{y^2}{b^2}=1$ $(a>b>0)$ 与圆 $x^2+y^2=b^2$，过椭圆上一点 P 作圆的两条切线，切点弦所在直线与 x 轴、y 轴分别交于点 E、F，求三角形 EOF 面积的最小值。（O 为坐标原点）

解：设 $P(x_0,y_0)$ 是椭圆上一点，则 $\dfrac{x_0^2}{a^2}+\dfrac{y_0^2}{b^2}=1\geqslant 2\sqrt{\dfrac{x_0^2}{a^2}\cdot\dfrac{y_0^2}{b^2}}=\dfrac{2|x_0y_0|}{ab}$，

即 $2|x_0y_0|\leqslant ab$，当且仅当 $x_0=\pm\dfrac{\sqrt{2}}{2}a$，$y_0=\pm\dfrac{\sqrt{2}}{2}b$ 时，取等号。

过点 P 作圆的两条切线，切点分别为 $A(x_1, y_1)$，$B(x_2, y_2)$，则直线 PA、PB 的方程分别为 $x_1 x + y_1 y = b^2$，$x_2 x + y_2 y = b^2$。

所以 $x_1 x_0 + y_1 y_0 = b^2$，$x_2 x_0 + y_2 y_0 = b^2$。

可知直线 AB 的方程为 $x_0 x + y_0 y = b^2$。

当 $y = 0$ 时，$x = \dfrac{b^2}{x_0}$；当 $x = 0$ 时，$y = \dfrac{b^2}{y_0}$。

所以 $E\left(\dfrac{b^2}{x_0}, 0\right)$，$F\left(0, \dfrac{b^2}{y_0}\right)$。

所以 $S_{\triangle EOF} = \dfrac{b^4}{2|x_0 y_0|} \geqslant \dfrac{b^3}{a}$。

即三角形 EOF 面积的最小值为 $\dfrac{b^3}{a}$。

值得指出的是：此题是 2014 年 "华约" 自主招生试题，由上述解答不难得到如下结论：

已知椭圆 $\dfrac{x^2}{a^2} + \dfrac{y^2}{b^2} = 1$（$a > b > 0$）与圆 $x^2 + y^2 = a^2$，过圆上一点 P 作椭圆的两条切线，切点弦所在直线与 x 轴、y 轴分别交于点 E、F，则三角形 EOF 面积的最小值为 b^2。（其中 O 为坐标原点）

证明：设 $P(x_0, y_0)$ 是圆上一点，则

$$x_0^2 + y_0^2 = a^2 \geqslant 2\sqrt{x_0^2 \cdot y_0^2} = 2|x_0 y_0|,$$

即 $2|x_0 y_0| \leqslant a^2$，当且仅当 $x_0 = \pm\dfrac{\sqrt{2}}{2}a$，$y_0 = \pm\dfrac{\sqrt{2}}{2}a$ 时，等号成立。

过点 P 作椭圆的两条切线，切点分别为 $A(x_1, y_1)$，$B(x_2, y_2)$，则直线 PA、PB 的方程分别为 $\dfrac{x_1 x}{a^2} + \dfrac{y_1 y}{b^2} = 1$，$\dfrac{x_2 x}{a^2} + \dfrac{y_2 y}{b^2} = 1$。

所以 $\dfrac{x_1 x_0}{a^2} + \dfrac{y_1 y_0}{b^2} = 1$，$\dfrac{x_2 x_0}{a^2} + \dfrac{y_2 y_0}{b^2} = 1$。

即直线 AB 的方程为 $\dfrac{x_0 x}{a^2} + \dfrac{y_0 y}{b^2} = 1$。

当 $y = 0$ 时，$x = \dfrac{a^2}{x_0}$；当 $x = 0$ 时，$y = \dfrac{b^2}{y_0}$。

所以 $E\left(\dfrac{a^2}{x_0}, 0\right)$，$F\left(0, \dfrac{b^2}{y_0}\right)$。

所以 $S_{\triangle EOF} = \dfrac{a^2 b^2}{2|x_0 y_0|} \geqslant b^2$,

即三角形 EOF 面积的最小值为 b^2。

难题简解

例1 已知三棱锥的三条侧棱两两垂直，底面积为 1，求此三棱锥体积的最大值。

分析：这是 2012 年全国高中数学联赛新疆预选赛的压轴题，如果对已知条件"三棱锥的三条侧棱两两垂直"分析到位的话，利用坐标法进行解答，就会比命题组提供的解答方法（请参阅《2013 高中数学联赛备考手册（预赛试题集锦）》，中国数学会普及工作委员会组编，华东师范大学出版社 2013 年出版）简单易行。

解：在三棱锥 $O\text{-}ABC$ 中，因为 OA、OB、OC 两两垂直，以 O 为坐标原点，OA、OB、OC 所在直线分别为 x 轴、y 轴、z 轴建立空间直角坐标系 $O\text{-}xyz$（图略）。

设 $OA=a$，$OB=b$，$OC=c$，则 $A(a, 0, 0)$，$B(0, b, 0)$，$C(0, 0, c)$。

所以 $\overrightarrow{AB}=(-a, b, 0)$，$\overrightarrow{AC}=(-a, 0, c)$，

所以 $S_{\triangle ABC} = \dfrac{1}{2} |\overrightarrow{AB}| \cdot |\overrightarrow{AC}| \sin\angle BAC$

$= \dfrac{1}{2} \sqrt{|\overrightarrow{AB}|^2 \cdot |\overrightarrow{AC}|^2 - (\overrightarrow{AB} \cdot \overrightarrow{AC})^2}$

$= \dfrac{1}{2} \sqrt{(a^2+b^2)(a^2+c^2) - (a^2)^2} = \dfrac{1}{2}\sqrt{a^2 b^2 + a^2 c^2 + b^2 c^2}$

$= 1$。

因为 $a^2 b^2 + a^2 c^2 + b^2 c^2 = 4 \geqslant 3 \cdot \sqrt[3]{a^2 b^2 \cdot a^2 c^2 \cdot b^2 c^2}$，当且仅当 $a=b=c=\sqrt[4]{\dfrac{4}{3}}$ 时取等号，

所以 $abc \leqslant \dfrac{2}{3}\sqrt[4]{12}$，即得 $V_{O\text{-}ABC} = \dfrac{1}{6}abc \leqslant \dfrac{\sqrt[4]{12}}{9}$。

所以三棱锥 $O-ABC$ 的体积最大值为 $\dfrac{\sqrt[4]{12}}{9}$。

例2 单位圆 $x^2+y^2=1$ 上有三点 $A(x_1,y_1)$，$B(x_2,y_2)$，$C(x_3,y_3)$，若 $x_1+x_2+x_3=y_1+y_2+y_3=0$，求证：$x_1^2+x_2^2+x_3^2=y_1^2+y_2^2+y_3^2=\dfrac{3}{2}$。

证明：设 O 为坐标原点，由于 $x_1+x_2+x_3=y_1+y_2+y_3=0$，所以 $\overrightarrow{OA}+\overrightarrow{OB}+\overrightarrow{OC}=\mathbf{0}$，即 O 为 $\triangle ABC$ 的重心。

又因为 $\triangle ABC$ 是正三角形，则 $\angle AOB=\angle BOC=\angle COA=\dfrac{2\pi}{3}$。

不妨设 $A(\cos\theta,\sin\theta)$，

则 $B\left(\cos\left(\theta+\dfrac{2\pi}{3}\right),\sin\left(\theta+\dfrac{2\pi}{3}\right)\right)$，$C\left(\cos\left(\theta+\dfrac{4\pi}{3}\right),\sin\left(\theta+\dfrac{4\pi}{3}\right)\right)$，

所以 $x_1^2+x_2^2+x_3^2=\cos^2\theta+\cos^2\left(\theta+\dfrac{2\pi}{3}\right)+\cos^2\left(\theta+\dfrac{4\pi}{3}\right)=\dfrac{3}{2}$，

$y_1^2+y_2^2+y_3^2=\sin^2\theta+\sin^2\left(\theta+\dfrac{2\pi}{3}\right)+\sin^2\left(\theta+\dfrac{4\pi}{3}\right)=\dfrac{3}{2}$。

值得指出的是：本题是 2011 年北京大学自主招生试题，上述解答借助三角形重心的性质，"以算代证"，解题过程简单自然。

例3 如图，椭圆 E：$\dfrac{x^2}{a^2}+\dfrac{y^2}{b^2}=1$（$a>b>0$）的左、右焦点分别是 F_1、F_2，直线 l 与椭圆 E 有且只有一个公共点 M，且交 y 轴于点 P，过点 M 作垂直于 l 的直线交 y 轴于点 Q。求证：F_1、Q、F_2、M、P 五点共圆。

证法1：依题意，直线 l 的斜率必存在且不为 0，设直线 l 的方程为 $y=kx+m$（$k\neq 0$）。

由 $\begin{cases}\dfrac{x^2}{a^2}+\dfrac{y^2}{b^2}=1\\ y=kx+m\end{cases}$ 消去 y，并整理得 $(b^2+a^2k^2)x^2+2kma^2x+a^2(m^2-b^2)=0$。

令 $\Delta=0$，即 $(2kma^2)^2-4(b^2+a^2k^2)\cdot a^2(m^2-b^2)=0$，化简得 $m^2=a^2k^2+b^2$。

设 $M(x_0,y_0)$，则 $x_0=-\dfrac{kma^2}{b^2+a^2k^2}=$

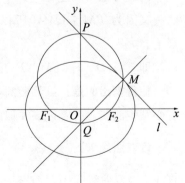

$-\dfrac{ka^2}{m}$,所以 $M\left(-\dfrac{ka^2}{m},\dfrac{b^2}{m}\right)$。

又因为直线 $MQ \perp PM$,所以直线 MQ 的方程为 $y-\dfrac{b^2}{m}=-\dfrac{1}{k}\left(x+\dfrac{ka^2}{m}\right)$,可得 $Q\left(0,-\dfrac{c^2}{m}\right)$,其中 $c^2=a^2-b^2$。

又因为 $P(0,m)$,且 $F_2(c,0)$,所以 $\overrightarrow{PF_2}=(c,-m)$,$\overrightarrow{QF_2}=\left(c,\dfrac{c^2}{m}\right)$。

所以 $\overrightarrow{PF_2}\cdot\overrightarrow{QF_2}=0$,即 $PF_2 \perp QF_2$。

同理可证 $PF_1 \perp QF_1$。

又因为 $PM \perp QM$,所以 F_1、Q、F_2、M、P 都在以 PQ 为直径的圆上。

即 F_1、Q、F_2、M、P 五点共圆。

证法 2:设 $M(x_0,y_0)$,依题意可知 $x_0 y_0 \neq 0$。

所以直线 l 的方程为 $\dfrac{x_0 x}{a^2}+\dfrac{y_0 y}{b^2}=1$,直线 MQ 的方程为 $y-y_0=\dfrac{a^2 y_0}{b^2 x_0}(x-x_0)$。

所以 $P\left(0,\dfrac{b^2}{y_0}\right)$,$Q\left(0,-\dfrac{c^2}{b^2}y_0\right)$,其中 $c^2=a^2-b^2$。

因为 $F_2(c,0)$,所以 $\overrightarrow{PF_2}=\left(c,\dfrac{b^2}{y_0}\right)$,$\overrightarrow{QF_2}=\left(c,-\dfrac{c^2}{b^2}y_0\right)$,

所以 $\overrightarrow{PF_2}\cdot\overrightarrow{QF_2}=0$,即 $PF_2 \perp QF_2$。

同理可证 $PF_1 \perp QF_1$。

又因为 $PM \perp QM$,所以 F_1、Q、F_2、M、P 都在以 PQ 为直径的圆上。

即 F_1、Q、F_2、M、P 五点共圆。

值得指出的是:虽然椭圆与双曲线在形状上有很大的差异,但它们同为有心圆锥曲线,有着许多类似的性质。通过类比,我们不难得到如下结论:

设双曲线 $E:\dfrac{x^2}{a^2}-\dfrac{y^2}{b^2}=1$($a>0$,$b>0$)的左、右焦点分别是 F_1、F_2,直线 l 与双曲线 E 有且只有一个公共点 M,且交 y 轴于点 P,过点 M 作垂

直于 l 的直线交 y 轴于点 Q，则 F_1、Q、F_2、M、P 五点共圆。

证明留给读者自行完成，此处不再赘述。

例4》 用 $|S|$ 表示集合 S 中的元素的个数，设 A、B、C 为集合，称 $(A，B，C)$ 为有序三元组。如果集合 A、B、C 满足 $|A\cap B|=|B\cap C|=|C\cap A|=1$，且 $A\cap B\cap C=\varnothing$，则称有序三元组 $(A，B，C)$ 为最小相交。由集合 $\{1，2，3，4\}$ 的子集构成的所有有序三元组中，最小相交的有序三元组的个数为_____。

命题者给出的参考答案如下：

由题意可知 A、B、C 三个集合不可能有一元集，又因为 S 中只有 4 个元素，则 A、B、C 中不可能有两个集合都有 3 个元素，否则不能满足 $|A\cap B|=|B\cap C|=|C\cap A|=1$，但 A、B、C 中可能三个集合都含有 2 个元素，也可能是一个集合有 3 个元素，其他两个集合含有 2 个元素。假使三个集合都含有 2 个元素，这种情形下，$A=(a_1，a_2)$，$B=(a_2，a_3)$，$C=(a_3，a_1)$ 这种类型有 $C_4^3=4$ 种可能，另外第 4 个元素 a_4 可任意加入上述 4 种可能中的每一个集合，又形成不同的情形，这样就又有 $3\times4=12$ 种，于是就共有了 $4+12=16$ 种情形。在每一种情形 $(A，B，C)$ 中，它们的顺序可以打乱，每种可形成 $A_3^3=6$ 个，因此共有 $16\times6=96$ 个有序三元组。

值得指出的是：这是南平市 2015 届高三上学期期末质量检测卷填空题第 15 题，这是一道"难"题，当时我校高三理科六个班共 266 名学生参加考试，结果仅有 2 人回答正确，均分为 0.03 分，得分率为 0.75%，不愧为填空题"压轴"题。

这是一道信息迁移题，所谓信息迁移题就是在题目中即时提供一个新的情境（或给出一个名词概念——即新定义，或规定一种规则运算等），让学生学习陌生信息后立即解答相关问题（迁移）。此题共涉及三个"新定义"——集合元素个数的表示、有序三元组、最小相交。对于考生来说，要在极短的时间内即时接收信息，辨析清楚这几个"新定义"（起主要作用的是后面两个定义），并立即加以迁移应用，若没有特别好的数学功底，是很困难的。本题综合性较强，学生的瓶颈在于读题，大多数学生读到复杂的符号和定义时便头昏眼花，说明他们对数学语言的理解层面尚浅，不能将抽象的符号语言转化为直观的认识，学生的学科综合素质有待进一步提高，学习潜能也有待进一步挖掘。

参考答案给出的解法，技巧性强，显得很不自然，学生根本想不到，更不易接受。如果在理解题意的基础之上，从图形入手，就可以在头脑中"做数学"，得到问题的自然解法：

由已知，得出集合 A、B、C 之间的关系如图所示，所求最小相交的有序三元组的个数等价于从 1、2、3、4 这四个数中选出三个不同的数填入区域 Ⅰ、Ⅱ、Ⅲ 中，每个区域填入一个数，而剩下的一个数要么填入区域 Ⅳ、Ⅴ、Ⅵ 之一，要么不填，因此共有 $A_4^3 + A_4^3 A_3^1 = 96$ 种不同的填法，所以答案为 96。

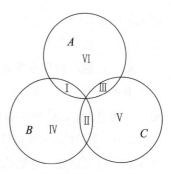

例5» 已知 F 为椭圆 $C: \dfrac{x^2}{4} + \dfrac{y^2}{3} = 1$ 的右焦点，椭圆 C 上任意一点 P 到点 F 的距离与点 P 到直线 $l: x = m$ 的距离之比为 $\dfrac{1}{2}$。

（Ⅰ）求直线 l 的方程。

（Ⅱ）设 A 为椭圆 C 的左顶点，过点 F 的直线交椭圆 C 于 D、E 两点，直线 AD、AE 与直线 l 分别相交于 M、N 两点。以 MN 为直径的圆是否恒过一定点？若是，求出定点坐标；若不是，请说明理由。

解：（Ⅰ）$F(1, 0)$，设 $P(x, y)$ 为椭圆 C 上任意一点，依题意有

$$\dfrac{\sqrt{(x-1)^2 + y^2}}{|x-m|} = \dfrac{1}{2}。$$

所以 $4(x-1)^2 + 4y^2 = (x-m)^2$。

将 $4y^2 = 12 - 3x^2$ 代入，并整理得 $(8-2m)x + m^2 - 16 = 0$。

由点 $P(x, y)$ 为椭圆上任意一点知，方程 $(8-2m)x + m^2 - 16 = 0$ 对 $-2 \leqslant x \leqslant 2$ 的 x 均成立。

所以 $8 - 2m = 0$，且 $m^2 - 16 = 0$，解得 $m = 4$。所以直线 l 的方程为 $x = 4$。

（Ⅱ）**方法 1**：方程探路，向量辅助。

易知直线 DE 斜率不为 0，设 DE 方程为 $x = ty + 1$。

由 $\begin{cases} x = ty+1 \\ \dfrac{x^2}{4} + \dfrac{y^2}{3} = 1 \end{cases}$ 得 $(3t^2+4)y^2 + 6ty - 9 = 0$。

设 $D(x_1, y_1)$，$E(x_2, y_2)$，则 $y_1 + y_2 = \dfrac{-6t}{3t^2+4}$，$y_1 y_2 = \dfrac{-9}{3t^2+4}$。

由 $A(-2, 0)$，知 AD 方程为 $y - 0 = \dfrac{y_1 - 0}{x_1 + 2}(x+2)$，点 M 坐标为 $M\left(4, \dfrac{6y_1}{x_1+2}\right)$。

同理，点 N 坐标为 $N\left(4, \dfrac{6y_2}{x_2+2}\right)$。

由对称性知，若定点存在，则定点在 x 轴上。设 $G(n, 0)$ 在以 MN 为直径的圆上，则

$$\overrightarrow{GM} \cdot \overrightarrow{GN} = \left(4-n, \dfrac{6y_1}{x_1+2}\right) \cdot \left(4-n, \dfrac{6y_2}{x_2+2}\right)$$

$$= (4-n)^2 + \dfrac{36 y_1 y_2}{(x_1+2)(x_2+2)} = 0。$$

所以 $(4-n)^2 + \dfrac{36 y_1 y_2}{(ty_1+3)(ty_2+3)}$

$$= (4-n)^2 + \dfrac{36 y_1 y_2}{t^2 y_1 y_2 + 3t(y_1+y_2) + 9} = 0。$$

即 $(4-n)^2 + \dfrac{36 \times (-9)}{-9t^2 + 3t(-6t) + 9(3t^2+4)} = 0$，$(4-n)^2 - 9 = 0$，解得 $n = 1$ 或 $n = 7$。

故以 MN 为直径的圆恒过 x 轴上两定点 $(1, 0)$ 和 $(7, 0)$。

值得指出的是：在求出 M、N 的坐标后，也可得出以 MN 为直径的圆的方程为：

$$(x-4)^2 + \left(y - \dfrac{6y_1}{x_1+2}\right)\left(y - \dfrac{6y_2}{x_2+2}\right) = 0。$$

令 $y = 0$，求得 $x = 1$ 或 $x = 7$，从而得出以 MN 为直径的圆恒过定点 $(1, 0)$ 和 $(7, 0)$。

方法 2：特值探路，以退为进。

若直线 DE 垂直于 x 轴，则其方程为 $x = 1$，所以 $D\left(1, \dfrac{3}{2}\right)$，

$E\left(1, -\dfrac{3}{2}\right)$。由 A $(-2, 0)$，知 AD 方程为 $y=\dfrac{1}{2}(x+2)$，点 M 坐标为 $(4, 3)$。同理，点 N 坐标为 $(4, -3)$。

故以 MN 为直径的圆的方程为 $(x-4)^2+(y-3)(y+3)=0$。

令 $y=0$，求得 $x=1$，或 $x=7$，猜测以 MN 为直径的圆恒过 x 轴上两定点 $(1, 0)$ 和 $(7, 0)$。证明如下：

易知直线 DE 斜率不为 0，设 DE 方程为 $x=ty+1$。

由 $\begin{cases} x=ty+1 \\ \dfrac{x^2}{4}+\dfrac{y^2}{3}=1 \end{cases}$ 得 $(3t^2+4)y^2+6ty-9=0$。

设 $D(x_1, y_1)$，$E(x_2, y_2)$，则 $y_1+y_2=\dfrac{-6t}{3t^2+4}$，$y_1y_2=\dfrac{-9}{3t^2+4}$。

由 $A(-2, 0)$，知 AD 方程为 $y-0=\dfrac{y_1-0}{x_1+2}(x+2)$，点 M 坐标为 $M\left(4, \dfrac{6y_1}{x_1+2}\right)$。

同理，点 N 坐标为 $N\left(4, \dfrac{6y_2}{x_2+2}\right)$。以 MN 为直径的圆的方程为 $(x-4)^2+\left(y-\dfrac{6y_1}{x_1+2}\right)\left(y-\dfrac{6y_2}{x_2+2}\right)=0$ ……①

经验证，$x=1$，$y=0$，或 $x=7$，$y=0$ 满足①式，所以以 MN 为直径的圆恒过两定点 $(1, 0)$ 和 $(7, 0)$。

值得指出的是：此题是 2014 年福建省高中数学联赛预赛试题。近年来，定点定值问题在高考和各级各类竞赛中频频亮相，成为高考和数学竞赛的热点问题。本题让人联想到 2012 年高考数学福建卷理科第 19 题：

椭圆 $E:\dfrac{x^2}{a^2}+\dfrac{y^2}{b^2}=1$ $(a>b>0)$ 的左焦点为 F_1，右焦点为 F_2，离心率 $e=\dfrac{1}{2}$。过 F_1 的直线交椭圆于 A、B 两点，且 $\triangle ABF_2$ 的周长为 8。

（Ⅰ）求椭圆 E 的方程。

（Ⅱ）设动直线 $l:y=kx+m$ 与椭圆 E 有且只有一个公共点 P，且与直线 $x=4$ 相交于点 Q。试探究：在坐标平面内是否存在定点 M，使得以 PQ 为直径的圆恒过定点 M？若存在，求出点 M 的坐标；若不存在，说明理由。

这是本题的一个原型。

当然，沿用例 5 的解题方法，我们可以对例 5 进行推广，得到如下结论：

结论 1：已知椭圆 $C: \dfrac{x^2}{a^2}+\dfrac{y^2}{b^2}=1$ $(a>b>0)$ 的左顶点为 A，右准线为 l。过椭圆 C 的右焦点 F 的直线交椭圆于 D、E 两点，直线 AD、AE 与直线 l 分别相交于 M、N 两点，则以 MN 为直径的圆恒过定点 $\left(\dfrac{a^2 \pm b^2}{c}, 0\right)$（其中 $c^2=a^2-b^2$）。

结论 2：已知双曲线 $C: \dfrac{x^2}{a^2}-\dfrac{y^2}{b^2}=1$ $(a>0, b>0)$ 的左顶点为 A，右准线为 l。过双曲线 C 的右焦点 F 的直线交双曲线于 D、E 两点，直线 AD、AE 与直线 l 分别相交于 M、N 两点，则以 MN 为直径的圆恒过定点 $\left(\dfrac{a^2 \pm b^2}{c}, 0\right)$（其中 $c^2=a^2+b^2$）。

结论 3：已知抛物线 $C: y^2=2px$ $(p>0)$ 的焦点为 F，准线为 l，顶点为 O。过 F 的直线交抛物线于 D、E 两点，直线 OD、OE 与直线 l 分别相交于 M、N 两点，则以 MN 为直径的圆恒过定点 $\left(\dfrac{p}{2}, 0\right)$，$\left(-\dfrac{3}{2}p, 0\right)$。

证明留给读者自行完成。

一题多解

例1» 已知圆 $C: (x-3)^2+(y-4)^2=4$，直线 l_1 过定点 $A(1,0)$。

（Ⅰ）若 l_1 与圆 C 相切，求 l_1 的方程。

（Ⅱ）若 l_1 与圆 C 相交于 P、Q 两点，线段 PQ 的中点为 M，又 l_1 与直线 $l_2: x+2y+2=0$ 的交点为 N，求证：$|AM| \cdot |AN|$ 为定值。

分析：问题第（Ⅰ）问比较常规，下面只讨论第（Ⅱ）问。

解法 1：利用韦达定理，设而不求。

因为直线 l_1 与圆相交，则其斜率 k 必定存在，且不为 0，设直线 l_1 的方

程为 $kx-y-k=0$。

由 $\begin{cases} kx-y-k=0 \\ x+2y+2=0 \end{cases}$ 得 $N\left(\dfrac{2k-2}{2k+1}, -\dfrac{3k}{2k+1}\right)$。

设 $P(x_1, y_1)$，$Q(x_2, y_2)$，$M(x_0, y_0)$。

由 $\begin{cases} kx-y-k=0 \\ (x-3)^2+(y-4)^2=4 \end{cases}$ 得 $(x-3)^2+(kx-k-4)^2=4$，

即 $(1+k^2)x^2-(2k^2+8k+6)x+k^2+8k+21=0$。

所以 $x_1+x_2=\dfrac{2k^2+8k+6}{1+k^2}$。

因为线段 PQ 的中点为 M，所以 $x_0=\dfrac{x_1+x_2}{2}=\dfrac{k^2+4k+3}{1+k^2}$。

所以 $y_0=k(x_0-1)=\dfrac{4k^2+2k}{1+k^2}$，即 $M\left(\dfrac{k^2+4k+3}{1+k^2}, \dfrac{4k^2+2k}{1+k^2}\right)$。

所以 $|AM|\cdot|AN|=\sqrt{\left(\dfrac{k^2+4k+3}{1+k^2}-1\right)^2+\left(\dfrac{4k^2+2k}{1+k^2}\right)^2}$

$\cdot\sqrt{\left(\dfrac{2k-2}{2k+1}-1\right)^2+\left(-\dfrac{3k}{2k+1}\right)^2}$

$=\dfrac{2|2k+1|}{\sqrt{1+k^2}}\cdot\dfrac{3\sqrt{1+k^2}}{|2k+1|}=6$。

即 $|AM|\cdot|AN|$ 为定值 6。

解法 2：利用垂径定理，巧妙转化。

同解法 1，得 $N\left(\dfrac{2k-2}{2k+1}, -\dfrac{3k}{2k+1}\right)$。

因为线段 PQ 的中点为 M，所以直线 CM 与 l_1 垂直，

由 $\begin{cases} y=kx-k \\ y-4=-\dfrac{1}{k}(x-3) \end{cases}$ 解得 $\begin{cases} x=\dfrac{k^2+4k+3}{1+k^2} \\ y=\dfrac{4k^2+2k}{1+k^2} \end{cases}$。

所以 $M\left(\dfrac{k^2+4k+3}{1+k^2}, \dfrac{4k^2+2k}{1+k^2}\right)$。

以下同解法 1。

解法 3：利用勾股定理，化繁为简。

同解法 1，得 $N\left(\dfrac{2k-2}{2k+1}, -\dfrac{3k}{2k+1}\right)$。

设直线 l_1 的方程为 $kx-y-k=0$，

所以点 C 到直线 l_1 的距离为 $|CM|=\dfrac{|3k-4-k|}{\sqrt{1+k^2}}=\dfrac{|2k-4|}{\sqrt{1+k^2}}$。

所以 $|AM|^2=|AC|^2-|CM|^2=20-\left(\dfrac{|2k-4|}{\sqrt{1+k^2}}\right)^2=\dfrac{(4k+2)^2}{1+k^2}$。

所以 $|AM|^2 \cdot |AN|^2=\dfrac{(4k+2)^2}{1+k^2} \cdot \left[\left(\dfrac{2k-2}{2k+1}-1\right)^2+\left(-\dfrac{3k}{2k+1}\right)^2\right]=36$，

即 $|AM| \cdot |AN|=6$ 为定值。

解法 4：回归平面几何，凸显本质。

如图，连接 CA，设直线 CA 与直线 l_2 交于点 H。

因为直线 CA 的斜率 $k_{CA}=\dfrac{4-0}{3-1}=2$，所以直线 CA 与 l_2 垂直。

因为 $Rt\triangle AHN \backsim Rt\triangle AMC$，

所以 $\dfrac{AH}{AM}=\dfrac{AN}{AC}$，

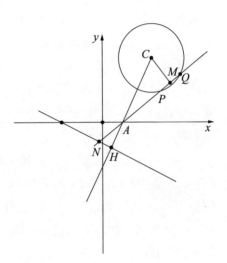

又 $|AH|=\dfrac{|1+2\cdot 0+2|}{\sqrt{1^2+2^2}}=\dfrac{3\sqrt{5}}{5}$，

$|AC|=2\sqrt{5}$，

所以 $|AM| \cdot |AN|=|AH| \cdot |AC|=\dfrac{3\sqrt{5}}{5}\cdot 2\sqrt{5}=6$，为定值。

值得指出的是：直线和圆的位置关系是高考命题的一个重点。在近几年的高考中，一般围绕直线与圆的位置关系展开命题，目的是考查平面解析几何的初步的基础知识和方法，考查运算求解能力。上述解法 1 通过韦达定理，对 P、Q 两点的坐标设而不求，是解决直线与圆、直线与圆锥曲线相交弦有关的问题的"通性通法"。由于圆既是轴对称图形，又是中心对称图形，与圆锥曲线相比有其特殊性，解法 2 把解法 1 通过直线与圆的方程求圆的弦的中点问题转化为两直线的交点问题，解法 3 利用勾股定理直接求 $|AM|$ "回避"了计算 M 点的坐标，两种解法都使运算过程得到极大的简

化。解法 4 抓住直线 CA 与直线 l_2 垂直这一"隐含"条件，通过构造相似三角形使问题获解，进一步体现了问题的本质。

在解答直线与圆和其他知识交汇综合的问题时，要在深刻理解题意的基础上灵活运用直线与圆的知识和其他知识之间的关系确定解题方向。要充分利用图形的直观性和平面几何中的相关结论，灵活处理，减少计算量。

例2》 有一 $\triangle ABC$，D 为边 BC 的中点，DM 平分 $\angle ADB$ 交 AB 于点 M，DN 平分 $\angle ADC$ 交 AC 于点 N，则 $BM+CN$ 与 MN 的关系为（　　）。

A. $BM+CN>MN$　　　　　　B. $BM+CN=MN$

C. $BM+CN<MN$　　　　　　D. 不能确定

分析：此题是 2013 年"北约联盟"自主招生试题，小巧灵活，于平淡中见新奇，是一道非常基础同时有显著特色的小题，同时此题解法多样，是一道能区分考生思维品质的好题。

解法 1：考虑到 DM、DN 分别平分 $\angle ADB$ 和 $\angle ADC$，且 $BD=CD$，若把 $\triangle BDM$ 与 $\triangle CDN$ 分别沿 DM、DN 对折后，则点 B、C 落在 AD 上的同一位置，于是，可以把线段 BM、CN 和 MN 转化到同一三角形中，使问题得解。

如图，在 AD 上取点 P，使 $DP=BD$，连 PM、PN，则 $\triangle BDM \cong \triangle PDM$。所以 $BM=PM$，同理 $CN=PN$。又因为 $\angle MPD+\angle NPD=\angle B+\angle C<180°$，所以 M、P、N 三点不共线。所以 $MP+NP>MN$，即 $BM+CN>MN$。选 A。

解法 2：考虑到 DM、DN 分别平分 $\angle ADB$ 和 $\angle ADC$，可得 $\angle MDN=90°$，即 $MD \perp DN$，从而可以利用等腰三角形"三线合一"的性质把线段 BM、CN 和 MN 转化到同一个三角形中，使问题得解。

如图，延长 ND 到 E，使 $DN=DE$，由已知可得 $MD \perp DN$，所以 $ME=MN$。

显然 $\triangle BDE \cong \triangle CDN$，所以 $BE=CN$。

又因为 $\angle ABC+\angle DBE=\angle ABC+\angle C<180°$，所以 M、B、E 三点不共线。

所以 $BM+BE>ME$，即 $BM+CN>MN$。选 A。

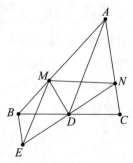

解法 3：由已知可证 $MN \parallel BC$，于是可以利用平行线分线段成比例定理计算线段长，进而比较所求线段的大小关系。

由于 $\dfrac{BD}{DA}=\dfrac{BM}{MA}$，$\dfrac{CD}{DA}=\dfrac{CN}{NA}$，$BD=DC$，所以 $\dfrac{BM}{MA}=\dfrac{CN}{NA}$，所以 $MN \parallel BC$。如图，设 AD 交 MN 于点 E，则 $\angle EMD = \angle EDM$，从而得 $ME=DE$，同理 $NE=DE$，即 $MN=2DE$。

因为 $\dfrac{DE}{AD}=\dfrac{BM}{AB}$，所以 $BM=\dfrac{AB}{AD} \cdot DE$。

同理 $CN=\dfrac{AC}{AD} \cdot DE$。所以

$$BM+CN=\dfrac{AB+AC}{AD} \cdot DE$$

$$=\dfrac{AB+AC}{\dfrac{1}{2}\sqrt{AB^2+AC^2-\dfrac{1}{4}BC^2}} \cdot DE > \dfrac{2(AB+AC)}{\sqrt{(AB+AC)^2}} \cdot DE$$

$$=2DE=MN。$$

应选 A。

值得指出的是：解法 3 利用到三角形中线长定理，即在 $\triangle ABC$ 中，AD 是中线，则 $AD=\dfrac{1}{2}\sqrt{AB^2+AC^2-\dfrac{1}{4}BC^2}$。这一结论在计算线段长时经常用到。

这是一道选择题，若按照解答选择题"不择手段，选对就算"的原则，似乎没有必要进行深究，但是对这道题进行探究，有助于我们掌握平面几何中"比较两条线段 a、b 长度之和 $a+b$ 与另一条线段 c 的大小"这类基本问题的解题思路和方法。

解答这类问题，可以采取"合二为一"的策略，即把"两条线段之和 $a+b$"转化为另一条线段 d，问题转化为比较两条线段 c、d 的大小；也可以采取"一分为二"的策略，把线段 c 分为两条线段 a'、b' 之和 $a'+b'$，再比较 $a+b$ 与 $a'+b'$ 的大小；还可以分别计算出 $a+b$ 与 c 的值，再比较所得两个数值的大小。从不同的角度入手，殊途同归，都可以圆满解决问题，这充分体现了"横看成岭侧成峰，远近高低各不同"的解题哲学。同时也提示

我们，解题时"勿以题小而不为"，要有针对性地通过观察、类比、联想等，进行一题多解的训练，在多解中求简，在修正中优化，就能达到在锤炼解题思维的同时，使解题能力的提高落在实处。

解答完此题，一个自然的想法是，如果把题设条件"△ABC 的中线 AD"换成角平分线或者高，结论又如何？我们提出以下两个变式问题，供大家思考。

变式 1：有一 △ABC，AD 平分 ∠BAC 交 BC 于点 D，DM 平分 ∠ADB 交 AB 于点 M，DN 平分 ∠ADC 交 AC 于点 N，则 BM＋CN 与 MN 的关系为（   ）。

A. $BM+CN>MN$　　　　　　B. $BM+CN=MN$

C. $BM+CN<MN$　　　　　　D. 不能确定

变式 2：有一 △ABC，∠B、∠C 均为锐角，AD 是 BC 边上的高，DM 平分 ∠ADB 交 AB 于点 M，DN 平分 ∠ADC 交 AC 于点 N，则 BM＋CN 与 MN 的关系为（   ）。

A. $BM+CN>MN$　　　　　　B. $BM+CN=MN$

C. $BM+CN<MN$　　　　　　D. 不能确定

例3 若直线 $\dfrac{x}{a}+\dfrac{y}{b}=1$ 通过点 $M(\cos\alpha, \sin\alpha)$，则（   ）。

A. $a^2+b^2\leqslant 1$　　　　　　B. $a^2+b^2\geqslant 1$

C. $\dfrac{1}{a^2}+\dfrac{1}{b^2}\leqslant 1$　　　　　　D. $\dfrac{1}{a^2}+\dfrac{1}{b^2}\geqslant 1$

解法 1：由已知，得直线 $\dfrac{x}{a}+\dfrac{y}{b}=1$ 与圆 $x^2+y^2=1$ 有公共点，即直线与圆相交或相切，所以 $d=\dfrac{1}{\sqrt{\left(\dfrac{1}{a}\right)^2+\left(\dfrac{1}{b}\right)^2}}\leqslant 1$，所以 $\dfrac{1}{a^2}+\dfrac{1}{b^2}\geqslant 1$。正确选项为 D。

解法 2：由已知，得 $\dfrac{\cos\alpha}{a}+\dfrac{\sin\alpha}{b}=1$，即 $a\sin\alpha+b\cos\alpha=ab$。

所以 $\sqrt{a^2+b^2}\sin(\alpha+\varphi)=ab$（其中 $\tan\varphi=\dfrac{b}{a}$）。

所以 $\sin(\alpha+\varphi)=\dfrac{ab}{\sqrt{a^2+b^2}}$。

由 $|\sin(\alpha+\varphi)| \leqslant 1$，得 $\left|\dfrac{ab}{\sqrt{a^2+b^2}}\right| \leqslant 1$，即 $\dfrac{1}{a^2}+\dfrac{1}{b^2} \geqslant 1$，应选 D。

值得指出的是：例 3 是 2008 年高考数学全国 I 卷理科第 10 题，既注重基础，贴近课本，又精雕细琢，"似天然美玉，如出水芙蓉"，是一道内涵丰富的好题。

上述两种解法是解决这类问题的"通性通法"，解法 1 从几何角度入手，利用直线与圆的位置关系，把问题转化为点到直线的距离进行解答；解法 2 则从 $\dfrac{\cos\alpha}{a}+\dfrac{\sin\alpha}{b}=1$ 的结构特征入手，利用辅助角公式对等式左边进行变形，利用三角函数的有界性求得结果，体现了"成功，从结构联想开始"。上述两种解法也是最基础且最容易想到的方法。

解法 3：由已知，得 $\dfrac{\cos\alpha}{a}+\dfrac{\sin\alpha}{b}=1$。

所以 $1=\left(\dfrac{\cos\alpha}{a}+\dfrac{\sin\alpha}{b}\right)^2 \leqslant (\cos^2\alpha+\sin^2\alpha)\left(\dfrac{1}{a^2}+\dfrac{1}{b^2}\right)=\dfrac{1}{a^2}+\dfrac{1}{b^2}$，当且仅当 $\dfrac{\cos\alpha}{a}=\dfrac{\sin\alpha}{b}$ 时等号成立。所以正确答案为 D。

值得指出的是：解法 3 依据等式 $\dfrac{\cos\alpha}{a}+\dfrac{\sin\alpha}{b}=1$ 的"结构"特征，并综合选择支进行思考，需消去变量 α，得出 a、b 之间的关系，联想到平方关系 $\cos^2\alpha+\sin^2\alpha=1$，利用柯西不等式进行解答，产生"出奇制胜"的解题效果。一般能用二元柯西不等式求解的问题，往往也可以利用均值不等式求解。

解法 4：由已知，得 $\dfrac{\cos\alpha}{a}+\dfrac{\sin\alpha}{b}=1$。所以

$\dfrac{1}{a^2}+\dfrac{1}{b^2}=\dfrac{\cos^2\alpha+\sin^2\alpha}{a^2}+\dfrac{\cos^2\alpha+\sin^2\alpha}{b^2}=\dfrac{\cos^2\alpha}{a^2}+\left(\dfrac{\sin^2\alpha}{a^2}+\dfrac{\cos^2\alpha}{b^2}\right)+\dfrac{\sin^2\alpha}{b^2}$

$\geqslant \dfrac{\cos^2\alpha}{a^2}+2\dfrac{\sin\alpha}{a}\cdot\dfrac{\cos\alpha}{b}+\dfrac{\sin^2\alpha}{b^2}=\left(\dfrac{\cos\alpha}{a}+\dfrac{\sin\alpha}{b}\right)^2=1$。应选 D。

解法 5：设向量 $m=(\cos\alpha,\sin\alpha)$，$n=\left(\dfrac{1}{a},\dfrac{1}{b}\right)$，由已知得

$1=m\cdot n \leqslant |m||n|=\sqrt{\dfrac{1}{a^2}+\dfrac{1}{b^2}}$，即 $\dfrac{1}{a^2}+\dfrac{1}{b^2} \geqslant 1$。应选 D。

值得指出的是：解法 5 由已知 $\dfrac{\cos\alpha}{a}+\dfrac{\sin\alpha}{b}=1$ 即 $\dfrac{1}{a}\cdot\cos\alpha+\dfrac{1}{b}\cdot\sin\alpha=1$，考虑到向量数量积的坐标运算公式，通过构造向量，利用数量积的性质解答，碰撞出激烈的思维火花，令人耳目一新，赏心悦目。

解法 6：由已知，得直线 $\dfrac{x}{a}+\dfrac{y}{b}=1$ 与圆 $x^2+y^2=1$ 有公共点，即方程组 $\begin{cases}\dfrac{x}{a}+\dfrac{y}{b}=1\\ x^2+y^2=1\end{cases}$ 有实数解，消去 y，整理得 $(a^2+b^2)x^2-2ab^2x+a^2(b^2-1)=0$。

其判别式 $\Delta=4a^2(a^2+b^2-a^2b^2)\geqslant 0$，即得 $\dfrac{1}{a^2}+\dfrac{1}{b^2}\geqslant 1$。应选 D。

值得指出的是：直线与圆有公共点可以转化为方程组有实数解，通过"以数解形"，利用方程有解的条件建立不等式进行求解，其实质是通过实施"消元"，转化为求代数式的取值范围。我们还可以从其他角度实施"消元"，得到以下几种解法。

解法 7：因为 $\dfrac{\cos\alpha}{a}+\dfrac{\sin\alpha}{b}=1$，所以 $\dfrac{1}{a^2}=\dfrac{(b-\sin\alpha)^2}{b^2\cos^2\alpha}$。

所以 $\dfrac{1}{a^2}+\dfrac{1}{b^2}=\dfrac{(b-\sin\alpha)^2+\cos^2\alpha}{b^2\cos^2\alpha}=\dfrac{(b\sin\alpha-1)^2+b^2\cos^2\alpha}{b^2\cos^2\alpha}\geqslant 1$。应选 D。

解法 8：因为 $\dfrac{\cos\alpha}{a}+\dfrac{\sin\alpha}{b}=1$，取 $\alpha=0$，得 $a=1$，显然 $b\neq 0$。

所以 $a^2+b^2>1$，$\dfrac{1}{a^2}+\dfrac{1}{b^2}>1$，可以排除选项 A、C。

再取 $\alpha=\dfrac{\pi}{4}$，则 $\dfrac{1}{a}+\dfrac{1}{b}=\sqrt{2}$，若取 $a=-\dfrac{1}{2}$，则 $b=\dfrac{1}{2+\sqrt{2}}$，此时 $a^2+b^2<1$，排除选项 B，从而选择 D。

值得指出的是：选择题最重要的特征就是——有且只有一个选项正确，因此，选项也是选择题的重要"已知条件"，在解答问题时可以利用特殊化的思想对干扰支进行排除，直至确定正确选项。

解法 9：由图 1 可知选项 A 错误，由图 2 可知选项 B、C 错误，从而选择 D。

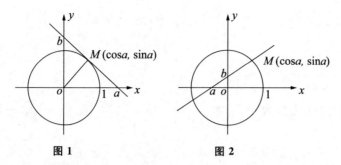

图 1　　　　　　　　图 2

值得指出的是：解法 9 利用数形结合思想，结合图形的直观性，可快捷、准确地解决问题。

此题的多种解法，从不同角度入手，殊途同归，都圆满解决了问题，充分体现了"横看成岭侧成峰，远近高低各不同"的解题哲学，让人体会到"解题岂一法，寻思求百通"的隽永意境。当然，上面的多种解法并没有穷尽此题的解法，其意义在于，研究这样的考题能更大范围地激发学生的数学潜能，能更大强度激发学生的数学学习兴趣，使问题真正展现其活力，让"老树发新芽"。

例4 求证：过椭圆 C：$\dfrac{x^2}{a^2}+\dfrac{y^2}{b^2}=1$ $(a>b>0)$ 上一点 $P(x_0, y_0)$ 的切线 l 的方程为 $\dfrac{x_0 x}{a^2}+\dfrac{y_0 y}{b^2}=1$。

证法1：当 $y_0 \neq 0$ 时，设切线 l 的方程为 $y-y_0=k(x-x_0)$。

联立方程组 $\begin{cases} y-y_0=k(x-x_0) \\ \dfrac{x^2}{a^2}+\dfrac{y^2}{b^2}=1 \end{cases}$，

消去 y，整理得 $(b^2+a^2 k^2)x^2+2a^2 k(y_0-kx_0)x+a^2[(y_0-kx_0)^2-b^2]=0$。

所以 $\Delta=[2a^2 k(y_0-kx_0)]^2-4(b^2+a^2 k^2)\cdot a^2[(y_0-kx_0)^2-b^2]=0$。

化简得 $(a^2-x_0^2)k^2+2x_0 y_0 k+(b^2-y_0^2)=0$ …………①

因为点 P 在椭圆 C 上，所以 $\dfrac{x_0^2}{a^2}+\dfrac{y_0^2}{b^2}=1$。

即 $a^2-x_0^2=\dfrac{a^2 y_0^2}{b^2}$，$b^2-y_0^2=\dfrac{b^2 x_0^2}{a^2}$，代入①式，得

$$\frac{a^2 y_0^2}{b^2} \cdot k^2 + 2x_0 y_0 k + \frac{b^2 x_0^2}{a^2} = 0, \text{ 即 } \left(\frac{a y_0}{b} \cdot k + \frac{b x_0}{a}\right)^2 = 0.$$

所以 $k = -\dfrac{b^2 x_0}{a^2 y_0}$。

则切线 l 的方程为 $y - y_0 = -\dfrac{b^2 x_0}{a^2 y_0}(x - x_0)$，即 $\dfrac{x_0 x}{a^2} + \dfrac{y_0 y}{b^2} = 1$。

当 $y_0 = 0$ 时，易验证切线 l 的方程为 $\dfrac{x_0 x}{a^2} + \dfrac{y_0 y}{b^2} = 1$。

所以原结论成立。

证法 2：把点 $P(x_0, y_0)$ 看作是椭圆 E：$\dfrac{(x-x_0)^2}{a^2} + \dfrac{(y-y_0)^2}{b^2} = m$ ($m > 0$) 当 $m \to 0$ 时的极限。设椭圆 E 与已知椭圆 C 交于 A、B 两点，两方程相减得公共弦 AB 所在直线的方程：

$$\frac{x_0 x}{a^2} + \frac{y_0 y}{b^2} = 1 - \frac{m}{2}.$$

当 $m \to 0$ 时，$A \to P$，$B \to P$，则直线 $AB \to$ 切线 l。

所以椭圆 C 过点 P 的切线 l 的方程为 $\dfrac{x_0 x}{a^2} + \dfrac{y_0 y}{b^2} = 1$。

证法 3：设 $Q(x_1, y_1)$ 为椭圆上任意一点，则有 $\dfrac{x_0^2}{a^2} + \dfrac{y_0^2}{b^2} = 1$，$\dfrac{x_1^2}{a^2} + \dfrac{y_1^2}{b^2} = 1$。

上述两式相减，得

$$-\frac{(x_0 - x_1)(x_0 + x_1)}{a^2} = \frac{(y_0 - y_1)(y_0 + y_1)}{b^2},$$

则 $k_{PQ} = -\dfrac{b^2 (x_0 + x_1)}{a^2 (y_0 + y_1)}$ …………②

过 P 的切线 l 可以看作割线 PQ 当 $Q \to P$ 时的极限位置。

当 $x_1 \to x_0$，$y_1 \to y_0$ 时：

(1) 若 $y_0 \neq 0$，则 $k_{PQ} = -\dfrac{b^2 (x_0 + x_0)}{a^2 (y_0 + y_0)} = -\dfrac{b^2 x_0}{a^2 y_0}$。

此时切线 l 的方程为 $y - y_0 = -\dfrac{b^2 x_0}{a^2 y_0}(x - x_0)$，化简得 $\dfrac{x_0 x}{a^2} + \dfrac{y_0 y}{b^2} = 1$。

(2) 若 $y_0=0$，易验证切线 l 的方程为 $\dfrac{x_0x}{a^2}+\dfrac{y_0y}{b^2}=1$。

综合（1）（2）可知原结论成立。

值得指出的是：由②式可得，点差法适用于解决与二次曲线的切线、中点弦相关的问题。同时不难得出如下结论：

结论1：直线 l 与椭圆 C：$\dfrac{x^2}{a^2}+\dfrac{y^2}{b^2}=1$ 交于 P、Q 两点，M 为 PQ 中点，O 为坐标原点，当直线 PQ、OM 的斜率都存在时，则有：$k_{PQ} \cdot k_{OM} = -\dfrac{b^2}{a^2}$。

证法4：易知过圆 $x^2+y^2=1$ 上一点 $P(x_0,y_0)$ 的切线 l 的方程为 $x_0x+y_0y=1$。

因为圆 $x^2+y^2=1$ 在伸缩变换 $\begin{cases}x=\dfrac{x'}{a}\\y=\dfrac{y'}{b}\end{cases}$ 的作用下变成椭圆 $\dfrac{x'^2}{a^2}+\dfrac{y'^2}{b^2}=1$，

相应地，圆 $x^2+y^2=1$ 的切线 l 变成直线 $\dfrac{x_0x'}{a^2}+\dfrac{y_0y'}{b^2}=1$，即知原结论成立。

证法5：不妨设点 P 在 x 轴的上方。当 $y>0$ 时，由 $\dfrac{x^2}{a^2}+\dfrac{y^2}{b^2}=1$，得 $y=\dfrac{b}{a}\sqrt{a^2-x^2}$。

求导得 $y'=\dfrac{b}{a} \cdot \dfrac{-x}{\sqrt{a^2-x^2}}$。

切线 l 的斜率为 $y'|_{x=x_0}=\dfrac{b}{a} \cdot \dfrac{-x_0}{\sqrt{a^2-x_0^2}}=\dfrac{b}{a} \cdot \dfrac{-x_0}{\sqrt{\dfrac{a^2}{b^2} \cdot y_0^2}}=-\dfrac{b^2 x_0}{a^2 y_0}$。

则切线 l 的方程为 $y-y_0=-\dfrac{b^2 x_0}{a^2 y_0}(x-x_0)$，化简得 $\dfrac{x_0x}{a^2}+\dfrac{y_0y}{b^2}=1$。

同理可以推出当点 P 在 x 轴上或者 x 轴的下方时，直线 l 的方程仍为 $\dfrac{x_0x}{a^2}+\dfrac{y_0y}{b^2}=1$。

值得指出的是：类比是根据两个或两类对象之间在某些方面的相似或相同，推知它们在其他方面也可能相似或相同的一种逻辑思维方法。类比以比较为基础，通过比较找出两类对象在性质或关系上相类似的地方；或以此为依据，把其中某一类对象的其他某种性质或关系类推于另一对象。类比是数学发现常用的一种思想方法。

众所周知，圆锥曲线具有"家族"现象，故可以将椭圆具有的性质类比到双曲线、抛物线。我们不难得出如下推论：

结论2：过双曲线 $\dfrac{x^2}{a^2} - \dfrac{y^2}{b^2} = 1$ ($a>0$，$b>0$) 上一点 $P(x_0, y_0)$ 的切线 l 的方程为 $\dfrac{x_0 x}{a^2} - \dfrac{y_0 y}{b^2} = 1$。

结论3：过抛物线 $y^2 = 2px$ ($p>0$) 上一点 $P(x_0, y_0)$ 的切线 l 的方程为 $y_0 y = p(x + x_0)$。

请读者自行证明。

例5 抛物线 $y^2 = 2px$ ($p>0$) 的焦点为 F，准线 l 与 x 轴交点为 C，AB 是过 F 的弦。

求证：当 $AB \perp BC$ 时，$|AF| - |BF| = 2p$。

这是笔者无意中"发现"的抛物线的一个优美性质，证明如下。

证法1：如图所示，作 $AD \perp l$，$BE \perp l$，垂足分别为 D、E。作 $BG \perp AD$，垂足为 G，与 x 轴交点为 H。

易得 $\angle BCF = \angle GBA$。

所以 $\triangle BAG \backsim \triangle CFB$。

所以 $\dfrac{AG}{BF} = \dfrac{AB}{CF}$。

则 $\dfrac{AG}{BF} = \dfrac{AF+FB}{CF} = \dfrac{AD+FB}{CF}$

$= \dfrac{AG+GD+BF}{CF}$

$= \dfrac{AG+BE+FB}{CF}$

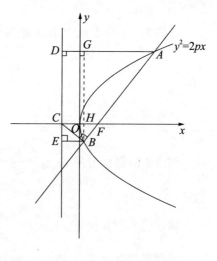

$$= \frac{AE+2FB}{p}。$$

从而得 $AG = \frac{2 \cdot BF^2}{p-BF}$ …………①

在 Rt△CBF 中，因为 $BF^2 = FH \cdot FC = (FC-CH) \cdot FC = p \cdot (p-CH) = p \cdot (p-BF)$ …………②

将②式代入①式，得 $AG = 2p$。

即 $|AF| - |BF| = 2p$。

证法 2：设 $A(x_1, y_1)$，$B(x_2, y_2)$，则 $y_1^2 = 2px_1$，$y_2^2 = 2px_2$。

设直线 AB 的方程为 $x = my + \frac{p}{2}$，代入 $y^2 = 2px$，整理得 $y^2 + 2pmy - p^2 = 0$。

所以 $y_1 y_2 = -p^2$，$x_1 x_2 = \frac{y_1^2}{2p} \cdot \frac{y_2^2}{2p} = \frac{p^2}{4}$。

因为 $C\left(-\frac{p}{2}, 0\right)$，$F\left(\frac{p}{2}, 0\right)$，

所以 $\overrightarrow{CB} = \left(x_2 + \frac{p}{2}, y_2\right)$，$\overrightarrow{FB} = \left(x_2 - \frac{p}{2}, y_2\right)$。

因为 $\overrightarrow{CB} \perp \overrightarrow{FB}$，

所以 $\overrightarrow{CB} \cdot \overrightarrow{FB} = x_2^2 - \frac{p^2}{4} + y_2^2 = x_2^2 - \frac{p^2}{4} + 2px_2 = 0$。

解得 $x_2 = \frac{\sqrt{5}-2}{2}p$（负根舍）。

所以 $x_1 = \frac{p^2}{4x_2} = \frac{\sqrt{5}+2}{2}p$。

所以 $|AF| - |BF| = x_1 - x_2 = 2p$。

证法 3：设 $A(x_1, y_1)$，$B(x_2, y_2)$，则 $y_1^2 = 2px_1$，$y_2^2 = 2px_2$。

由于 $F\left(\frac{p}{2}, 0\right)$，则 $\overrightarrow{FA} = \left(x_1 - \frac{p}{2}, y_1\right)$，$\overrightarrow{FB} = \left(x_2 - \frac{p}{2}, y_2\right)$。

因为 A、B、F 三点共线，所以 $\overrightarrow{FA} // \overrightarrow{FB}$。

即 $\left(x_1 - \frac{p}{2}\right) y_2 = y_1 \left(x_2 - \frac{p}{2}\right)$。

所以 $\left(\frac{y_1^2}{2p} - \frac{p}{2}\right) y_2 = y_1 \left(\frac{y_2^2}{2p} - \frac{p}{2}\right)$。

整理得 $y_1y_2 = -p^2$，所以 $x_1x_2 = \dfrac{y_1^2}{2p} \cdot \dfrac{y_2^2}{2p} = \dfrac{p^2}{4}$。

由于 $BC \perp BF$，所以点 B 在以 CF 为直径的圆上。

以 CF 为直径的圆的方程为 $x^2 + y^2 = \left(\dfrac{p}{2}\right)^2$。

联立 $\begin{cases} y^2 = 2px, \\ x^2 + y^2 = \left(\dfrac{p}{2}\right)^2 \end{cases}$，解得 $x = \dfrac{\sqrt{5}-1}{2}p$（负根舍去）。

即 B 点横坐标为 $x_2 = \dfrac{\sqrt{5}-1}{2}p$。

所以 $x_1 = \dfrac{p^2}{4x_2} = \dfrac{\sqrt{5}+2}{2}p$。

所以 $|AF| - |BF| = x_1 - x_2 = 2p$。

考题巧解

1. 利用初中知识，巧解高考试题

例1 正方形 $ABCD$ 的边长为 1，点 E 在边 AB 上，点 F 在边 BC 上，$AE = BF = \dfrac{3}{7}$。动点 P 从 E 出发沿直线向 F 运动，每当碰到正方形的边时反弹，反弹时反射角等于入射角。当点 P 第一次碰到 E 时，P 与正方形的边碰撞的次数为（　　）。

A. 16   B. 14   C. 12   D. 10

分析：这是 2012 年高考数学全国卷的一道试题，问题通过动点的"反弹"考查直线方程、倾斜角、斜率等基本概念，注重学科之间的渗透，将直线的倾斜角与物理中的反射现象巧妙地结合起来，以期在"变"的现象中发现"不变"的本质，在"不变"的本质中探索"变"的规律性，体现了数形结合的思想方法。若利用初中所学的轴对称知识进行探究，可以得到如下巧妙解法。

解：经过作图分析可知，动点 P 由 F 反弹后，落到边 CD 上，记为 G；由 G 反弹后，落到边 AD 上，记为 H；由 H 反弹后，落到边 BC 上，记为

I；由 I 反弹后，落到边 AB 上，记为 J；由 J 反弹后，落到边 AD 上，记为 K；由 K 反弹后，落到边 CD 上，记为 L……为了使动点 P 的运动轨迹"看起来"沿直线方向进行运动，只需要根据点 P 的反弹情况，对正方形 $ABCD$ 进行翻折。依次作出正方形 $ABCD$ 关于 BC 的轴对称图形，得到下图。

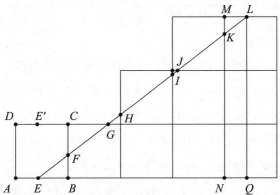

取正方形的边长 $AB=7$，则 $AE=BF=3$。

由 $\tan\angle FEB=\dfrac{3}{4}=\dfrac{LQ}{EQ}=\dfrac{21}{EQ}$，

得 $EQ=28$。

所以 $ML=NQ=28-(3\times 7+4)=3$，即 $ML=AE$。

即动点 P 由 AB 上的点 E 经过正方形的边反弹后第一次到达对边 CD 上的点 E' 时（满足 $AE=DE'$），P 与正方形的边碰撞 7 次。

由对称性及可逆性知，当点 P 第一次碰到 E 时，P 与正方形的边碰撞的次数为 14 次。

例2 在 $\triangle ABC$ 中，D 为边 BC 上一点，$BD=\dfrac{1}{2}DC$，$\angle ADB=120°$，$AD=2$。若 $\triangle ADC$ 的面积为 $3-\sqrt{3}$，则 $\angle BAC=$ _____。

这是 2010 年高考数学课标卷理科第 16 题，参考答案如下。

解法1：由 $S_{\triangle ADC}=\dfrac{1}{2}\times 2\times DC\times\dfrac{\sqrt{3}}{2}=3-\sqrt{3}$，解得 $DC=2(\sqrt{3}-1)$。

所以 $BD=\sqrt{3}-1$，$BC=3(\sqrt{3}-1)$。

在 $\triangle ABD$ 中，$AB^2=4+(\sqrt{3}-1)^2-2\times 2\times(\sqrt{3}-1)\times\cos 120°=6$。

即 $AB=\sqrt{6}$。

在 $\triangle ACD$ 中，$AC^2 = 4 + [2(\sqrt{3}-1)]^2 - 2 \times 2 \times 2(\sqrt{3}-1) \times \cos 60° = 24 - 12\sqrt{3}$。

所以 $AC = \sqrt{6}(\sqrt{3}-1)$。

则 $\cos \angle BAC = \dfrac{AB^2 + AC^2 - BC^2}{2AB \cdot AC} = \dfrac{6 + 24 - 12\sqrt{3} - 9(4-2\sqrt{3})}{2 \times \sqrt{6} \times \sqrt{6} \times (\sqrt{3}-1)} = \dfrac{1}{2}$。

所以 $\angle BAC = 60°$。

上述解法，三次利用余弦定理，计算过程显得繁难复杂，特别是计算出 $AC = 24 - 12\sqrt{3}$ 后，若不熟悉开方运算，解题过程就难以继续进行，导致"半途而废"。其实，此题利用初中知识就能快速解答。

解法2：如图所示，作 $AH \perp BC$，垂足为 H。

由已知，可得 $BD = \sqrt{3}-1$，$BC = 3(\sqrt{3}-1)$。

在 $Rt\triangle ADH$ 中，$AD = 2$，$\angle ADH = 60°$，则 $AH = \sqrt{3}$，$DH = 1$。

所以 $BH = BD + DH = (\sqrt{3}-1) + 1 = \sqrt{3} = AH$。

而 $CH = CD - DH = 2(\sqrt{3}-1) - 1 = 2\sqrt{3} - 3$，

从而 $\angle BAH = 45°$，$\tan \angle CAH = \dfrac{CH}{AH} =$

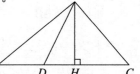

$\dfrac{2\sqrt{3}-3}{\sqrt{3}} = 2 - \sqrt{3}$。

所以 $\angle CAH = 15°$。

所以 $\angle BAC = \angle BAH + \angle CAH = 60°$。

例3 $\triangle ABC$ 中，D 为边 BD 上一点，$BD = 33$，$\sin B = \dfrac{5}{13}$，$\cos \angle ADC = \dfrac{3}{5}$，求 AD。

这是2010年高考数学全国Ⅱ卷理科第17题，参考答案如下：

解法1：由 $\cos \angle ADC = \dfrac{3}{5} > 0$，知 $B < \dfrac{\pi}{2}$，由已知得：

$\cos B = \dfrac{12}{13}$，$\sin \angle ADC = \dfrac{4}{5}$。

所以 $\sin \angle BAD = \sin(\angle ADC - B)$

$= \sin \angle ADC \cos B - \cos \angle ADC \sin B$

$$= \frac{4}{5} \times \frac{12}{13} - \frac{3}{5} \times \frac{5}{13} = \frac{33}{65}。$$

由正弦定理得 $\dfrac{AD}{\sin B} = \dfrac{BD}{\sin \angle BAD}$。

所以 $AD = \dfrac{BD \cdot \sin B}{\sin \angle BAD} = \dfrac{33 \times \dfrac{5}{13}}{\dfrac{33}{65}} = 25$。

本题主要考查两角和、差的三角函数以及应用正余弦定理解决问题，参考解答主要利用差角公式以及正弦定理进行求解。若发现题设条件与例2类似，利用初中知识就能"秒杀"这道题目。

解法2：由 $\cos \angle ADC = \dfrac{3}{5} > 0$，知 $\angle ADC$ 为锐角。如图，作 $AH \perp DC$，垂足为 H。

在 Rt△ADH 中，设 $DH = 3x$，则 $AH = 4x$，$AD = 5x$。

在 Rt△ABH 中，$\sin B = \dfrac{5}{13}$，且 $\angle B$ 为锐角，从而 $\cos B = \dfrac{12}{13}$。

所以 $\tan B = \dfrac{5}{12} = \dfrac{4x}{33 + 3x}$，解得 $x = 5$。

从而 $AD = 5x = 25$。

值得指出的是：如果戴上"笛卡尔"眼镜，从解析几何的角度入手，也可以巧解此题。

解法3：如图，以 B 为原点，BC 为 x 轴建立平面直角坐标系，由 $\sin \angle ADC = \dfrac{3}{5}$，$\sin B = \dfrac{5}{13}$，可得 $\tan B = \dfrac{5}{12}$，$\tan \angle ADC = \dfrac{4}{3}$。

所以直线 AB、AD 的方程分别为：$y = \dfrac{5}{12}x$，$y = \dfrac{4}{3}(x - 33)$。

联立 $\begin{cases} y = \dfrac{5}{12}x \\ y = \dfrac{4}{3}(x - 33) \end{cases}$，解得 $A(48, 25)$。

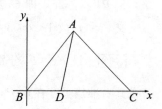

所以 $AD = \sqrt{(48-33)^2 + 20^2} = 25$。

2. 回归定义，巧解考题

回归定义的实质是重新审视概念并用概念解决问题，是一种朴素而又重要的策略和思想。圆锥曲线的定义既是解决有关圆锥曲线问题的出发点，又是新知识的生长点。在解题时，若能根据已知条件，"足够地退"，退回到圆锥曲线的定义，往往可以化难为易，收到事半功倍之效。

例4 已知 $A\left(-\dfrac{1}{2}, 0\right)$，$B$ 是圆 $F: \left(x-\dfrac{1}{2}\right)^2 + y^2 = 1$（$F$ 为圆心）上一动点，线段 AB 的垂直平分线交 BF 于 P，则动点 P 的轨迹方程为_____。

解：由已知得，$|PA|=|PB|$。

因为 $|BF|=|BP|+|PF|=|PA|+|PF|=2$，所以点 P 的轨迹是以 A、F 为焦点，长轴长为 2 的椭圆。

又因为 $c=\dfrac{1}{2}$，$2a=2$，所以 $b^2=a^2-c^2=\dfrac{3}{4}$。

所以点 P 的轨迹方程为 $x^2+\dfrac{3}{4}y^2=1$。

值得指出的是：椭圆和双曲线的第一定义涉及"两点一数"，"两点"即曲线的焦点，"一数"即椭圆（双曲线）的长轴（实轴）长。若问题的已知条件中出现两个定点，以及动点到两定点的距离之和（差）为定值，应注意联系椭圆或双曲线的第一定义解题。

例5 双曲线 $\dfrac{x^2}{a^2}-\dfrac{y^2}{b^2}=1$ ($a>0$, $b>0$) 的两个焦点为 F_1、F_2，若 P 为其上一点，且 $|PF_1|=2|PF_2|$，则双曲线离心率的取值范围是（　　）。

A. $(1, 3)$　　　　　　　　B. $(1, 3]$

C. $(3, +\infty)$　　　　　　D. $[3, +\infty)$

解：由双曲线的定义可得 $||PF_1|-|PF_2||=2a$。

又 $|PF_1|+|PF_2|\geqslant|F_1F_2|=2c$，$|PF_1|=2|PF_2|$，所以 $|PF_2|=2a$，$3|PF_2|\geqslant 2c$，即 $6a\geqslant 2c$，$e\leqslant 3$。

又 $e>1$，故 $1<e\leqslant 3$。应选 B。

例6 设 F_1、F_2 分别是椭圆 $\dfrac{x^2}{a^2}+\dfrac{y^2}{b^2}=1$ ($a>b>0$) 的左、右焦点，若在其右准线上存在点 P，使线段 PF_1 的中垂线过点 F_2，则椭圆离心率的取值范围是（　　）。

A. $\left(0, \dfrac{\sqrt{2}}{2}\right]$ B. $\left(0, \dfrac{\sqrt{3}}{3}\right]$ C. $\left[\dfrac{\sqrt{2}}{2}, 1\right)$ D. $\left[\dfrac{\sqrt{3}}{3}, 1\right)$

一般教辅资料上的解答方法如下：

解法 1：设 P 为右准线上任意一点，其坐标为 $P\left(\dfrac{a^2}{c}, y_0\right)$，线段 PF_1 中点 Q 的坐标为 $Q\left(\dfrac{a^2-c^2}{2c}, \dfrac{y_0}{2}\right)$，$\overrightarrow{F_1P}=\left(\dfrac{a^2}{c}+c, y_0\right)$，$\overrightarrow{F_2Q}=\left(\dfrac{a^2-c^2}{2c}-c, \dfrac{y_0}{2}\right)$。

所以 $\overrightarrow{F_1P} \cdot \overrightarrow{F_2Q} = \dfrac{(a^2+c^2)(a^2-3c^2)}{2c^2} + \dfrac{y_0^2}{2} = 0$。

则 $y_0^2 = \dfrac{(a^2+c^2)(3c^2-a^2)}{c^2}$。

因为 $y_0^2 \geqslant 0$，所以 $3c^2-a^2 \geqslant 0$，即 $\dfrac{c^2}{a^2} \geqslant \dfrac{1}{3}$。

所以 $\dfrac{\sqrt{3}}{3} \leqslant \dfrac{c}{a} < 1$，即 $\dfrac{\sqrt{3}}{3} \leqslant e < 1$，应选 D。

值得指出的是：离心率是圆锥曲线的重要几何性质之一，是高考的热点，应予以重视。一般情况下，涉及圆锥曲线离心率的问题，往往可以利用定义进行转化。若回归定义，可得如下简单解法：

解法 2：设椭圆右准线与 x 轴的交点为 A，线段 PF_1 的中垂线过点 F_2，则 $|F_1F_2|=|PF_2| \geqslant |AF_2|$，即 $2c \geqslant \dfrac{a^2}{c}-c$，所以 $a^2 \leqslant 3c^2$，$e = \dfrac{c}{a} \geqslant \dfrac{\sqrt{3}}{3}$，从而 $\dfrac{\sqrt{3}}{3} \leqslant e < 1$。应选 D。

例7 设抛物线 $y^2 = 2px$ $(p>0)$ 的焦点为 F，经过点 F 的直线交抛物线于 A、B 两点，点 C 在抛物线的准线 l 上，且 $BC \parallel x$ 轴。

求证：直线 AC 经过坐标原点 O。

证明：作 $AD \perp l$，垂足为 D，连接 AC，交 EF 于点 N，则 $AD \parallel EF \parallel BC$。即得

$$\dfrac{|EN|}{|AD|} = \dfrac{|CN|}{|AC|} = \dfrac{|BF|}{|AF|}, \quad \dfrac{|NF|}{|BC|} = \dfrac{|AF|}{|AB|}.$$

由抛物线的定义可知 $|AF|=|AD|$，$|BF|=|BC|$。

所以 $|EN| = \dfrac{|AD| \cdot |BF|}{|AB|} = \dfrac{|AF| \cdot |BC|}{|AB|} = |NF|$。

所以 O、N 重合，即直线 AC 经过原点 O。

值得指出的是：上述证法充分挖掘抛物线几何性质，利用定义，数形结合，使得求解过程直观简捷。当然也可用代数方法证明，读者不妨一试。

3. 根据结构巧联想，他山之石可攻玉

在解题时，常常会碰到题设条件或待求式子具有"某一数学公式或运算法则"的结构特征，如果从问题的"结构特征"入手，拓宽已知信息，由此及彼地展开联想，往往能突破思维瓶颈，在解题中伸出创新思维的触角，使解题峰回路转，进入"柳暗花明又一村"的境界。

(1) 求导公式与法则。

例8 已知 $f(x)$ 为 **R** 上的可导函数，且 $\forall x \in \mathbf{R}$，均有 $f(x) > f'(x)$，则以下判断正确的是（　　）。

A. $f(2013) > e^{2013} f(0)$

B. $f(2013) < e^{2013} f(0)$

C. $f(2013) = e^{2013} f(0)$

D. $f(2013)$ 与 $e^{2013} f(0)$ 的大小关系无法确定

分析：问题涉及判断 $f(2013)$ 与 $e^{2013} f(0)$ 的大小关系，只需比较 $\dfrac{f(2013)}{e^{2013}}$ 与 $f(0)$ 的大小，即比较 $\dfrac{f(2013)}{e^{2013}}$ 与 $\dfrac{f(0)}{e^0}$ 的大小。令 $g(x) = \dfrac{f(x)}{e^x}$，问题转化为判断 $g(2013)$ 与 $g(0)$ 的大小关系，根据 $g(x)$ 的单调性即可获解。

解：设 $g(x) = \dfrac{f(x)}{e^x}$，则 $g'(x) = \dfrac{f(x)}{e^x} = \dfrac{f'(x) e^x - f(x) e^x}{(e^x)^2} < 0$，所以 $g(x)$ 为 **R** 上的减函数，即 $g(2013) < g(0)$，所以 $f(2013) < e^{2013} f(0)$，应选 B。

(2) 函数的图象。

例9 关于 x 的方程 $\sqrt{4-x^2} - kx + 2k - 3 = 0$ 有两个不相等的实数根，则实数 k 的取值范围是 _____。

分析：求解方程根的个数，可以"算出来"（解方程），或者"画出来"（利用函数图象），或者利用零点存在定理进行判断。此题利用函数 $y = \sqrt{4-x^2}$ 及 $y = k(x-2) + 3$ 的图象，即可得解。

解：由已知得 $\sqrt{4-x^2}=k(x-2)+3$，在同一坐标系下作出函数 $y=\sqrt{4-x^2}$，$y=k(x-2)+3$ 的图象（如图）。其中 $y=\sqrt{4-x^2}$ 表示圆心在原点，半径为 2 的圆在 x 轴上方的半圆 O（含端点）；$y=k(x-2)+3$ 表示过定点 $P(2,3)$ 的直线。

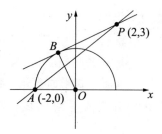

因为 $A(-2,0)$，所以 $k_{PA}=\dfrac{3-0}{2-(-2)}=\dfrac{3}{4}$；

因为直线 PB 与半圆 O 相切于点 B，由 $\dfrac{|3-2k_{PB}|}{\sqrt{k_{PB}^2+1}}=2$，得 $k_{PB}=\dfrac{5}{12}$。

故当 $\dfrac{5}{12}<k\leqslant\dfrac{3}{4}$ 时，两函数的图象有两个不同交点，即原方程有两个不相等的实数根。

(3) 直线斜率公式。

例10 定义在 **R** 上的函数 $f(x)$ 满足 $f(4)=1$，$f'(x)$ 为 $f(x)$ 的导函数。已知函数 $y=f'(x)$ 的图象如图所示。若两正数 a、b 满足 $f(2a+b)<1$，则 $\dfrac{b+2}{a+2}$ 的取值范围是（　　）。

A. $\left(\dfrac{1}{3}, \dfrac{1}{2}\right)$

B. $\left(-\infty, \dfrac{1}{2}\right)\cup(3, +\infty)$

C. $\left(\dfrac{1}{2}, 3\right)$

D. $(-\infty, -3)$

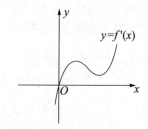

分析：$\dfrac{b+2}{a+2}=\dfrac{b-(-2)}{a-(-2)}$ 表示两点 $M(a,b)$ 与 $P(-2,-2)$ 连线的斜率，问题转化为求直线 PM 的斜率 k_{PM} 的取值范围。

解：由已知，当 $x\in(0,+\infty)$ 时，$f'(x)>0$，所以函数 $f(x)$ 在 $(0,+\infty)$ 上为增函数，由 $f(2a+b)<1=f(4)$，得

$$\begin{cases} a>0 \\ b>0 \\ 2a+b<4 \end{cases} \quad \cdots\cdots ①$$

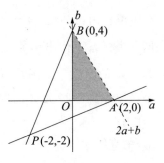

如图，在平面直角坐标系 aOb 内作出不等式组①对应的平面区域 $\triangle AOB$（不含边界），记 $P(-2,-2)$，则 $k_{PA}=\dfrac{1}{2}$，$k_{PB}=3$，从而得出 $\dfrac{b+2}{a+2}$ 的取值范围是 $\left(\dfrac{1}{2},3\right)$。应选 C。

(4) 距离公式。

例11 方程 $\sqrt{5\left[(x-3)^2+(y-1)^2\right]}=|2x+y+3|$ 表示的曲线是（　）。

A. 圆　　　　B. 椭圆　　　　C. 双曲线　　　　D. 抛物线

分析与解：原方程即 $\sqrt{(x-3)^2+(y-1)^2}=\dfrac{|2x+y+3|}{\sqrt{5}}$，等式左边 $\sqrt{(x-3)^2+(y-1)^2}$ 可以看成两点 $P(x,y)$ 与 $B(3,1)$ 之间的距离，右边 $\dfrac{|2x+y+3|}{\sqrt{5}}$ 可以看成点 $P(x,y)$ 到直线 $l：2x+y+3=0$ 的距离，从而得到动点 P 到定点 B 与定直线 l（其中 $B\notin l$）的距离相等，所以点 P 的轨迹为抛物线，应选 D。

值得指出的是：很多代数问题可以转化为几何问题解决，如与 $\sqrt{(x-a)^2+(y-b)^2}$ 相关的代数问题往往可以转化为两点 $A(x,y)$ 与 $B(a,b)$ 之间距离的几何问题，与 $\dfrac{y-b}{x-a}$ 相关的代数问题可以转化为直线 AB 的斜率的几何问题。

(5) 三角公式。

例12 已知实数 x、y、z 满足条件 $\dfrac{x-y}{1+xy}+\dfrac{y-z}{1+yz}+\dfrac{z-x}{1+zx}=0$。

求证：等式左边的三个分式中，总有两个互为相反数。

分析：本题直接证明比较困难，注意到每一个分式的结构都与两角差的正切公式 $\tan(\alpha-\beta)=\dfrac{\tan\alpha-\tan\beta}{1+\tan\alpha\tan\beta}$ 的右端外形相似，考虑利用三角代换进行证明。

证明：设 $x=\tan\alpha$，$y=\tan\beta$，$z=\tan\gamma$，则 $\tan(\alpha-\beta)+\tan(\beta-\gamma)+\tan(\gamma-\alpha)=0$。

因为 $(\alpha-\beta)+(\beta-\gamma)+(\gamma-\alpha)=0$，

所以 $\tan(\alpha-\beta)+\tan(\beta-\gamma)+\tan(\gamma-\alpha)=\tan(\alpha-\beta)\tan(\beta-\gamma)\tan(\gamma-\alpha)$。

从而得 $\tan(\alpha-\beta)\tan(\beta-\gamma)\tan(\gamma-\alpha)=0$。

即 $\dfrac{x-y}{1+xy}\cdot\dfrac{y-z}{1+yz}\cdot\dfrac{z-x}{1+zx}=0$。

所以 $(x-y)(y-z)(z-x)=0$。

即 $x-y$，$y-z$，$z-x$ 中至少有一个为 0，原命题得证。

(6) 向量数量积。

例13 已知集合 $M=\{(x,y)|y=f(x)\}$，若对任意 $(x_1,y_1)\in M$，存在 $(x_2,y_2)\in M$，使得 $x_1x_2+y_1y_2=0$ 成立，则称集合 M 是"垂直点对集"。给出下列四个集合：

① $M=\left\{(x,y)\,\middle|\,y=\dfrac{1}{x}\right\}$；② $M=\{(x,y)|y=x^2-1\}$；

③ $M=\{(x,y)|y=\cos x\}$；④ $M=\{(x,y)|y=\log_2 x\}$。

其中是"垂直点对集"的序号是_____。（请写出所有"垂直点对集"的序号）

分析：由条件"$x_1x_2+y_1y_2=0$"，联想到向量数量积的坐标运算形式，得出"垂直点对集"中函数图象的特征是解答此题的关键。

解：设 $A(x_1,y_1)$，$B(x_2,y_2)$，$O(0,0)$，则 $x_1x_2+y_1y_2=0$ 等价于 $\overrightarrow{OA}\perp\overrightarrow{OB}$，这就说明，集合 M 是"垂直点对集"。函数 $y=f(x)$ 的图象满足条件：对图象上任一点 A，在图象上一定存在一点 B，使得这两点与坐标原点 O 的连线互相垂直。画出①、②、③、④中函数的简图，易知②、③符合题意。

(7) 离散型随机变量的期望。

例14 若当 $P(m,n)$ 为圆 $x^2+(y-2)^2=4$ 上任意一点时，不等式 $m+n+c\geq 0$ 恒成立，则 c 的取值范围是（　　）。

A. $c\geq 2-2\sqrt{2}$　　B. $c\geq 2\sqrt{2}-2$　　C. $c\geq 1-2\sqrt{2}$　　D. $c\geq 2\sqrt{2}-1$

分析：不等式 $m+n+c \geqslant 0$ 恒成立，即 $c \geqslant -(m+n)$ 恒成立，所以 $c \geqslant [-(m+n)]_{\max}$，问题转化求 $-(m+n)$ 的最大值。先求 $m+n$ 的最小值。由 $m^2+(n-2)^2=4$，得 $\frac{1}{2}m^2+\frac{1}{2}(n-2)^2=2$，等式左边是期望 $E\xi^2$ 的形式，于是可以通过恰当的变形，使之合理搭配成具有期望的定义模型，利用结论 $E\xi^2 \geqslant (E\xi)^2$ 解决问题。

解：设随机变量 ξ 的分布列为：

ξ	m	$n-2$
P	$\frac{1}{2}$	$\frac{1}{2}$

所以 $E\xi=\frac{1}{2}(m+n-2)$，$E\xi^2=\frac{1}{2}[m^2+(n-2)^2]=2$。

由于 $E\xi^2 \geqslant (E\xi)^2$，所以 $2 \geqslant [\frac{1}{2}(m+n-2)]^2$，当且仅当 $m=n-2$ 时等号成立。

即 $2-2\sqrt{2} \leqslant m+n \leqslant 2+2\sqrt{2}$。

所以 $-(m+n) \in [-2-2\sqrt{2}, 2\sqrt{2}-2]$，从而 $c \geqslant 2\sqrt{2}-2$。应选 B。

(8) 余弦定理。

例15 求 $\sin^2 20°+\cos^2 80°+\sqrt{3}\sin 20°\cos 80°$ 的值。

分析：依据余弦定理 $a^2=b^2+c^2-2bc\cos A$ 右边的结构，变形可得 $\sin^2 20°+\cos^2 80°+\sqrt{3}\sin 20°\cos 80°=\sin^2 20°+\sin^2 10°-2\sin 20°\sin 10°\cos 150°$，于是可以考虑通过构造三角形求解。

解：如图，在 $\triangle ABC$ 中，$B=10°$，$A=20°$，$C=150°$，设 $\triangle ABC$ 的外接圆直径 $2R=1$，则 $AC=\sin 10°$，$BC=\sin 20°$，$AB=\sin 150°=\frac{1}{2}$。

所以 $AB^2=AC^2+BC^2-2AB \cdot BC\cos 150°$

$\qquad =\sin^2 20°+\sin^2 10°-\sqrt{3}\sin 20°\sin 80°=\frac{1}{4}$。

即 $\sin^2 20°+\cos^2 80°+\sqrt{3}\sin 20°\cos 80°=\dfrac{1}{4}$。

值得指出的是：通过以上各例，可以发现，利用"结构特征"解题，不仅意味着我们需要有完整性和融通性的知识结构，而且解题的关键之处在于两点：一是需要敏锐的洞察力，善于抓住所求问题的结构特征；二是善于联想，将已知条件或者待求结论与某一公式、法则或者某一数学对象实现对接，进而创造性地解决问题。当然，由结构进行联想，巧借数学模型解题的类型还有很多，在此不再一一列举。

4. 直观严谨相辉映，运动变化显本真

例16 》 如果一条直线把一个平面图形的面积分成相等的两部分，我们把这条直线称为这个平面图形的一条面积等分线。

（Ⅰ）三角形有_____条面积等分线，平行四边形有_____条面积等分线。

（Ⅱ）（Ⅲ）略。

此题是 2012 年贵阳市中考数学题，参考答案如下：

根据"面积等分线"的定义知，对于三角形，面积等分线是三角形的中线所在的直线；对于平行四边形应该有无数条，只要过两条对角线的交点的直线都可以把平行四边形的面积分成两个相等的部分，所以答案是：3；无数。

值得指出的是：第（Ⅰ）问是填空题，为避免"小题大做"，我们应抓住问题的本质，追求简洁、明快的解法。

如图 1，设点 M 是 $\triangle ABC$ 的边 AB 上一点（为讨论方便，假设 M 与 A、B 均不重合），不妨设点 N 在 $\triangle ABC$ 的边界上沿路径 $A \to C \to B$ 的轨迹运动，在此过程中，直线 MN 把 $\triangle ABC$ 分成区域Ⅰ和Ⅱ两部分。设三角形 ABC 的面积为单位 1，则当点 N 在沿路径 $A \to C \to B$ 运动的过程中，区域Ⅰ（当 N 在 AC 边上时，是 $\triangle AMN$，当 N 在 CB 边上时，是四边形 $MACN$）的面积从 0 逐渐增大至 1。由函数的介值性定理，我们猜测，当点 N 运动到某一位置时，即在边 AC 或 BC 上必存在一点 N，使得区域Ⅰ的面积恰好等于 $\dfrac{1}{2}$，此时直线 MN 就是 $\triangle ABC$ 的面积等分线。换言之，对线段 AB 上任意一点 M，一定存在一条过点 M 的直线将 $\triangle ABC$ 分成面积相等的

两部分。由点 M 的任意性可知，三角形有无数条面积等分线。特别地，当点 M、N 之一为 $\triangle ABC$ 的一个顶点时，直线 MN 就是 $\triangle ABC$ 的一条中线所在直线。

所以原题（1）中第一问的解答是错误的，答案应该是无数条。

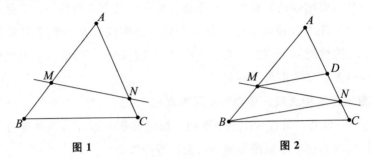

图 1　　　　　　　　图 2

数学是讲道理的，数学学科有着严密的特点。经过直观探究得出的结果是否"可靠"，需要我们进行严格的证明，这样才能做到言之有理、言之有序、言之有据。

由上述探究过程可知，设 AB 中点为 E，当点 M 与点 E 重合时，则直线 CM 是 $\triangle ABC$ 的面积平分线。当点 M 与点 E 不重合时，不妨设点 M 在线段 BE 上，当点 N 沿路径 $A \to C \to B$ 的轨迹运动到 C 时，区域Ⅰ的面积大于 $\dfrac{1}{2}$。下面探究直线 MN 平分 $\triangle ABC$ 的面积时，点 N 在边 AC 上的具体位置。

如图 2，不妨设 $AM=k$，$MB=1$，其中 $k>1$。则

$$\begin{cases} S_{\triangle ABC} = \dfrac{1}{2} AB \cdot AC \sin A = 1 \\ S_{\triangle AMN} = \dfrac{1}{2} AM \cdot AN \sin A = \dfrac{1}{2} \end{cases},$$

所以 $\dfrac{AM}{AB} \cdot \dfrac{AN}{AC} = \dfrac{1}{2}$ ············①

（注：①式也可由共角定理——在图 1 中，$\dfrac{S_{\triangle ABC}}{S_{\triangle AMN}} = \dfrac{AB \cdot AC}{AM \cdot AN}$ 推导得出）

所以 $\dfrac{k}{k+1} \cdot \dfrac{AN}{AC} = \dfrac{1}{2}$。

则 $AN = \dfrac{k+1}{2k} AC = \dfrac{1}{2} AC + \dfrac{1}{k} \cdot AC$ ············②

设 AC 中点为 D，则由②式知点 N 在线段 DC 上，且 $AN = AD + DN$，

$DN = \dfrac{1}{k} \cdot AD$。

所以 $\dfrac{DN}{AD} = \dfrac{1}{k}$，又 $\dfrac{BM}{MA} = \dfrac{1}{k}$。

所以 $\dfrac{DN}{AD} = \dfrac{MB}{MA}$，即得 $MD \parallel BN$。

于是，我们得到 △ABC 面积等分线 MN 的作法，即若点 M 在 AB 中点 E 偏于点 B 的一端时，只需选取 AC 中点 D，连接 MD，过 B 作 $BN \parallel MD$，交 AC 于点 N，则直线 MN 就是 △ABC 面积等分线。对于点 M 的其他位置，由上述方法也可以作出相应的面积等分线。

值得指出的是： 上述探究中，利用几何直观，固定直线 MN 上的一点 M，让点 N "动起来"，从运动变化的角度找到着力点，透过现象把握问题本质，经过观察、分析、猜测得出结论，体现了数学直观性的一面，展现了数学学习中合情推理的价值，说明"没有大胆的猜测，就没有伟大的发现"；其次，根据题设条件进行定量探究，追本溯源，揭示了任意一条三角形面积平分线的具体位置，进一步体现了数学严谨性的一面，展现了数学学习中对理性精神的追求。

在解题时常常是"先直观引路，再代数论证"，这一点很重要，我们既要看到几何直观的重要性，更要看到代数论证的必要性。华罗庚先生之语"数缺形时少直观，形缺数时难入微"说的正是这个道理。

其实，任何数学探究和创新活动一般都会经历"观察—抽象—探索—猜想—论证—得出结论"这一基本过程和体验（见下页框图），这将有助于展现数学与现实及其他学科的联系，突出"数学化"的过程，让我们返璞归真，从纷繁复杂的客观事物或现象中发现其中"井然有序"的数学规律。

波利亚在《怎样解题》中说道："一个好的教师必须理解这些，并使他的学生深刻地认识到：没有任何一个题目是彻底完成了的，总还会有些事情可以做；在经过充分的研究和洞察以后，我们可以将任何解题方法加以改进；而且无论如何，我们总可以深化对答案的理解。"这就说明，在解题的研究道路上只有进行时，没有完成时。我们相信，读者对这道中考题进行再探究，一定还会有新的发现和收获，同时，此题的解答方法还可以推广到对平面上任一封闭图形的面积等分线的研究。

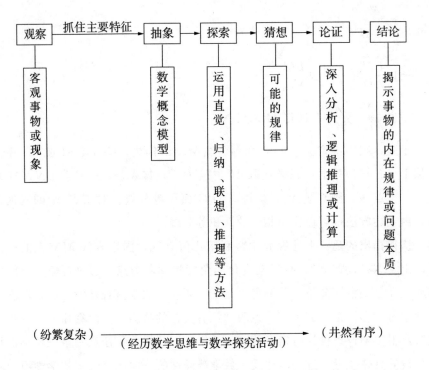

趣题妙解

"希望杯"全国数学邀请赛自1990年举办以来,历届的竞赛题和培训题中,出现了许多有趣的试题,既符合其"寓科学于趣味之中,寓知识能力的考查于数学的美育之中"的命题原则,又能培养学生的数学兴趣,激发学生的求知欲,对培养学生的数学素养大有益处。下面是对"希望杯"全国数学邀请赛培训题、竞赛题中一些"趣"题的巧妙解答。

例1 丢番图(2世纪时希腊数学家)的墓志铭记载:"哲人丢番图,在此处埋葬,寿命相当长。六分之一是童年,十二分之一是少年,又过了生命的七分之一,娶了新娘,五年后生了个儿郎,不幸儿子只活了父亲寿命的一半,先父四年亡。丢番图到底寿多长?"

解:考虑到年龄是整数,已知年龄的$\frac{1}{6}$、$\frac{1}{12}$、$\frac{1}{7}$和$\frac{1}{2}$都是整数,所以他

的年龄一定是 2、6、7 和 12 的整数倍，即 84 的整数倍，考虑实际情况及 $\frac{1}{12}$ 是童年，可知丢番图的寿命为 84 岁。

例2» 甲杯中盛有 $2m$ 毫升红墨水，乙杯中盛有 m 毫升蓝墨水，从甲杯倒出 a 毫升到乙杯里（$0<a<m$），搅匀后，又从乙杯倒出 a 毫升到甲杯里，则这时（　　）。

A. 甲杯中混入的蓝墨水比乙杯中混入的红墨水少；

B. 甲杯中混入的蓝墨水比乙杯中混入的红墨水多；

C. 甲杯中混入的蓝墨水和乙杯中混入的红墨水相同；

D. 甲杯中混入的蓝墨水与乙杯中混入的红墨水的多少关系不定。

解：考虑到操作前后甲乙两杯中墨水的体积均没有变化，则甲杯中混入多少体积的蓝墨水，相应地就有多少体积的红墨水混入乙杯的蓝墨水中，因此应选 C。

例3» 计算 $\left(\frac{1}{2}+\frac{1}{3}+\cdots+\frac{1}{1997}\right)\left(1+\frac{1}{2}+\cdots+\frac{1}{1996}\right)-\left(1+\frac{1}{2}+\cdots+\frac{1}{1997}\right)\left(\frac{1}{2}+\cdots+\frac{1}{1996}\right)$。

解：设 $a=1+\frac{1}{2}+\cdots+\frac{1}{1997}$，$b=\frac{1}{2}+\cdots+\frac{1}{1996}$，

则原式 $=(a-1)(b+1)-ab=a-b-1=\frac{1}{1997}$。

值得指出的是：本例的解法涉及用字母代换问题中的数字，一般称为数字换元法，利用这一方法解题可以使数字特征更加突出，规律更加明显，同时可以避免繁冗的数字运算。

例4» 有甲、乙、丙三种货物，若购甲 3 件，乙 7 件，丙 1 件，共需 3.15 元；若购甲 4 件，乙 10 件，丙 1 件，共需 4.20 元。问若购甲、乙、丙各 1 件，共需多少元？

解：设甲乙丙的单价分别为 x 元、y 元、z 元，购甲、乙、丙各 1 件，共需 a 元；若购甲 2 件，乙 4 件，丙 1 件，共需 $(a+d)$ 元。依题意，得

$$\begin{cases} x+y+z=a \\ 2x+4y+z=a+d \\ 3x+7y+z=3.15 \\ 4x+10y+z=4.20 \end{cases}$$

所以 $d=x+3y=4.20-3.15=1.05$。

又因为 $3x+7y+z=3.15$，

所以 $a=3.15-2\times 1.05=1.05$。

即购甲、乙、丙各1件，共需1.05元。

值得指出的是：本例通过添加 $2x+4y+z=a+d$ 这一式子进行求解是基于 x、$2x$、$3x$、$4x$ 和 y、$4y$、$7y$、$10y$ 都成等差数列，则 $x+y+z$，$2x+4y+z$，$3x+7y+z$ 与 $4x+10y+z$ 也成等差数列。

例5 若正整数 x、y 满足 $x^3+3x^2y+8xy^2+6y^3=87$，则 $x+2y=$ _____。

解：$x^3+3x^2y+8xy^2+6y^3=(x^3+3x^2y+3xy^2+y^3)+(5xy^2+5y^3)=(x+y)^3+5y^2(x+y)=(x+y)[(x+y)^2+5y^2]=87=3\times 29$。

由于 x、y 是正整数，所以 $x+y\geqslant 2$，且 $x+y<(x+y)^2+5y^2$。

所以 $\begin{cases} x+y=3 \\ (x+y)^2+5y^2=29 \end{cases}$，解得 $\begin{cases} x=1 \\ y=2 \end{cases}$。

所以 $x+2y=5$。

例6 我国著名数学家王元院士曾题词"数学竞赛好"。如果"数""学""竞""赛""好"分别代表0到9中的某个自然数，且满足等式"数学竞赛好=数学×竞赛好×2"，求"数学竞赛好"代表的五位数。

解：设 $\overline{数学}=x$，$\overline{竞赛好}=y$，由已知得 $1000x+y=2xy$。

即 $y=\dfrac{1000x}{2x-1}=\dfrac{500(2x-1)+500}{2x-1}=500+\dfrac{2^2\times 5^3}{2x-1}$。

因为 $10\leqslant x\leqslant 99$，所以 $19\leqslant 2x-1\leqslant 197$。

又因为 $2x-1$ 是奇数，所以 $2x-1=25$ 或 125。

解得 $x=13$ 或 63。

从而求得 $y=520$ 或 504。

所以"数学竞赛好"代表的五位数是13520或63504。

例7 若四位数 $\overline{2a17}$ 是19的倍数，则 $a=$ _____。

解：因为 $\overline{2a17}=2017+100a=19(105+5a)+(5a+3)$ 是19的倍数，所以 $5a+3$ 是19的倍数。

又因为 $0\leqslant a\leqslant 9$，所以 $3\leqslant 5a+3\leqslant 48$。

所以 $5a+3$ 等于19或38。

解得 $a=7$。

例8 甲、乙、丙三人原来有糖豆若干粒。第一次,甲给乙、丙的糖豆数分别等于乙、丙原来各有的糖豆数;第二次,乙给甲、丙的糖豆数分别等于甲、丙现在各有的糖豆数;第三次,丙给甲、乙的糖豆数分别等于甲、乙现在各有的糖豆数,这样每人恰好各有 64 粒糖豆。原来甲有糖豆_____粒,乙有糖豆_____粒,丙有糖豆_____粒。

解:设甲、乙、丙三人原来各有糖豆 x、y、z 粒,依题意,列表得:

	甲	乙	丙
开始	x	y	z
第一次	$x-y-z$	$2y$	$2z$
第二次	$2(x-y-z)$	$2y-(x-y-z)-2z$ $=-x+3y-z$	$4z$
第三次	$4(x-y-z)$	$2(-x+3y-z)$	$4z-2(x-y-z)-(-x+3y-z)$ $=-x-y+7z$

所以 $\begin{cases} 4(x-y-z)=64 \\ 2(-x+3y-z)=64 \\ -x-y+7z=64 \end{cases}$,解得 $\begin{cases} x=104 \\ y=56 \\ z=32 \end{cases}$。

即甲、乙、丙三人原来各有糖豆 104、56、32 粒。

例9 编号是 1、2、3、4 的四个小球放到编号是 1、2、3、4 的四个盒子中,使每个盒子都有一个小球,则小球和所在盒子的编号均不相同的概率是_____。

分析:所有可能的放球方法有 $4\times3\times2=24$ (种),问题转化为求"小球和盒子的编号不同的所有放法有多少种"。下面先给出问题的一般情况及解答。

编号是 $1、2、\cdots、n$ 的四个小球放到编号是 $1、2、\cdots、n$ 的 n 个盒子中,使每个盒子都有一个小球,则小球和所在盒子的编号均不相同的放法有多少种?

解:记所求的不同放法数为 a_n,显然 $a_1=0$,$a_2=1$,当 $n\geqslant 3$ 时,

第一步,考虑编号是 1 的小球,可以放入编号是 $2、3、\cdots、n$ 的任一盒子,有 $(n-1)$ 种不同放法。假设编号是 1 的小球放入编号是 i $(2\leqslant i\leqslant n)$ 的盒子。

第二步，考虑编号为 i 的小球的放法。

（1）若编号是 i 的小球放入编号是 1 的盒子，剩余的编号是 2、3、…、$i-1$、$i+1$、…、n 的共 $(n-2)$ 个小球放入编号是 2、3、…、$i-1$、$i+1$、…、n 的 $(n-2)$ 个盒子，有 a_{n-2} 种不同放法；

（2）若编号是 i 的小球不放入编号是 1 的盒子，此时可以把编号是 1 的盒子当成编号为 i 的盒子，剩余的编号是 2、…、i、…、n 的共 $(n-1)$ 个小球放入编号是 2、…、i、…、n 的 $(n-1)$ 个盒子，有 a_{n-1} 种不同放法。

所以 $a_n=(n-1)(a_{n-2}+a_{n-1})$ $(n\geqslant 3)$。

由此结论，易知 $a_3=2(a_1+a_2)=2\times(0+1)=2$，$a_4=3(a_2+a_3)=3\times(1+2)=9$。

所求概率为 $\dfrac{3}{8}$。

值得指出的是：类似的问题在高考和竞赛中经常出现，读者不妨思考以下问题：

变式 1：甲、乙、丙、丁四人各写了一封信，混合在一起后，每人再从中取出一封信，则每个人都取到不是自己的信的不同取法有（　　）种。

A. 3　　　　　B. 9　　　　　C. 24　　　　　D. 81

这是例 9 的一个原型。

变式 2：把编号为 1、2、3、4、5 的五个小球放入编号是 1、2、3、4、5 的五个盒子中，每个盒子只放一个球。问：

（Ⅰ）共有多少种不同的放法？

（Ⅱ）若 1 号球固定在 1 号盒子，共有多少种不同的放法？

（Ⅲ）若至少有一球放入同号盒（即：对号放入），共有多少种不同的放法？

智慧三 错解辨析

数学解题不可缺失理性

例题》 设 P、Q 分别为圆 $x^2+(y-6)^2=2$ 和椭圆 $\dfrac{x^2}{10}+y^2=1$ 上的点,则 P、Q 两点间的最大距离是（　　）。

A. $5\sqrt{2}$　　　　B. $\sqrt{46}+\sqrt{2}$　　　　C. $7+\sqrt{2}$　　　　D. $6\sqrt{2}$

此题是 2014 年高考数学福建卷理科第 9 题,是一道常规的最值问题,但从实测情况来看,难度系数达到 0.196,学生答得不甚理想。答错的学生中,选择 C 的考生达到 66.55%。为什么一道"常规"题,竟然出现如此尴尬的结果?问题究竟出在哪里?带着这些疑惑,笔者对 2014 年参加高考的 20 名学生进行了回访（其中答对的有 10 人）。回访时,我先向学生提出下面两个问题：

问题 1：试题的这种题型你见过吗?问题陈述方式你熟悉吗?

问题 2：做这道题时你是怎么想的,你用什么方法进行解答的?

对于问题 1,所有接受回访的学生都说在考前的复习中老师讲过类似的例题,自己也见到过类似的问题,因此在读题和答题时,思路比较自然,都是把所求最大距离转化为圆心 $C(0,6)$ 到椭圆上动点 Q 的最大距离与圆的半径 $\sqrt{2}$ 之和,审题时根本没有遇到障碍。甚至还有学生在高三复习的笔记中找到下面几道老师讲过的类似问题：

类似问题 1：设 P、Q 分别为直线 $3x+4y-12=0$ 和圆 $x^2+y^2=1$ 上的动点,则 P、Q 两点间的距离的取值范围是_____。

类似问题 2：设点 P 为直线 $3x+4y-12=0$ 上的动点，过 P 引圆 $(x+2)^2+(y+1)^2=1$ 的切线，设切点为 Q，则 P、Q 两点距离的最小值为_____。

类似问题 3：（2011 年高考数学福建卷文科第 11 题）若点 O 和点 F 分别为椭圆 $\dfrac{x^2}{4}+\dfrac{y^2}{3}=1$ 的中心和左焦点，点 P 为椭圆上的任意一点，则 $\overrightarrow{OP}\cdot\overrightarrow{FP}$ 的最大值为（　　）。

A. 2　　　　　　B. 3　　　　　　C. 6　　　　　　D. 8

对于问题 2，答对的学生大多是利用函数思想进行解答，其中有 6 人利用三角换元的方法。而答错的学生在解答时，都是边读题边画图，画出图形后（如图所示），凭直觉发现当点 Q 为椭圆短轴端点 $(0,-1)$ 时，到圆心 $C(0,6)$ 的距离最大，计算一下，得出结果为 $7+\sqrt{2}$，对比选择支，有这个答

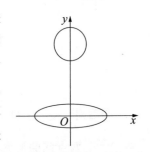

案，没有多想，毫不犹豫就选择了 C，同时非常自信，连最后检查时都没有管这道题。其中有 2 人在解答时，还曾比较过椭圆长轴端点（$\pm\sqrt{10}$，0）与点（0，-1）到圆心 C（0，6）距离的大小，最终得到同样的结果。

值得指出的是：试题以求两个动点之间的距离的最大值为目标，主要考查圆和椭圆的方程、几何性质、两点间距离公式、二次函数的单调性与最值等知识，考查学生对基础知识的熟练程度以及知识的综合应用能力、运算能力。仔细品味此题，似曾相识又略有生疏。熟悉的是这种类型的问题在现行的高中教材和教辅用书上屡见不鲜，如湘教版《数学》（选修 2-1，理科）第 94 页的例 3 就是求 $|\overrightarrow{OQ}|$ 最小时双曲线的方程，让人稍感陌生的是此题涉及的两个动点分别在圆与椭圆上，在平时的"操练"中，类似问题并不多见。因此，这道题对大多数考生来说是一道背景公平的"熟悉的陌生题"，试题源于教材，又高于教材，既赋予了新的问题背景又保留了问题的本质，这是其精彩之处。

通过对学生的回访，我们也看到，此题是取材于教材或课外参考书中经过实质性改造的问题，其最大的"陷阱"是椭圆上到圆心 C（0，6）距离最大的点是不大容易从图形上直接观察出来的。对于椭圆长轴端点（$\pm\sqrt{10}$，

0）与短轴端点（0，-1）这样的特殊点，可以通过代入计算得出结果，但对于椭圆位于 x 轴下方的其他点，必须经过严密的推理才能判断得出结论。下面给出问题的两种基本解法。

解法 1：设 $Q(x,y)$，则该点到圆心 $C(0,6)$ 的距离

$$d=\sqrt{(x-0)^2+(y-6)^2}=\sqrt{x^2+(y-6)^2}=\sqrt{10(1-y^2)+(y-6)^2}$$
$$=\sqrt{-9y^2-12y+46}，其中 y\in[-1,1]。$$

所以当 $y=-\dfrac{-12}{2\times(-9)}=-\dfrac{2}{3}$ 时，

$$d_{\max}=\sqrt{-9\times(-\dfrac{2}{3})^2-12\times(-\dfrac{2}{3})+46}=\sqrt{50}=5\sqrt{2}。$$

所以 P、Q 两点间距离的最大值为 $d_{\max}+r=5\sqrt{2}+\sqrt{2}=6\sqrt{2}$。应选 D。

值得指出的是：试题涉及求两个动点 P、Q 间距离的最大值，首先转化为圆心 C 到动点 Q 的最大距离 d 与圆的半径 $\sqrt{2}$ 之和，于是只需求出 C、Q 两点间距离 d 的最大值。利用函数思想，在设出 $Q(x,y)$ 后，可知 d 与 Q 点的坐标 x、y 有关，而 x、y 满足关系式 $\dfrac{x^2}{10}+y^2=1$，自然想到消元，把 d 表示为 x 或者 y 的函数，进而求出函数的最大值，问题也就得到解决。这是解决这类问题的通性通法。

解法 2：因为 Q 在椭圆 $\dfrac{x^2}{10}+y^2=1$ 上，设 $Q(\sqrt{10}\cos\alpha,\sin\alpha)$（$0\leqslant\alpha<2\pi$），则 Q 到圆心 $C(0,6)$ 的距离

$$d=\sqrt{(\sqrt{10}\cos\alpha)^2+(\sin\alpha-6)^2}=\sqrt{10(1-\sin^2\alpha)+(6-\sin\alpha)^2}$$
$$=\sqrt{-9\sin^2\alpha-12\sin\alpha+46}=\sqrt{-(3\sin\alpha+2)^2+50}。$$

所以当 $\sin\alpha=-\dfrac{2}{3}$ 时，$d_{\max}=\sqrt{50}=5\sqrt{2}$。

即 P、Q 两点间距离的最大值为 $d_{\max}+r=5\sqrt{2}+\sqrt{2}=6\sqrt{2}$。应选 D。

值得指出的是：解法 2 利用换元思想，通过参数方程设出点 Q 的坐标，间接利用了点在椭圆上这一条件，不仅使得解答问题时参数个数减少，对比前一种方法，其运算优势还在于运用换元思想隐去了导致运算至繁的因素，提高了解题的灵活性。

数学教学离不开解题教学，如何科学、有效地进行解题教学是每一个数学教育工作者面临的一个永恒的课题。在平时的教学实践中，我们发现很多教师把解题教学片面地理解为习题讲解，在教学实践中缺少了对解题思路的训练，缺乏学生数学素养的培养，学生不会用"数学家"的眼光看数学题，不会用"数学家的思维"理解数学问题，只会解现成的题目，对一些新的、活的题目往往无从下手。这就导致在数学学习中，经常出现教师讲得很多，学生学得辛苦，但教学效果却不佳的结果。对于改善这样的学习状况，作为教师是可以有所作为的。

第一，注重理性精神，领悟学科精髓。

哲学意义上的理性，是指在一定的规则之下运用概念进行判断、推理或认知的能力，以及对行为和目的进行质疑、反思、批判的精神。

"人生是需要理性的"，"理性不仅是教学的条件，而且也是教学活动所应追求的目标之一"。数学是研究现实世界数量关系和空间形式的一门科学，严密的逻辑性是它的主要特点之一，在数学学习中，如果说直觉可以帮助我们感知结论和作出预测，那么严密的思维可以帮助我们论证结论，防止失误。严密的逻辑性在高中数学学习活动中也有较高的要求。

但是冷静地观察和分析答错学生的解题过程，我们分明感到理性的缺席。可以说，放逐理性，会给数学学习造成许多问题和不良后果。因此，数学解题教学中，我们要注意学生思维严密性的培养，通过引导学生做精品题、典型题，提高学生分析问题、解决问题的能力，发展学生思维的条理性、深刻性、严谨性，一言以概之，就是培养学生的理性精神。

讲到理性精神，自然离不开逻辑推理。逻辑推理之重要，犹如道德之于人，其意义自不待言。数学是讲道理的，通过数学学习我们要认识到，解决问题时，要言之有理、言之有序、言之有据，容不得丝毫的马虎，更不能把"想当然"的东西强加给数学。

第二，活用数学思想，关注其利与弊。

让学生在考场上回忆起做过的题目一般是不大可能的，问题是：平时的复习中，如何才能有效提高学生的数学能力，使学生在高考极度紧张的情况下找到正确的、有效的解决问题的方法？这就需要老师在复习中关注学科本质，帮助学生构建系统的知识结构，提高数学素养，发展思维能力，使学生在掌握数学知识的过程中学会思考，用活数学思想，成为善于认识问题、解决问题的人才。

在数学发展的早期，数与形是数学研究的两个独立的对象，对它们的研究，分别构成了代数与几何。笛卡尔通过引入坐标系，使点与数建立了对应，把代数研究的对象与几何研究的对象用方程与曲线联系在一起，实现了统一，创立了解析几何——一种研究几何问题的新方法，极大地促进了数学的发展。在教学中，有的教师过分强调数形结合解题之功，而忽略了数形结合并不是万能的，于是指导学生利用数形结合思想解题时没有注意细节的处理，没有让学生清楚地认识到，解题时会出现有时图形未必能作、有时图形未必最快、有时图形未必精准等问题，从而导致解题烦琐甚至解题错误。因此，对于数形结合思想，我们既要看到几何直观的重要性，更要看到代数论证的必要性。华罗庚先生之语"数缺形时少直观，形缺数时难入微"说的正是这个道理。这一点很重要，一方面，在解题时我们常常是"先直观引路，再代数论证"，最终达到直观严谨交相辉映、相得益彰；另一方面，事物有时就是一把双刃剑，有利有弊，解题方法也莫能除外，我们只有充分利用它的"利"，巧妙避过它的"弊"，才能将方法用到极致。

第三，克服定势心理，防止人为障碍。

当学生掌握某种运算方法时，往往习惯于用这种方法去解决其他问题。当这种运算习惯继续被强化到一定程度，学生就会按照积累的经验，对运算思路形成定型化的刻板印象，导致思维定势。固然思维定势有利于学生解决固定套路、常规模式的题型，但其必然的弊病是直接诱发了学生的思维惰性，抑制了创新能力的提升。解析几何的运算通常集"繁、长、巧"于一体，往往使学生望而生畏。在对学生进行访谈时，就有学生说，这道题在做的时候感觉算应该能算出来，但可能会很烦琐，自己画出图形后，"发现"可以直接"看"出结果，就不想再算了。在解题中，当学生自觉"理所当然"，对结果"自信满满"时，我们不妨追问：你"看"到的一定是准确的吗？直观感知到的结论一定正确吗？答案显然是未必。

对解数学题而言，"千算万算"始终离不开计算，最基本的运算能力我们还是要掌握的。这可以打一个比方：即使交通工具再发达，但人还是要具备从自己家里走到车库的步行能力，我们不能因为交通工具发达，就不需要步行的基本技能，就等着车停到床边来。因此，教师在解题教学中，既要让学生认识到解题环节产生的运算，并通过分析进行合理的调控，长期坚持下来，必定会改变学生"怕算"的心理状态，逐步形成理性运算的解题习惯，更要培养学生克服定势心理，养成认真审题的习惯、细心观察的习惯、规范书写的习惯、严密推理的习惯，以严谨的态度学习数学。

评析《数学通讯》问题 243

例题》 已知椭圆 E 的中心在坐标原点 O，焦点在 x 轴上，其离心率为 $\dfrac{\sqrt{3}}{3}$，过点 $C(-1, 0)$ 的直线 l 与椭圆 E 相交于 A、B 两点，且满足 $\overrightarrow{CA} = 2\overrightarrow{BC}$。求当 $\triangle AOB$ 的面积达到最大值时直线 l 和椭圆 E 的方程。

学生的解答如下：

因为 $e = \dfrac{\sqrt{3}}{3}$，所以 $a = \sqrt{3}c$，$b = \sqrt{2}c$。

故可设椭圆 E 的方程为 $\dfrac{x^2}{3c^2} + \dfrac{y^2}{2c^2} = 1$。

因为直线 l 过点 $C(-1, 0)$，设直线 l 的方程为 $x = my - 1$。

设 $A(x_1, y_1)$ ($y_1 > 0$)，则 $\overrightarrow{CA} = (x_1 + 1, y_1)$，$\overrightarrow{BC} = \left(\dfrac{x_1 + 1}{2}, \dfrac{y_1}{2}\right)$。

所以 $B\left(-1 - \dfrac{x_1 + 1}{2}, -\dfrac{y_1}{2}\right)$，点 O 到直线 AB 的距离为 $d = \dfrac{1}{\sqrt{1 + m^2}}$，$|AB| = \dfrac{3y_1\sqrt{1 + m^2}}{2}$。

所以 $S_{\triangle AOB} = \dfrac{1}{2}d \cdot |AB| = \dfrac{3}{4}y_1$，即 y_1 取最大值时 $\triangle AOB$ 的面积取最大 ………… (*)

而 y_1 的最大值为 $\sqrt{2}c$，此时 $A(0, \sqrt{2}c)$，$B\left(-\dfrac{3}{2}, -\dfrac{\sqrt{2}c}{2}\right)$。

将点 B 的坐标代入椭圆 E 的方程 $\dfrac{\left(-\dfrac{3}{2}\right)^2}{3c^2} + \dfrac{\left(-\dfrac{\sqrt{2}}{2}c\right)^2}{2c^2} = 1$，解得 $c^2 = 1$，

进而得到 $m = \dfrac{\sqrt{2}}{2}$。

所以所求椭圆的方程为 $\dfrac{x^2}{3} + \dfrac{y^2}{2} = 1$，直线 l 的方程为 $2x - \sqrt{2}y + 2 = 0$。

评析：学生的解答从开始至 * 是正确的，学生的错误在于后继解答中"含糊"地利用"y_1 的最大值为 $\sqrt{2}c$"进一步求解 c 和 m，因此学生的解法是不正确的。

事实上，在所设椭圆 $\dfrac{x^2}{3c^2} + \dfrac{y^2}{2c^2} = 1$（$c > 0$）中，$y$ 取最大值 $\sqrt{2}c$ 是正确的，但是这里 c 是一个变量，要随椭圆 E 不同而变，且 $\triangle AOB$ 的面积为 $\dfrac{3}{4}y_1 = f(c)$（即为一个关于 c 的函数）。因为椭圆 E 的离心率是常数，对于每一个椭圆 E，c 的值取定以后，"过点 $C(-1, 0)$ 的直线 l 与椭圆 E 相交于 A、B 两点，且满足 $\overrightarrow{CA} = 2\overrightarrow{BC}$"的直线 l 也就随之确定，此时 $f(c)$ 也就是一个确定的值，问题的实质就是求满足题设条件的 c 变化时函数 $f(c)$ 的最大值，因此不能简单把 y_1 的最大值"当成" $\sqrt{2}c$ 代入椭圆方程求解得出的结果当成最终结论。

学生错误的本质在于，把关系式 $S_{\triangle AOB} = \dfrac{3}{4}y_1$ 与另一个关系式 $\dfrac{x_1^2}{3c^2} + \dfrac{y_1^2}{2c^2} = 1$ 之间的逻辑关系，等同于函数的定义域与值域之间的对应关系，产生了混淆。

下面从图形的角度对问题进一步进行辨析。

(1) 利用"y_1 的最大值是 $\sqrt{2}c$"进行求解，相当于"默认"当点 A 为椭圆的短轴上端点时 $\triangle AOB$ 的面积达到最大值，此时满足题目条件的直线 l 与椭圆在 x 轴上方的交点就是椭圆短轴的上端点 A，如图 1 所示。由学生的解答方法易知此时 $c = 1$。

(2) 当 $c \neq 1$ 时，满足条件的直线 l 与椭圆在 x 轴上方的交点 A 不是椭圆的短轴上端点，如图 2 所示（其中直线 AB 随 c 的取值而变化），此时 $\triangle AOB$ 的面积可能存在比 (1) 中得出的面积要大的情形，但这个值并不是在"$y_1 = \sqrt{2}c$"时取到（因为 y_1 根本取不到 $\sqrt{2}c$），因此这种情形下利用"y_1 的最大值是 $\sqrt{2}c$"进行求解就不正确了。

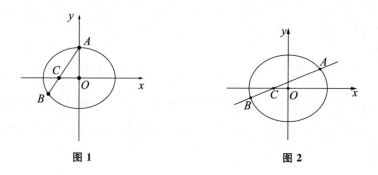

图 1　　　　　　　　　图 2

这道题真的不宜用参数方程解吗？

例题》 已知椭圆 $C: \dfrac{x^2}{a^2}+\dfrac{y^2}{b^2}=1$ $(a>b>0)$ 经过 $(1,1)$ 与 $\left(\dfrac{\sqrt{6}}{2},\dfrac{\sqrt{3}}{2}\right)$ 两点。

（Ⅰ）求椭圆 C 的方程。

（Ⅱ）过原点 O 的直线 l 与椭圆 C 交于 A、B 两点，椭圆 C 上一点 M 满足 $|MA|=|MB|$。

求证：$\dfrac{1}{|OA|^2}+\dfrac{1}{|OB|^2}+\dfrac{2}{|OM|^2}$ 为定值。

李艳老师在《用椭圆参数方程时的一个"误区"》[请参阅《中学数学教学参考》（上旬）2013 年第 9 期]中指出，如果用参数方程解答此题的第（Ⅱ）问，容易"陷"入如下的"误区"：

由（Ⅰ）得椭圆 C 的方程为 $\dfrac{x^2}{3}+\dfrac{2y^2}{3}=1$。

其参数方程为 $\begin{cases} x=\sqrt{3}\cos\theta \\ y=\dfrac{\sqrt{6}}{2}\sin\theta \end{cases}$, $\theta\in[0,2\pi)$。

设 $A\left(\sqrt{3}\cos\theta,\dfrac{\sqrt{6}}{2}\sin\theta\right)$, $B\left(-\sqrt{3}\cos\theta,-\dfrac{\sqrt{6}}{2}\sin\theta\right)$。

由已知可得 $OM \perp AB$，不妨设 $M\left(\sqrt{3}\cos\left(\theta+\dfrac{\pi}{2}\right), \dfrac{\sqrt{6}}{2}\sin\left(\theta+\dfrac{\pi}{2}\right)\right)$，即 $M\left(-\sqrt{3}\cos\theta, \dfrac{\sqrt{6}}{2}\sin\theta\right)$。则

$$|OA|^2 = |OB|^2 = \dfrac{3}{2}\cos^2\theta + \dfrac{3}{2}, \quad |OM|^2 = \dfrac{3}{2}\sin^2\theta + \dfrac{3}{2}。$$

所以
$$\dfrac{1}{|OA|^2} + \dfrac{1}{|OB|^2} + \dfrac{2}{|OM|^2} = \dfrac{2}{\dfrac{3}{2}\cos^2\theta + \dfrac{3}{2}} + \dfrac{2}{\dfrac{3}{2}\sin^2\theta + \dfrac{3}{2}}$$
$$= \dfrac{16}{\sin^2 2\theta + 8}。$$

当且仅当 $\sin 2\theta = 0$，即 $\theta = \dfrac{k\pi}{2}$（$k=1, 2, 3$）时，$\dfrac{1}{|OA|^2} + \dfrac{1}{|OB|^2} + \dfrac{2}{|OM|^2} = 2$。

也就是说用椭圆的参数方程求解只能得出第一种证法（注：文中给出的代数方法）中的特殊情况，一般情况下不是定值。李老师最后指出，"用椭圆参数方程需谨慎，必须理解参数 θ 的几何意义"，"若题设条件中出现具有相关关系的两点时，特别是上述题目当中的点 M 与点 A 之间有一定的角度关系时，不宜用参数方程，不能简单地在角度上面加上或减去 90°"。

追问 1：导致上述解法错误的原因是什么？

一般的教科书中，推导椭圆的参数方程，选取的参数 θ 是具有几何意义的一个量，即角 θ 是椭圆上点 M 对应的离心角。因此，一般情况下 θ 不是点 M 与 x 轴正方向形成的角（点 M 为椭圆的顶点时这两个角相等），这就是导致上述解法在一般情形结论不成立的真正原因。

利用椭圆参数方程解题时，多数学生很容易把椭圆参数方程中角 θ 的几何意义与圆的参数方程中角 θ 的几何意义"混为一谈"，认为两者是相同的，产生"思维定势"。通过对学生调查访问，笔者总结得出产生"思维定势"主要有两个原因：第一，圆的参数方程学习在前，且圆的参数方程中角 θ 的几何特征比较明显；第二，学习三角函数时，利用的是角 θ 的终边与单位圆的交点坐标来定义三角函数。

追问 2：使用椭圆的参数方程时应如何避免陷入误区？

为了避免应用椭圆参数方程时混淆参数 θ 几何意义的界定，可以利用"换元"的思想，把椭圆 $\dfrac{x^2}{a^2}+\dfrac{y^2}{b^2}=1$ 与等式 $\cos^2\theta+\sin^2\theta=1$ 进行类比，通过代换 "$\dfrac{x}{a}=\cos\theta,\ \dfrac{y}{b}=\sin\theta$"，得出椭圆的参数方程 $\begin{cases}x=a\cos\theta\\y=b\sin\theta\end{cases}$，$\theta\in[0,2\pi)$，而不刻意强调参数 θ 的几何意义。优秀学生可以通过自学课本，了解角 θ 的几何意义。这样，在应用椭圆的参数方程解题时就不会受到"定势思维"的影响，"陷"入解答"误区"。

追问 3：此题是否真的不宜用参数方程求解？

问题是否真的不宜用参数方程求解呢？答案显然是未必。下面利用椭圆的参数方程解答第（Ⅱ）问。

解：因为椭圆 $\dfrac{x^2}{3}+\dfrac{2y^2}{3}=1$ 的参数方程为 $\begin{cases}x=\sqrt{3}\cos\theta\\y=\dfrac{\sqrt{6}}{2}\sin\theta\end{cases}$，$\theta\in[0,2\pi)$，

由椭圆的对称性知 A、B 关于原点对称，可设 $A\left(\sqrt{3}\cos\theta,\dfrac{\sqrt{6}}{2}\sin\theta\right)$，$B\left(-\sqrt{3}\cos\theta,-\dfrac{\sqrt{6}}{2}\sin\theta\right)$，不妨设 $M\left(\sqrt{3}\cos\alpha,\dfrac{\sqrt{6}}{2}\sin\alpha\right)$，其中 $\alpha\in[0,2\pi)$。

由已知，得 $OM\perp AB$，所以 $\overrightarrow{OM}\cdot\overrightarrow{AB}=3\cos\alpha\cos\theta+\dfrac{3}{2}\sin\alpha\sin\theta=0$。

即 $2\cos\alpha\cos\theta=-\sin\alpha\sin\theta$，所以 $4\cos^2\alpha\cos^2\theta=(1-\cos^2\alpha)\sin^2\theta$。

所以 $\cos^2\alpha=\dfrac{\sin^2\theta}{\sin^2\theta+4\cos^2\theta}=\dfrac{1-\cos^2\theta}{1+3\cos^2\theta}$。

所以 $|OA|^2=|OB|^2=\dfrac{3}{2}\cos^2\theta+\dfrac{3}{2}$，$|OM|^2=\dfrac{3}{2}\cos^2\alpha+\dfrac{3}{2}$。

所以 $\dfrac{1}{|OA|^2}+\dfrac{1}{|OB|^2}+\dfrac{2}{|OM|^2}=\dfrac{2}{\dfrac{3}{2}\cos^2\theta+\dfrac{3}{2}}+\dfrac{2}{\dfrac{3}{2}\cos^2\alpha+\dfrac{3}{2}}$

$=\dfrac{4}{3}\left(\dfrac{1}{\cos^2\theta+1}+\dfrac{1+3\cos^2\theta}{2+2\cos^2\theta}\right)=\dfrac{4}{3}\cdot\dfrac{3}{2}=2$。

即得 $\dfrac{1}{|OA|^2}+\dfrac{1}{|OB|^2}+\dfrac{2}{|OM|^2}$ 为定值 2。

值得指出的是：对比前文给出的代数解法，使用参数方程解答此题，不

需要进行分类讨论，这就为解决问题带来很大方便，但对三角恒等变换的能力要求较高，同时还要注意不能"陷"入前面所说的"误区"。

罗增儒教授指出，科学的解题习惯有四个步骤：理解题意、思路探求、书写表达、回归反思。"解题过程的反思"继续把解题活动（包括题目与初步解法）作为认识的对象，不仅关注如何获得解，而且寄希望于对"解"的进一步分析而增强数学能力、优化认知结构、提高思维素质，学会"数学地思维"，重点在怎样学会解题。

解题是中学数学教学的核心内容，数学能力最终体现在能数学地提出问题、分析问题和解决问题上。在解题时，我们要对问题进行深层次的探究，通过"思考——怎样解？""反思——为什么这样解？""再思——一定要这样解吗？""迁移——能用于解其他问题吗？"等问题，在不断追问中深入思考，学会用自己的思维方式构建解题策略，发现解题规律，使思维不断延伸和优化。同时，还要研究试题的不同解法，比较不同解法的优劣，对解题中出现的"错误"既知其然，又知其所以然，并努力尝试修正错误，让错误生成"美丽"，体验"不畏浮云遮望眼，自缘身在最高层"的数学学习境界，不断领悟"数学是清楚的"——由清楚的前提、清楚的推理，得出清楚的结论。

数列学习中的 9 个易错点

（1）忽略 n 的取值范围致错。

例1 等差数列 $\{a_n\}$ 的前 n 项和为 S_n，已知 $S_{10}=0$，$S_{15}=25$，则 nS_n 的最小值为_____。

错解：设数列 $\{a_n\}$ 的公差为 d，依题意得

$$\begin{cases} 10a_1+\dfrac{10\times 9}{2}d=0 \\ 15a_1+\dfrac{15\times 14}{2}d=25 \end{cases}, \text{解得} \begin{cases} a_1=-3 \\ d=\dfrac{2}{3} \end{cases}。$$

所以 $f(n)=nS_n=\dfrac{1}{3}(n^3-10n^2)$。

由于 $f'(n)=\dfrac{1}{3}(3n^2-20n)=\dfrac{1}{3}n(3n-20)$，令 $f'(n)=0$，得

$n=0$ 或 $n=\dfrac{20}{3}$。

所以 $f(n)$ 在 $\left(0, \dfrac{20}{3}\right)$ 内为减函数，在 $\left(\dfrac{20}{3}, +\infty\right)$ 内为增函数，从而 $f(n)$ 在 $n=\dfrac{20}{3}$ 取最小值，即当 $n=\dfrac{20}{3}$ 时，$f(n)$ 取最小值 $-\dfrac{4000}{81}$。

错因分析：上述解法在应用函数的有关知识求解数列问题时，忽略其定义域是 $\mathbf{N}^*$ 或其有限子集 $\{1, 2, \cdots, n\}$（即 $n\in \mathbf{N}^*$）这一约束条件而出错。此题正确的结论是当 $n=7$ 时，$f(n)$ 取最小值 -49。

（2）忽略数列的单调性与函数的单调性的不同之处致错。

例2 已知数列 $\{a_n\}$ 是单调递增数列，且 $a_n=n^2-bn$，求实数 b 的取值范围。

错解：因为函数 $y=x^2-bx$ 在区间 $\left[\dfrac{b}{2}, +\infty\right)$ 上单调递增，所以 $a_n=n^2-bn$ 在 $\left[\dfrac{b}{2}, +\infty\right)$ 上也单调递增，即得 $\dfrac{b}{2}\leqslant 1$，解得 $b\leqslant 2$，所以实数 b 的取值范围是 $(-\infty, 2]$。

错因分析：函数的单调性与数列的单调性既有联系又有区别，即数列对应的函数具有单调性，则数列一定具有单调性，反之不一定成立。对于数列单调性的判断，一般是通过比较 a_{n+1} 与 a_n 的大小关系来判断，即若 $a_{n+1}>a_n$，则数列 $\{a_n\}$ 是单调递增数列；若 $a_{n+1}<a_n$，则数列 $\{a_n\}$ 是单调递减数列。

正解：因为 $a_n=n^2-bn$，所以 $a_{n+1}-a_n=[(n+1)^2-b(n+1)]-(n^2-bn)=2n+1-b$。

又因为数列 $\{a_n\}$ 是单调递增数列，所以 $a_{n+1}-a_n>0$，即 $2n+1-b>0$ 对 $n\in \mathbf{N}^*$ 恒成立。

所以 $b<2n+1$ 对 $n\in \mathbf{N}^*$ 恒成立，由于 $2n+1$ 的最小值等于 3，所以 $b<3$，即实数 b 的取值范围是 $(-\infty, 3)$。

（3）忽略等差（比）数列的定义致错。

例3 已知数列 $\{a_n\}$ 的前 n 项和为 $S_n=2n^2-3n$，求证：数列 $\{a_n\}$ 为等差数列。

错解：因为 $a_1=S_1=2\times 1^2-3\times 1=-1$，$a_1+a_2=S_2=2\times 2^2-3\times 2=$

2，所以 $a_2=3$。

又 $S_2+a_3=S_3=2\times 3^2-3\times 3=9$，所以 $a_3=7$。

则 $a_3-a_2=a_2-a_1=4$，故数列 $\{a_n\}$ 为等差数列。

错因分析：要说明一个数列是等差数列，必须说明从第2项开始所有的项与其前一项的差为同一个常数，即 $a_{n+1}-a_n=d$ 或 $a_n-a_{n-1}=d$ $(n>1)$ 恒成立，而不能只验证有限个相邻两项之差相等。

(4) 对等差（比）数列的性质理解不透致错。

例4》 已知等差数列 $\{a_n\}$ 中，$a_{10}=100$，$a_{100}=10$，求 a_{110}。

错解：因为 $\{a_n\}$ 是等差数列，所以 $a_{110}=a_{10}+a_{100}=110$。

错因分析：等差数列 $\{a_n\}$ 的性质 $a_m+a_n=a_k+a_l$ 中必须是两项相加等于两项相加，在一般情况下，$a_m+a_n \neq a_{m+n}$。

(5) 忽略 $a_n=S_n-S_{n-1}$ 成立的条件致错。

例5》 已知数列 $\{a_n\}$ 的前 n 项和为 S_n，$a_1=1$，$S_n=2a_{n+1}$，则 $S_n=$（　　）。

A. 2^{n-1} B. $\left(\dfrac{3}{2}\right)^{n-1}$ C. $\left(\dfrac{2}{3}\right)^{n-1}$ D. $\dfrac{3^n}{2^{n-1}}$

错解：由 $S_n=2a_{n+1}$ ……………①

得 $S_{n-1}=2a_n$ ……………②

①－②得，$a_n=2a_{n+1}-2a_n$，所以 $a_{n+1}=\dfrac{3}{2}a_n$。

所以 $S_n=2a_{n+1}=2\cdot\left(\dfrac{3}{2}\right)^n=\dfrac{3^n}{2^{n-1}}$。选 D。

错因分析：上述解法忽略了②式中 n 的取值范围是 $n\in \mathbf{N}^*$ 且 $n\geq 2$，因此数列 $\{a_n\}$ 从 a_2 开始，才是以 $\dfrac{3}{2}$ 为公比的等比数列，即数列 $\{a_n\}$ 的通项公式为 $a_n=\begin{cases}1, & n=1\\ \dfrac{1}{2}\cdot\left(\dfrac{3}{2}\right)^{n-2}, & n\geq 2\end{cases}$。

由 $S_n=2a_{n+1}$ 可求出 $S_n=\left(\dfrac{3}{2}\right)^{n-1}$。应选 B。

(6) 忽略等比数列项的符号致错。

例6》 已知等比数列 $\{a_n\}$ 中，a_3、a_7 是方程 $x^2-8x+9=0$ 的两根，则

$a_5 =$ (   )。

A. 3 或 -3 B. 3   C. -3 D. 不确定

错解：因为 a_3、a_7 是方程 $x^2 - 8x + 9 = 0$ 的两根，由韦达定理，得 $a_3 a_7 = 9$，所以 $a_5^2 = a_3 a_7 = 9$，即 $a_5 = 3$ 或 $a_5 = -3$，选 A。

错因分析：在等比数列 $\{a_n\}$ 中，由于 a_3、a_5、a_7 同号，所以上述解法忽略 a_5 是正数这一隐含条件而出错。

(7) 求和时忽略公比是否为 1 致错。

例7》 已知等比数列 $\{a_n\}$ 的前 n 项和为 S_n，若 $a_1 = 2$，$S_3 = 6$，则公比 $q = $ _____。

错解：由等比数列的前 n 项和公式，得 $S_n = \dfrac{a_1(1-q^3)}{1-q} = \dfrac{2(1-q^3)}{1-q} = 6$，解得 $q = -2$。

错因分析：在上面的求解过程中，没有讨论公比 q 是否为 1，就直接使用等比数列的前项和公式 $S_n = \dfrac{a_1(1-q^3)}{1-q}$，从而有可能出现漏解的情形。此题的正确答案为 $q = 1$ 或 -2。

(8) 忽略公比的正负致错。

例8》 等比数列 $\{a_n\}$ 的前 n 项和为 S_n，且 $S_{10} = 10$，$S_{30} = 70$，求 S_{20}。

错解：因为 S_{10}，$S_{20} - S_{10}$，$S_{30} - S_{20}$ 成等比数列，所以 $(S_{20} - S_{10})^2 = S_{10}(S_{30} - S_{20})$。

即 $(S_{20} - 10)^2 = 10(70 - S_{20})$。

解得 $S_{20} = 30$，或 $S_{20} = -20$。

错因分析：设等比数列 $\{a_n\}$ 的公比为 q，则 S_{10}，$S_{20} - S_{10}$，$S_{30} - S_{20}$ 成公比为 q^{10} 的等比数列，即得 $S_{20} - S_{10} > 0$，因此 $S_{20} = -20$ 不成立。

(9) 忽略 $a_n = 0$ 致错。

例9》 已知等差数列 5，$4\dfrac{2}{7}$，$3\dfrac{3}{7}$，…的前 n 项和为 S_n，则当 S_n 最大时，$n = $ _____。

错解：因为 $a_1=5$，$d=4\dfrac{2}{7}-5=-\dfrac{5}{7}$，所以 $\begin{cases}a_n=5+(n-1)\left(-\dfrac{5}{7}\right)\geqslant 0\\ a_{n+1}=5+n\cdot\left(-\dfrac{5}{7}\right)<0\end{cases}$，

解得 $7<n\leqslant 8$。

又因为 $n\in\mathbf{N}^*$，所以 $n=8$。

错因分析：事实上，由于 $a_8=5+7\times\left(-\dfrac{5}{7}\right)=0$，所以当 S_n 最大时，$n=7$ 或 $n=8$。

三角函数学习中的8个易错点

(1) 对 "$k\in\mathbf{Z}$" 理解不对致错。

例1» 已知集合 $M=\left\{x\left|x=\dfrac{k\pi}{4}+\dfrac{\pi}{2},k\in\mathbf{Z}\right.\right\}$，$N=\left\{x\left|x=\dfrac{k\pi}{2}+\dfrac{\pi}{4},k\in\mathbf{Z}\right.\right\}$，则 $M\cap N=$（　　）。

A. $M\nsubseteq N$ B. $N\nsubseteq M$ C. $M=N$ D. $M\cap N=\left\{\dfrac{3\pi}{4}\right\}$

错解：由 $\dfrac{k\pi}{4}+\dfrac{\pi}{2}=\dfrac{k\pi}{2}+\dfrac{\pi}{4}$，解得 $k=1$，所以 $\dfrac{k\pi}{4}+\dfrac{\pi}{2}=\dfrac{k\pi}{2}+\dfrac{\pi}{4}=\dfrac{3\pi}{4}$，故 $M\cap N=\left\{\dfrac{3\pi}{4}\right\}$，应选 D。

错因分析：由于两个集合 M、N 中的 k 各自独立，所以上述解法是错误的。因为 $\dfrac{k\pi}{4}+\dfrac{\pi}{2}=\dfrac{(k+2)\pi}{4}$，$\dfrac{k\pi}{2}+\dfrac{\pi}{4}=\dfrac{(2k+1)\pi}{4}$，可知 $N\nsubseteq M$，应选 B。

(2) 忽略旋转方向致错。

例2» 时间由12时第一次变为13时15分，分针转了多少度？等于多少弧度？

错解：因为时间经过1时，分针转过一个周角，所以经过1小时15分，

分针转过的角度是 $450°$，化为弧度等于 $\dfrac{5\pi}{2}$。

错因分析：因为分针是顺时针方向旋转，其转过的角是负角，答案是 $-450°$，$-\dfrac{5\pi}{2}$。

(3) 忽略 $\sin\alpha$ 与 $\cos\alpha$ 的隐含条件致错。

例3 已知 α 是第二象限角，且 $\sin\alpha = \dfrac{m-3}{m+5}$，$\cos\alpha = \dfrac{4-2m}{m+5}$，则实数 m 的取值范围是（　　）。

A. $3 < m < 9$ B. $-5 < m < 9$ C. $m = 0$ 或 $m = 8$ D. $m = 8$

错解：因为 α 是第二象限角，所以 $\begin{cases} 0 < \dfrac{m-3}{m+5} < 1 \\ -1 < \dfrac{4-2m}{m+5} < 0 \end{cases}$，解得 $\begin{cases} m > 3 \\ 2 < m < 9 \end{cases}$，即 $3 < m < 9$，故选 A。

错因分析：上述解法错误的原因是忽略了 $\sin\alpha$ 与 $\cos\alpha$ 的相互制约关系，即平方关系 $\sin^2\alpha + \cos^2\alpha = 1$。事实上，由平方关系可知 $\left(\dfrac{m-3}{m+5}\right)^2 + \left(\dfrac{4-2m}{m+5}\right)^2 = 1$，解得 $m = 0$ 或 $m = 8$，再根据 α 是第二象限角，可得 $m = 8$，应选 D。

(4) 忽略 x 的系数的正负致错。

例4 求 $f(x) = \sin\left(\dfrac{\pi}{3} - x\right)$ 的单调递增区间。

错解：由 $2k\pi - \dfrac{\pi}{2} \leqslant \dfrac{\pi}{3} - x \leqslant 2k\pi + \dfrac{\pi}{2}$ $(k \in \mathbf{Z})$，

解得 $-2k\pi - \dfrac{\pi}{6} \leqslant x \leqslant -2k\pi + \dfrac{5\pi}{6}$ $(k \in \mathbf{Z})$，

即 $2k\pi - \dfrac{\pi}{6} \leqslant x \leqslant 2k\pi + \dfrac{5\pi}{6}$ $(k \in \mathbf{Z})$，

所以 $f(x)$ 的单调递增区间是 $\left[2k\pi - \dfrac{\pi}{6}, 2k\pi + \dfrac{5\pi}{6}\right]$ $(k \in \mathbf{Z})$。

错因分析：在 $\dfrac{\pi}{3} - x$ 中，x 的系数 -1 是负数，因此应先整体代入正弦函数的单调递减区间，再求出原函数的单调递增区间。一般地，$f(x)=\sin\left(\dfrac{\pi}{3}-x\right)=-\sin\left(x-\dfrac{\pi}{3}\right)$，$f(x)$ 的单调递增区间就是 $y=\sin\left(x-\dfrac{\pi}{3}\right)$ 的单调递减区间。

（5）忽略 x 的系数不等于 1 致错。

例5 为了得到函数 $y=\cos\left(2x-\dfrac{\pi}{4}\right)$ 的图象，可以将函数 $y=\sin 2x$ 的图象（　　）。

A. 向左平移 $\dfrac{\pi}{4}$ 个单位长度　　B. 向左平移 $\dfrac{\pi}{8}$ 个单位长度

C. 向右平移 $\dfrac{\pi}{4}$ 个单位长度　　D. 向左平移 $\dfrac{\pi}{8}$ 个单位长度

错解：因为 $y=\cos\left(2x-\dfrac{\pi}{4}\right)=\sin\left[\dfrac{\pi}{2}+\left(2x-\dfrac{\pi}{4}\right)\right]=\sin\left(2x+\dfrac{\pi}{4}\right)$，所以选 A。

错因分析：上述解法错误的原因是忽略了自变量 x 的系数是 2，而不是 1。自变量 x 的系数不等于 1 时，先伸缩后平移和先平移后伸缩所移动的单位长度不一样。由于 $y=\cos\left(2x-\dfrac{\pi}{4}\right)=\sin\left[\dfrac{\pi}{2}+\left(2x-\dfrac{\pi}{4}\right)\right]=\sin\left(2x+\dfrac{\pi}{4}\right)=\sin 2\left(x+\dfrac{\pi}{8}\right)$，应选 B。

（6）求角时函数选择不当致错。

例6 已知 $\pi<\alpha<\alpha+\beta<2\pi$，且 $\cos\alpha=-\dfrac{12}{13}$，$\cos(\alpha+\beta)=\dfrac{17\sqrt{2}}{26}$，求 β 的值。

错解：因为 $\cos\alpha=-\dfrac{12}{13}$，$\cos(\alpha+\beta)=\dfrac{17\sqrt{2}}{26}$，且 $\pi<\alpha<\alpha+\beta<2\pi$，

所以 $\sin\alpha=-\dfrac{5}{13}$，$\sin(\alpha+\beta)=-\dfrac{7\sqrt{2}}{26}$。

所以 $\sin\beta=\sin[(\alpha+\beta)-\alpha]=\sin(\alpha+\beta)\cos\alpha-\cos(\alpha+\beta)\sin\alpha=\dfrac{\sqrt{2}}{2}$。

又因为 $\pi<\alpha<\alpha+\beta<2\pi$，

所以 $0<\beta<\pi$。

从而 $\beta = \dfrac{\pi}{4}$ 或 $\dfrac{3\pi}{4}$。

错因分析：上述解法在求 β 的三角函数值时，因函数选择不当致错。由于满足 $\sin\beta = \dfrac{\sqrt{2}}{2}$ 且 $\beta \in (0, \pi)$ 的 β 值有两个，这两个值的取舍就成为一个新问题。事实上，根据 $\cos\beta = -\dfrac{\sqrt{2}}{2}$，且 $\beta \in (0, \pi)$，则 $\beta = \dfrac{3\pi}{4}$，正确的答案只有一个值，故应计算角 β 的余弦值。当然，由角 β 的正切值也可以求出结果。

（7）忽略角的范围致错。

例7 在 $\triangle ABC$ 中，$\sin A = \dfrac{5}{13}$，$\cos B = \dfrac{3}{5}$，求 $\cos C$ 的值。

错解：因为 $\sin A = \dfrac{5}{13}$，$\cos B = \dfrac{3}{5}$，所以 $\cos A = \pm \dfrac{12}{13}$，$\sin B = \dfrac{4}{5}$。

当 $\cos A = \dfrac{12}{13}$ 时，$\cos C = -\cos(A+B) = -(\cos A \cos B - \sin A \sin B) = -\left(\dfrac{12}{13} \cdot \dfrac{3}{5} - \dfrac{5}{13} \cdot \dfrac{4}{5}\right) = -\dfrac{16}{65}$。

当 $\cos A = -\dfrac{12}{13}$ 时，$\cos C = -\cos(A+B) = -(\cos A \cos B - \sin A \sin B) = -\left(-\dfrac{12}{13} \cdot \dfrac{3}{5} - \dfrac{5}{13} \cdot \dfrac{4}{5}\right) = \dfrac{56}{65}$。

故所求 $\cos C$ 的值为 $-\dfrac{16}{65}$ 或 $\dfrac{56}{65}$。

错因分析：注意到 $0 < A, B < \pi$，当 $\cos A = -\dfrac{12}{13}$ 时，因为 $\sin A = \dfrac{5}{13} < \dfrac{1}{2}$，所以 $\dfrac{5\pi}{6} < A < \pi$，又因为 $\dfrac{1}{2} < \cos B = \dfrac{3}{5} < \dfrac{\sqrt{2}}{2}$，所以 $\dfrac{\pi}{4} < B < \dfrac{\pi}{3}$，此时 $A + B > \pi$，不合题意，应舍去。

（8）忽略函数的有界性致错。

例8 函数 $y = \sin x + \cos x + \sin x \cos x$（$x \in \mathbf{R}$）的值域是_____。

错解：设 $\sin x + \cos x = t$，则 $\sin x \cos x = \dfrac{t^2 - 1}{2}$。

所以 $y=t+\dfrac{t^2-1}{2}=\dfrac{1}{2}(t+1)^2-1\geqslant -1$，即所求函数的值域为 $[-1,+\infty)$。

错因分析： 因为 $t=\sin x+\cos x=\sqrt{2}\sin\left(x+\dfrac{\pi}{4}\right)$，则 $-\sqrt{2}\leqslant t\leqslant \sqrt{2}$，所以当 $t=-1$ 时，y 取最小值 -1，当 $t=\sqrt{2}$ 时，y 取最大值 $\sqrt{2}+\dfrac{1}{2}$，所以所求函数的值域为 $\left[-1,\dfrac{2\sqrt{2}+1}{2}\right]$。

主要参考文献

[1] 波利亚. 怎样解题 [M]. 阎育苏, 译. 北京: 科学出版社, 1982.

[2] 赵雄辉, 刘云章. 怎样教解题——波利亚数学教育著作选讲 [M]. 长沙: 湖南教育出版社, 2015.

[3] 罗增儒. 中学数学解题的理论与实践 [M]. 南宁: 广西教育出版社, 2015.

[4] 弗里德曼, 等. 怎样学会解数学题 [M]. 陈淑敏, 尹世超, 译. 哈尔滨: 黑龙江科学技术出版社, 1981.

[5] H·伊夫斯. 数学史上的里程碑 [M]. 欧阳绛, 等, 译. 北京: 北京科学技术出版社, 1990.

[6] 林崇德. 教育的智慧——写给中小学教师 [M]. 北京: 北京师范大学出版社, 2007.

[7] 张景中. 数学与哲学 [M]. 大连: 大连理工大学出版社, 2008.

[8] 林运来. 数学阅读与思考 [M]. 成都: 电子科技大学出版社, 2012.

[9] 林运来. 数学教学探索 [M]. 贵阳: 贵州人民出版社, 2006.

[10] 林运来, 杜锟, 胡松. 新课程数学创新案例 [M]. 贵阳: 贵州人民出版社, 2006.